BRUNO BAUER
ET LES JEUNES HÉGÉLIENS

DU MÊME AUTEUR À LA MÊME LIBRAIRIE
EN HISTOIRE DE LA PHILOSOPHIE

Les néokantiens. Valeur et vérité, « Bibliothèque des Philosophies », 2003.

Paul Natorp. De la Psychologie générale à la Systématique philosophique, « Bibliothèque d'Histoire de la Philosophie », 2010.

Avec Julien Servois, *La philosophie sociale de Natorp*, « Bibliothèque d'Histoire de la Philosophie », 2015.

BIBLIOTHÈQUE D'HISTOIRE DE LA PHILOSOPHIE
Fondateur Henri GOUHIER Directeur Emmanuel CATTIN

BRUNO BAUER
ET LES JEUNES HÉGÉLIENS

À L'ORIGINE DE LA CRITIQUE SOCIALE
ET POLITIQUE

par

Éric DUFOUR

Ouvrage publié avec le concours
du Centre d'études et de recherches interdisciplinaires en lettres,
arts et cinéma (CERILAC) de l'Université de Paris

PARIS
LIBRAIRIE PHILOSOPHIQUE J. VRIN
6 place de la Sorbonne, V^e^

2023

Imprimé en France

ISSN 0249-7980
ISBN 978-2-7116-3093-6

www.vrin.fr

À Pauline Clochec

INTRODUCTION[1]

Peu de textes de Bauer sont traduits dans notre langue[2]. En ce qui concerne les commentaires sur son œuvre, on ne trouve rien en français en dehors de l'ouvrage de McLellan traduit en 1972 et qui, en outre, ne concerne pas seulement Bauer (*Les Jeunes hégéliens et Karl Marx*[3]), et la thèse de Pauline Clochec sur *Marx jeune hégélien, 1841-1844*[4].

Dans les travaux récents, Douglas Moggach a consacré à Bauer plusieurs articles et un livre, *The Philosophy and Politics of Bruno Bauer*, paru en 2003[5], qui est une mine d'informations et le travail le plus complet qu'on trouve sur le philosophe. Il a également dirigé un collectif, *The New Hegelians. Politics and Philosophy in the Hegelian School*, paru en 2006[6], dans lequel on trouve sur Bauer, outre sa contribution, celle de

1. Je remercie pour leur aide et leur soutien Gisèle et René Duc, Lorenzo Leschi et Emmanuel Renault.

2. B. Bauer, *Critique de l'histoire évangélique des synoptiques*, Paris, Ladrange, 1850; *De la dictature occidentale* [désormais *DO*], Charlottenbourg, E. Bauer, 1854; *La Russie et l'Angleterre*, Charlottenbourg, E. Bauer, 1854; *La Question juive*, trad. fr. J.-M. Caillé, Introd. par R. Mandrou, précédé par K. Marx, *La Question juive*, Paris, U.G.E., 1968; *La Trompette du jugement dernier*, trad. fr. H.-A. Baatsch, trad. suivie d'un essai « De Marx comme trompettiste » par N. Dessaux, Paris, L'Échappée, 2016. Nous signalons également qu'au moment où notre texte va paraître, une traduction partielle ou complète de « L'État chrétien et notre temps », « Les nationaux allemands », « Qu'est-ce maintenant que l'objet de la critique ? » et « Le genre et la masse », est parue dans F. Fischbach (dir.), *Les Jeunes hégéliens. Politique, religion, philosophie. Une anthologie*, Paris, Gallimard, NRF, 2022. Nous n'avons donc pour cette raison pas pu utiliser ces textes et y renvoyer.

3. D. McLellan, *Les Jeunes hégéliens et Karl Marx*, trad. fr. A. McLellan, Paris, Payot, 1972.

4. P. Clochec, *Marx jeune hégélien, 1841-1844*, thèse de doctorat de l'Université de Lyon soutenue le 7 mai 2018, sous la direction d'E. Renault.

5. D. Moggach, *The Philosophy and Politics of Bruno Bauer*, Cambridge, Cambridge University Press, 2003.

6. D. Moggach, *The New Hegelians. Politics and Philosophy in the Hegelian School*, Cambridge, Cambridge University Press, 2006.

Massimiliano Tomba, l'autre grand spécialiste actuel de Bauer (*Krise und Kritik bei Bruno Bauer*[1]). Il faut ajouter le travail d'Herbert De Vriese (2011)[2], le collectif dirigé par Klaus-Michael Kodalle et Tilman Reitz (2010)[3], celui dirigé par Gerhard Danzer et Josef Rattner (2005)[4] et la biographie de Hermann-Peter Eberlein, *Bruno Bauer : Vom Marx-Freund zum Antisemiten* (2009)[5].

Un peu avant, il y a eu l'ouvrage fondamental de Wolfgang Essbach, *Die Junghegelianer* (1988)[6].

Auparavant, on trouvait les publications de Hans-Martin Sass (particulièrement le texte de 1968[7]), Svi Rosen, dont *Karl Marx. The Influence of Bruno Bauer on Marx's Thought* (1977)[8], et le travail d'Ernst Barnikol (1972)[9] – ainsi, que, de façon plus marginale, les livres d'Horst Stuke (1963)[10] et de Lothar Koch (1971)[11].

On rencontrera tous ces textes dans notre travail – et bien d'autres que nous n'avons pas la place de citer ici.

De manière générale, rares sont les livres exclusivement consacrés à Bauer : celui-ci est plus souvent traité, ou bien comme un personnage secondaire dans un texte qui s'intéresse d'abord à un autre auteur (par exemple Marx), ou bien comme une figure qu'on met sur le même plan que d'autres dans un panorama qui porte sur un certain moment de l'histoire des idées, d'une manière analogue à ce qu'on appelait jadis un

1. M. Tomba, *Krise und Kritik bei Bruno Bauer : Kategorien des Politischen im Nachhegelschen Denken*, Frankfurt am Main, P. Lang, 2005.

2. H. de Vriese, *De roes van de kritiek. Bruno Bauer en "Die Freien"*, Brussel, Academic & Scientific Publishers, 2011.

3. K.-M. Kodalle, T. Reitz, *Bruno Bauer (1809-1882). Ein « Partisan des Weltgeistes » ?*, Würzburg, Königshausen & Neumann, 2010.

4. J. Rattner, G. Danzer, *Die Junghegelianer : Porträt einer progressiven Intellektuellengruppe*, Würzburg, Königshausen & Neumann, 2005.

5. H.-P. Eberlein, *Bruno Bauer. Vom Marx-Freund zum Antisemiten*, Berlin, Karl Dietz, 2009.

6. W. Essbach, *Die Junghegelianer. Soziologie einer Intellektuellengruppe*, München, Wilhelm Fink, 1988. La parution de l'ouvrage de H. Mah, *The End of Philosophy and the Origin of Ideology. Karl Marx and the Crisis of the Young Hegelians*, Berkeley, University of California Press, est contemporaine (1988).

7. H.-M. Sass, Nachwort zu B. Bauer, *Feldzüge der reinen Kritik*, Frankfurt-am-Main, Suhrkamp, 1968.

8. S. Rosen, *The Influence of Bruno Bauer on Marx's Thought*, Nijhoff-La Hague, Martinus, 1977.

9. E. Barnikol, *Bruno Bauer : Studien und Materialen*, aus dem Nachlass ausgewählt und zusammengestellt von P. Riemer und H.-M. Sass, Assen, Van Grocum & Comp., 1972.

10. H. Stuke, *Philosophie der Tat*, Stuttgart, Ernst Klett Verlag, 1963.

11. L. Koch, *Humanisticher Atheismus und gesellschaftliches Engagement*, Stuttgart, Kohlhammer, 1971.

Querschnittfilm et qu'on nomme aujourd'hui un « film choral ». Il est à noter que ce qui intéresse le plus les commentateurs est ce moment qu'on nomme « hégélianisme de gauche » et/ou « Jeune hégélianisme », sur lequel on reviendra bien sûr.

Néanmoins, un tel prisme conduit à mettre la focale uniquement sur les textes de Bauer publiés entre 1840-1844 – et donc à ignorer le reste. Les écrits postérieurs aux révolutions de 1848 sont très peu examinés par les historiens – et si l'on trouve tout de même quelques analyses sur les textes antisémites de Bauer de la dernière période, il n'y a quasiment rien sur les autres textes, et particulièrement sur tous les textes historiques, autant ceux, très nombreux, qui traitent de la Révolution française et de ses conséquences que ceux qui traitent de l'histoire diplomatique au XIXe siècle[1].

À ce point, il faut souligner deux choses. La première est que Bauer a énormément écrit. Recensions, articles, et surtout livres, il ne cesse de publier jusqu'à sa mort, de façon presque pathologique, et fait paraître ouvrage sur ouvrage. On ne dispose encore à ce jour d'aucune bibliographie scientifique et donc exhaustive de Bauer[2]. Sur ce point, nous renverrons à la bibliographie détaillée pour la période 1837-1849 qu'on trouve chez Aldo Zanardo, « Bruno Bauer hegeliano e giovane hegeliano »[3], et, pour une vision générale de la production littéraire de Bauer, à Moggach[4].

La deuxième chose qu'il faut souligner est la suivante. La prose de Bauer est parfois (souvent ?) difficile à lire, avec une écriture spéculative à la manière de Hegel qui en rend le sens relativement obscur. L'écriture est souvent allusive, d'autant plus qu'elle associe systématiquement tout un réseau conceptuel complexe avec des références historiques très précises (mais jamais complètement explicitées), nécessitant tout un travail de

1. P. Linzbach, dans un des rares articles consacrés aux écrits antisémites de Bauer souligne que l'investigation scientifique sur Bruno Bauer est « quasi exclusivement concentrée sur sa première période créatrice » (« Die konservative Orientierung Bruno Bauers nach 1848 », dans L. Lambrecht (ed.), *Osteuropa in den Revolutionen von 1848*, Frankfurt am Main, P. Lang, 2006, p. 169).

2. Voir W. Essbach, *Die Junghegelianer*, *op. cit.*, p. 84.

3. A. Zanardo, « Bruno Bauer hegeliano e giovane hegeliano », *Rivista di Storia Della Filosofia* 3(21), 1966. J. Mehlhausen, dans *Dialektik, Selbstbewusstsein und Offenbarung. Die Grundlagen der spekulativen Orthodoxie Bruno Bauers in ihrem Zusammenhang mit der Geschichte der theologischen Hegelschule dargestellt*, Bonn, Rheinische Friedrich-Wilhelms Universität, 1965, donne une liste exhaustive des publications de Bauer jusqu'en 1842. On notera que tout devient plus obscur après 1848, parce que Bauer s'est retiré des circuits universitaires, que, plus largement, il est totalement isolé du point de vue social, de sorte qu'on connaît très peu sa vie et qu'on a du mal à lister toutes ses publications.

4. D. Moggach, *The Philosophy and Politics of Bruno Bauer*, *op. cit.*, p. 264-269.

reconstruction et d'interprétation du lecteur qui doit en reconstituer les présupposés. Outre qu'elle possède parfois un côté solennel et pompeux qui augmente la difficulté de la lecture, elle incorpore aussi toute une impulsivité, une dimension proprement affective qui vise à frapper le lecteur (dimension liée, on y reviendra, à la volonté des Jeunes hégéliens d'écrire autrement pour s'adresser à un autre type de lecteur que les étudiants et professeurs de philosophie).

Si nous avons éprouvé le besoin d'écrire le présent travail sur Bruno Bauer, ce n'est pas seulement parce qu'il manquait une présentation de la pensée de ce philosophe en français – et donc dans le simple but de faire une synthèse des travaux en langue étrangère. Car ceux-ci, à notre sens, ne répondaient pas à toutes les questions qu'on pouvait se poser relativement à la pensée de Bauer.

Celles-ci sont de deux ordres et correspondent aux deux intérêts liés qui ont guidé notre travail.

Il y a d'abord un intérêt historique, à savoir celui d'y voir un peu plus clair dans un moment touffu et dense de l'histoire des idées. Dans ce tourbillon où surgissent de nouvelles idées politiques et sociales[1], quel est exactement le rôle de Bruno Bauer? Plus précisément, dans le développement des idées du jeune Marx, quelle est l'influence de Bauer et sur quels thèmes et thèses apparaît-elle explicitement? *Quid* des rapports entre Bauer et Marx après la polémique des *Freien*, où il faut aussi éclaircir le jeu qu'y joue notre philosophe?

Une question essentielle est aussi de savoir quel est cet « idéal républicain » au nom duquel Bauer fait sa critique de l'État prussien. Est-il aussi indéterminé que le disent les commentateurs? La critique doit distinguer deux plans chez Bauer, car la critique politique est corrélée à une critique sociale qui met au jour la manière dont la libération du travail, conséquence de la révolution industrielle, a changé non seulement les conditions de la vie économique, mais aussi l'esprit des gens, en incorporant en eux une nouvelle manière de penser leur rapport à autrui, qui devient purement instrumental dans une société marchande et industrielle où tout est objet d'échange.

L'autre intérêt de ce travail est un intérêt conceptuel et c'est l'idée de « critique » qui en constitue l'orientation fondamentale. Décrire la

1. P. Clochec note dans *Marx jeune hégélien* que la spécificité des Jeunes hégéliens « réside en ce qu'ils ne font pas qu'intégrer – tout en le rectifiant – un courant politique préexistant, (…), mais qu'ils livrent une contribution constitutive à l'émergence de courants allemands du socialisme, du communisme et de l'anarchisme » (*op. cit.*, p. 76-77).

manière dont la philosophie sociale et politique de Bauer se construit, c'est exhiber comment la critique, déjà élevée à la hauteur d'un type de questionnement philosophique par Kant, trouve sa renaissance, après le(s) dépassement(s) postkantien(s), mais dans une figure sociale et politique. La critique redevient la philosophie, mais la critique est désormais dans son essence une critique sociale et politique. Dessiner les contours d'une telle critique permet de mieux revenir aux origines d'une certaine philosophie contemporaine, à savoir la Théorie critique, mais elle permet aussi de mieux comprendre les enjeux et les présupposés de toute critique sociale et politique.

Ce qui, déjà chez Kant, va avec la critique, c'est le constructivisme. Chez Bauer, le constructivisme dans le domaine politique et social est simplement le moyen d'assurer une ouverture vers un avenir émancipateur à partir du moment où, puisque notre présent social et politique est construit, il aurait très bien pu être autrement : la situation politique et sociale n'a aucune nécessité et il y a des alternatives. Notre futur est ouvert et n'est en tout cas pas autre chose que ce que nous, nous en faisons. Mais ce « nous » est celui de l'action politique, auquel mène la critique sociale d'un « je » – et la question brûlante devient alors celle du rapport entre la critique sociale et l'action politique. Elle devient celle de l'efficience ou de l'efficacité d'une philosophie sociale et politique.

Chez Bauer, la question est moins celle de déterminer ce qu'est le social et ce qu'est le politique que d'analyser les liens, le rapport entre les deux – parce que c'est justement ce rapport qui fait apparaître, dans les conflits qui surgissent entre les deux dimensions, chacune des deux dans sa spécificité.

On verra comment Bauer fraie sa propre voie entre les deux traditions, la française et l'allemande, et que c'est ce chemin qu'il construit qui lui permet de penser le social dans sa spécificité. D'un côté, ce qui fonde la nation, ce n'est certainement pas le contrat. Car non seulement celui-ci présuppose un individu qui n'existe qu'en rapport avec autrui, c'est-à-dire qu'en société, mais, surtout, le contrat abstrait l'individu, en lui donnant une détermination qui n'est qu'une identité politique trop générale, alors qu'il est très concrètement un individu enchâssé dans des rapports de famille, de voisinage et de travail qui constituent son identité concrète et font de lui ce qu'il est. C'est bien hégéliennement le primat de la société sur l'individu qu'on retrouve. Cependant, Bauer s'oppose à la conception de la nation qui prédomine à son époque en Allemagne et qui fait de l'identité de l'individu le résultat d'une donnée positive et naturelle (la langue comme entité naturelle, et, partant, le sang). Qu'est-ce que le social? Le social c'est la socialisation, et celle-ci s'oppose à toute naturalisation. De là la tentative de penser l'individu comme un individu social, c'est-à-dire la communauté culturelle comme objet d'une institution (toujours le constructivisme de la critique), c'est-à-dire d'une histoire. Dès lors, l'identité est liée à une appartenance qui est toujours en tension, puisque toute construction est mouvement, c'est-à-dire qu'elle ne se satisfait d'aucun donné, construisant sans cesse dans le seul but d'une émancipation vers une humanité à titre d'idéal vers lequel tend la construction, idéal qui se trouve donc au-delà des nations. Sur ces questions, est fascinante la manière dont Bauer pense un problème qui est le nôtre aujourd'hui, à savoir la relation, au sein du même, entre, d'un côté, un ancrage social qui particularise et singularise l'individu, et, de l'autre, une dimension politique et émancipatrice qui exige qu'il transcende tout particularisme dans l'universel.

Évidemment, ce à quoi se heurte cette conception, c'est au côté obscur de Bauer qui apparaît à partir des années 1860, c'est-à-dire des textes antisémites et nationalistes qui vont s'opposer totalement et tragiquement à la conception qu'on vient d'énoncer. Comment alors comprendre l'unité de l'œuvre de Bauer?

CHAPITRE PREMIER

DE LA CRITIQUE ÉVANGÉLIQUE AUX JEUNES HÉGÉLIENS

PREMIER PAS
LA RECENSION DE STRAUSS. LA GAUCHE HÉGÉLIENNE. LE POSTE DE *PRIVATDOZENT*

Bruno Bauer naît le 6 septembre 1809 à Eisenberg, petite ville de Thüringen, à cette époque dans le royaume de Saxe[1]. Sa mère vient d'une famille d'avocats à la cour royale saxonne. Son père exerce le métier de peintre sur porcelaine, et est un si bon artisan qu'on lui propose, en 1815, d'intégrer à Berlin la fabrique royale de matériel de salle de bains. La famille déménage dans le quartier Charlottenburg à l'ouest de la ville. Bruno est l'aîné des quatre garçons du couple Bauer : suivent Egbert, qui deviendra éditeur et publiera beaucoup de livres de son frère Bruno, Egino, qui s'engagera dans la voie de l'artisanat et fera une carrière de tourneur sur bois[2], et enfin Edgar, le benjamin, qui naît une fois que la famille a emménagé à Charlottenburg en 1820. Edgar, comme son frère, se tournera vers l'écriture et la philosophie. Si les deux frères ont toujours été très proches, ils se démarquent l'un de l'autre pour autant que, à la différence de Bruno, Edgar se tournera vers l'anarchisme, dont il deviendra une des figures les plus marquantes, du point de vue théorique

1. Les informations sur la vie de Bruno Bauer sont empruntées, sauf mention précise, à : D. Moggach, « Bruno Bauer », *Stanford Encyclopedia of Philosophy*, Stanford, 2017, en ligne : https://plato.stanford.edu/entries/bauer/ ; J. Rattner, G. Danzer, *Die Junghegelianer*, *op. cit.* ; H.-P. Ebelein, *Bruno Bauer*, *op. cit.* ; H. Schwarz, *Theology in a Global Context. The Last Two Hundred Years*, Cambridge, W. B. Eerdmans Publishing Company, 2005.

2. Voir le *Press-Process* Edgar Bauers über das von ihm verfasste Werk : der Streit der Kritik mit Kirche und Staat, Aktenstücke, Bern, Jenni, 1844, p. 30, où Egino est qualifié d'« apprenti tourneur » ; Moggach dit qu'il était charpentier (*The Philosophy and Politics of Bruno Bauer*, *op. cit.*, note 2 p. 213).

comme du point de vue pratique. Son deuxième livre, *Der Streit der Kritik mit Kirche und Staat [La querelle de la critique avec l'Église et l'État]*, publié en 1843, fut interdit aussitôt après sa publication, et lui vaudra de faire quatre ans de prison[1].

Bruno fait ses études au Friedrich-Wilhelm Gymnasium, où il est un élève studieux, puis il s'inscrit en 1828 à la Friedrich-Wilhelm Universität de Berlin où il étudie la théologie. Cela posé, il suit aussi des cours de philosophie de Hegel, devenant « un disciple de celui-ci et développant une antipathie croissante pour Schleiermacher »[2]. Hegel organise un concours à la faculté de philosophie et propose un prix pour le meilleur texte écrit par les étudiants sur l'esthétique de Kant. Le jury, dont il fait partie, décerne le prix à Bauer, en 1829, pour son texte intitulé *Dissertatio de pulchri principiis [Sur les principes du beau]*[3]. Bauer choisit de se spécialiser en théologie, alors qu'il se sent attiré par la philosophie et que, hormis Philipp Konrad Marheineke, il ne s'entend pas avec les professeurs de théologie. C'est sous la direction de Marheineke qu'il rédige sa première dissertation, au terme de laquelle il est *lizentiat*, puis il rédige sa deuxième dissertation ou habilitation[4]. Il est habilité en 1834.

De 1834 à 1839, il est *Privatdozent*, c'est-à-dire contrat précaire, à l'université de Berlin où il enseigne la théologie et l'interprétation de la Bible (particulièrement de l'Ancien Testament). C'est à ce moment qu'il commence à développer son activité scientifique de chercheur, inaugurée par une recension en plusieurs parties du livre en deux tomes (respectivement 1835 et 1836) de David Strauss, *La Vie de Jésus*. La recension paraît dans le journal des hégéliens « orthodoxes », *Jahrbücher für wissenschaftliche Kritik [Annales de critique scientifique]*[5]. Comme le résume Philippe Dufour dans un article sur la lecture que fait Edgar Quinet de *La Vie de Jésus* : dans l'ouvrage de Strauss, qui développe l'idée selon laquelle la vie de Jésus a été mythologisée par ses contemporains :

> (...) il ne s'agit pas de retrouver l'histoire à la source d'un récit mythique, mais de mettre au jour le mythe sous le récit prétendument historique.

1. W. Essbach, *Die Junghegelianer*, *op. cit.*, p. 71.

2. H. Schwarz, *Theology in a Global Context*, *op. cit.*, p. 24.

3. Ce texte a été publié en anglais par D. Moggach en annexe de son livre sur Bruno Bauer, *The Philosophy and Politics of Bruno Bauer*, *op. cit.*, p. 188-212.

4. H. Schwarz, *Theology in a Global Context*, *op. cit.*, p. 24.

5. B. Bauer, « Rezension : *Das Leben Jesu, kritisch bearbeitet* von David Friedrich Strauss. Erster Band », *Jahrbücher für wissenschaftliche Kritik* 109, dec. 1835 ; « Rezension : *Das Leben Jesu, kritisch bearbeitet* von David Friedrich Strauss. Zweiter Band », *Jahrbücher für wissenschaftliche Kritik* 86 et 88, mai 1836.

On retranche le surnaturel du Christ. Fictions, les anges, le démon, les miracles, le récit de l'enfance de Jésus et, comble, la résurrection. De la vie de Jésus, il ne subsiste, comme fond historique, que ce maigre curriculum vitae, peu glorieux : "que Jésus a été baptisé par saint Jean, qu'il a rassemblé des disciples, que à la fin il a succombé à la haine des Pharisiens" (Quinet)[1].

Pour Strauss, il faut, dans le Nouveau Testament, distinguer le Jésus historique du Jésus mythologique, et l'idée forte est que ces mythes ne sont pas arbitraires et ne surgissent pas sans raison, puisque, au contraire, ils proviennent de toute une tradition messianique qu'on trouve dans l'Ancien Testament. Comme l'écrit encore Dufour, « Le Nouveau Testament se révèle donc une fiction produite par les prédictions de l'Ancien »[2]. Bauer, dans son compte rendu, condamne les thèses de Strauss. Certes, Strauss écrit : « L'auteur sait que l'essence interne de la croyance chrétienne est complètement indépendante de ces recherches critiques. La naissance surnaturelle du Christ, ses miracles, sa résurrection, et son ascension au ciel, demeurent d'éternelles vérités, à quelque doute que soit soumise la réalité de ces choses en tant que faits historiques. »[3]. Cela posé, comment cette déclaration peut-elle être compatible avec une lecture qui fait des événements de la vie de Jésus des mythes ? Et, davantage, comment cette lecture peut-elle mener à autre chose qu'à l'athéisme ? Il faut prendre le Nouveau Testament au mot et en faire une lecture littérale : ce qui est raconté est vraiment arrivé et n'est nullement une affabulation. On ne peut pas toucher à une ligne des textes sacrés, justement parce qu'ils sont sacrés, et il faut tout en conserver, même ce qui est le plus incompréhensible pour nous, hommes, à savoir les miracles[4].

Cette recension confère à Bauer une notoriété dans le champ de l'hégélianisme « orthodoxe » ou « conservateur » dont les *Jahrbücher* sont l'organe et Marheineke, qui soutient Bauer, un éminent représentant. C'est ce qui lui permet de fonder sa propre revue, *Zeitschrift für spekulative*

1. P. Dufour, « La lettre perdue. Sur les historiens allemands du christianisme dans la *Revue des deux mondes* », *Flaubert : revue critique et génétique* 4, « Flaubert et l'histoire des religions », 2010, [En ligne], 4 | 2010, mis en ligne le 15 décembre 2010, consulté le 12 décembre 2019. URL : http://journals.openedition.org/flaubert/1217, qui analyse la lecture par Edgar Quinet de l'ouvrage de Strauss.

2. P. Dufour, « La lettre perdue », *op. cit.*

3. D. Strauss, *Vie de Jésus ou Examen critique de son histoire*, trad. fr. (3e ed.) É. Littré, Paris, Librairie philosophique de Ladrange, 1853, t. I Préface de la première édition, p. 3.

4. Voir la « réponse » de Strauss et l'analyse qu'il fait du compte-rendu de Bauer dans *Streitschriften zur Vertheidigung meiner Schrift über das Leben Jesu und zur Charakteristik der gegenwärtigen Theologie*, Tübingen, Osiander, 1837, Heft 3, p. 115-116, 120.

Theologie [Journal de théologie spéculative], pour laquelle il obtient l'accord de contributeurs tels Marheineke, Daub, Hinrichs, Rosenkranz et Michelet, c'est-à-dire « l'ensemble des hégéliens de l'aile droite »[1].

Le but de sa revue, « c'est, au moyen de la méthode dialectique de Hegel, de montrer comment les idées philosophiques et christico-théologiques s'accordent avec la réalité effective »[2]. Bref, il s'agit de donner « des arguments scientifiques pour justifier les textes sacrés »[3]. Bauer écrit au ministre des cultes et de l'éducation, Karl vom Stein zum Altenstein, le 21 mai 1836 : « Je vis et je mourrai dans la croyance en vertu de laquelle les mouvements actuels (au sein de la théologie) se poursuivront, guidés par la science, jusqu'à la reconnaissance de la vérité de l'Église »[4].

Strauss, en 1837, fait paraître une deuxième édition de *La Vie de Jésus* (c'est la troisième édition, de 1838-1839, qui sera traduite par Émile Littré : il y fait des concessions qu'il rejette ensuite violemment dans la quatrième édition de 1840[5]). Mais, surtout, la même année, il publie *Streitschriften zur Vertheidigung meiner Schrift über das Leben Jesu und zur Charakteristik der gegenwärtigen Theologie [Écrits polémiques pour défendre mon écrit sur la vie de Jésus et pour caractériser la théologie actuelle]*, ouvrage divisé en trois cahiers. Dans le Troisième cahier, qui porte sur « la position de la *evangelische Kirchenzeitung [Journal de l'Église évangélique]*, des *Jahrbücher für wissenschaftliche Kritik* et des études et critiques théologiques, vis-à-vis de mon travail critique sur la vie de Jésus », Strauss, à propos de toutes les appréciations qui ont été produites sur son livre, souligne qu'il y a, dans l'école hégélienne, trois manières d'appréhender la question christologique, c'est-à-dire celle de la réalité historique de la vie de Jésus – et trois seulement[6]. Strauss analyse d'abord « le côté droit de l'école hégélienne »[7], puis « le centre »[8] et enfin « le côté gauche »[9]. L'examen est précédé par une partie, avec laquelle commence

1. J. Rattner, G. Danzer, *Die Junghegelianer*, *op. cit.*, p. 54.

2. *Ibid.*, p. 54.

3. *Ibid.*

4. Cité par J. Rattner, G. Danzer, *Die Junghegelianer*, *op. cit.*, p. 55.

5. Sur les différentes éditions du livre de Strauss, voir L. Perriraz, « David Strauss et la vie de Jésus », *Revue de théologie et de philosophie* 24 (1936), qui souligne combien les concessions de la troisième édition sont liées à l'espoir de retrouver le soutien des autorités et d'obtenir un poste à l'université.

6. D. Strauss, *Streitschriften*, *op. cit.*, p. 95.

7. *Ibid.*

8. *Ibid.*, p. 120.

9. *Ibid.*, p. 126.

l'analyse des comptes rendus des *Jahrbücher für wissenschaftliche Kritik*, qui s'intitule « Le rapport général de la philosophie hégélienne à la critique théologique »[1]. Hegel, qui dans sa jeunesse (1796), a écrit une *Vie de Jésus*, a toujours tenu des propos qui, jusqu'à sa mort, sont bien éloignés d'une lecture irrespectueuse qui mettrait en doute la véracité des récits évangéliques. Mais la question, pour nous aujourd'hui, écrit Strauss en substance, n'est pas celle de savoir ce qu'a dit et pensé Hegel, elle est celle du devenir de ce qu'il a dit chez les philosophes et théologiens qui se réclament de lui. Elle est donc celle de la réception, de l'usage ou bien encore de l'interprétation par les hégéliens de la question posée par Hegel, à savoir, comme le dit Strauss, celle du lien entre le divin ou l'absolu, d'un côté, et, de l'autre, sa manifestation phénoménale et proprement humaine. Bref, si Hegel, relativement au problème qui nous intéresse, « n'était pas un ami de la critique historique »[2], se révélant d'ailleurs par là un homme de son temps, il n'en reste pas moins qu'une « vie de Jésus » « étudiée d'un point de vue critique » (c'est « le sous-titre de mon livre », rappelle Strauss[3]), est tout à fait légitime d'un point de vue hégélien. Telle est la conclusion avec laquelle se ferme cette partie : « (…) à notre sens, les principes généraux de la philosophie hégélienne n'excluent pas une critique de l'histoire évangélique »[4]. Comme on le voit, tout l'effort de Strauss est de se situer dans le champ ou dans l'horizon de la philosophie hégélienne, comme si celle-ci était une garantie de validité scientifique – et comme si son exclusion de ce champ, par tous les hégéliens qui le contestent, équivalait à une exclusion du champ de la science.

Le représentant exemplaire de la droite hégélienne, auquel Strauss consacre quasiment la totalité de la partie qui porte sur celle-ci, c'est Bauer dans le compte rendu des *Jahrbücher für wissenschaftliche Kritik*. Strauss renvoie d'abord à Göschel, qui incarne « la droite extrême »[5], puis à Gabler, « un homme du côté droit dans l'école hégélienne »[6], avant de parler de Bauer. On remarquera que Marheineke n'est pas nommé, sans doute parce qu'il fut déjà question de lui avant[7]. Strauss consacre très peu de temps à Göschel et Gabler pour se concentrer sur Bauer : ceux-là sont

1. *Ibid.*, p. 57.
2. *Ibid.* p. 61.
3. *Ibid.*, p. 60.
4. *Ibid.*, p. 75.
5. *Ibid.*, p. 95.
6. *Ibid.*, p. 99.
7. *Ibid.*, p. 59 (et dans le Premier cahier, p. 49 ; dans le Deuxième cahier, p. 240).

en somme une entrée en matière, et celui-ci le plat de résistance. Il cite les propos de Bauer :

> Si M. Strauss n'avait rien montré de plus que la façon dont la conception mythologique, dès qu'elle est appliquée à un point particulier, s'étend et contamine nécessairement la totalité du récit évangélique, ce résultat serait déjà suffisant. Car la même règle qui vaut pour le début de la vie de Jésus vaut aussi pour la fin et pour le milieu[1].

Et Strauss commente :

> C'est le même dilemme que dans *Die evangelische Kirchenzeitung* ; ou on conserve tout comme étant historique, ou bien tout se révèle non historique ! Et, vis-à-vis du contenu, on trouve la même décision face au dilemme, à savoir le fait de tout conserver. Il n'y a d'écart que formel, c'est-à-dire qu'on fait une place à la critique, au doute, pour les réorienter insensiblement vers la reconnaissance de l'histoire évangélique[2].

Strauss explique que, selon Bauer, il y a une bonne et une mauvaise critiques. La mauvaise critique est celle qui ne se règle pas sur l'objet qu'elle critique, ce qui est selon Bauer le cas de la *Vie de Jésus*. Pour Bauer, la critique de Strauss est illégitime parce qu'elle doit respecter le caractère absolu du contenu évangélique. À quoi Strauss rétorque, s'appuyant sur son maître Ferdinand Christian Baur, grand représentant de l'école (de théologie) de Tübingen (on y reviendra), qu'une critique qui présuppose que son objet est absolu n'est plus une critique[3]. « Le côté droit » ou la droite hégélienne, représentés au premier chef par Bauer, se caractérisent donc par le fait que, selon eux, on ne saurait mettre en doute (et donc critiquer, dit Strauss) le contenu des Évangiles qui forment le Nouveau Testament. Il faut prendre les textes au mot et tout accepter, c'est-à-dire tout prendre littéralement et tout tenir pour vrai : le récit évangélique est un récit historique qui, à ce titre, possède une validité totale. Alors que, pour la droite, c'est tout ou rien (« ou on conserve tout comme étant historique, ou bien tout se révèle non historique ! »[4]), le « centre », dont l'illustration est Rosenkranz, se caractérise par le fait qu'on peut trier et sélectionner à l'intérieur du récit évangélique ce qui peut ou doit être conservé, c'est-à-dire pris littéralement, et ce qui n'a qu'une valeur d'image ou de mythe – mais « il y a du moins une partie de

1. D. Strauss, *Streitschriften*, *op. cit.*, p. 119.
2. *Ibid.*, p. 120.
3. *Ibid.*, p. 103.
4. *Ibid.*, p. 120.

cette histoire, sa partie principale et son centre, qui est garantie comme historique »[1].

Quant au « côté gauche » ou à la gauche, Strauss lui consacre seulement un paragraphe de quatre lignes ! La gauche hégélienne trouve son unique incarnation dans l'ouvrage de Strauss, *La Vie de Jésus*. Elle correspond, comme on le comprend, à la lecture du récit évangélique qui refuse de le prendre à la lettre, comme un récit historique, mais qui le lit comme une image ou comme un mythe, tout en préservant par ailleurs la validité de la religion et, partant, de la croyance chrétienne.

Puisque la partie consacrée au centre est relativement courte (six pages), comparée à la partie consacrée à la droite hégélienne (vingt-cinq pages), on voit bien comment ce texte est au fond un règlement de compte et une explication d'homme à homme : l'affrontement, au-delà de la partie molle ou du centre mou (Rosenkranz), se fait, tel le combat entre Rocky et Apollo Creed, entre David Strauss et Bruno Bauer. Mais il ne faut pas oublier d'où vient Strauss, à savoir d'une position que désormais il critique, maintenant incarnée par Bruno Bauer. Lorsqu'il revient à Tübingen en 1832 et qu'il commence à donner des cours de théologie à l'université, Strauss, en effet, occupait une position qui est désormais celle de Bauer. Il écrit, exactement comme Bauer critique de Strauss, dans l'organe orthodoxe des études hégéliennes, les *Jahrbücher für wissenschaftliche Kritik* ; et, dans une recension qu'il fait de l'*Encyklopädie der theologischen Wissenschaft [Encyclopédie de la science théologique]*[2], de Karl Rosenkranz, théologien et éditeur de Hegel, professeur de philosophie à l'université de Halle, il critique le fait que, sous prétexte de développer philosophiquement et donc conceptuellement la question de Dieu, on se permette, dans ce travail, de s'éloigner des faits historiques narrés par les textes sacrés[3]. Bref, jusqu'à la parution de la *Vie de Jésus* en 1835, rien ne laisse présager, dans le petit monde qui s'intéresse aux questions théologico-philosophiques et

1. *Ibid.*

2. K. Rosenkranz (ed.), *Encyklopädie der theologischen Wissenschaft*, Halle, C.A. Schwetschke und Sohn, 1831.

3. Voir J. Shand (ed.), *A Companion to Nineteenth-Century Philosophy*, Oxford, Wiley Blackwell, 2019, 8. Critique of Religion : David Friedrich Strauss, p. 766 : « Dans une recension de l'ouvrage de Rosenkranz, l'*Encyklopädie der theologischen Wissenschaft*, Strauss salue la tentative par laquelle ce cercle hégélien cherche à transformer la théologie, jusqu'ici représentation religieuse, en concept philosophique, mais il demeure critique sur la façon dont s'opère cette tentative, arguant du fait que Rosenkranz n'a pas été suffisamment attentif aux sources historiques pertinentes, attitude qui distingue le point de départ du théologien de celui du philosophe ».

particulièrement chez les collègues de Strauss, à l'école de Tübingen, les positions explosives que Strauss va désormais défendre.

Dès ses années berlinoises, Bauer fait partie du *Doktorklub*, club d'étudiants qui fréquentent assidûment le cabaret Hippel et le café Stehely, où ils se réunissent pour discuter de questions philosophiques. C'est là que, en 1836, Bauer rencontre Marx qui vient de s'inscrire à l'université de Berlin[1] et intègre le *Doktorklub* probablement sous l'influence d'Adolf Rutenberg, à l'époque son meilleur ami[2]. P. Clochec rappelle la déférence avec laquelle Marx évoque Bauer, dans une lettre à son père du 10-11 novembre 1837 : Bauer, dont il se rapproche, apparaît « comme l'une des grandes personnalités animant le groupe »[3] dans lequel on trouve également Edgar Bauer et Karl Friedrich Köppen. Ce qui rassemble les membres de ce groupe, c'est d'abord le fait qu'ils se veulent des disciples de Hegel, et, ensuite, qu'ils défendent une conception libérale de l'État.

Le groupe se radicalise progressivement, en partie du fait de l'influence de Bauer, bien que celui-ci parte enseigner et vivre à Bonn en 1839, en partie aussi du fait même des pratiques et des conceptions propres à ces jeunes étudiants. Évidemment, l'athéisme et la critique de la solution modérée de l'État libéral vont contaminer les membres du *Doktorklub*. Mais il y a aussi la critique de la censure, la volonté de toucher un public plus large que celui des enseignants ou des étudiants au moyen du développement d'une autre voie que le canal universitaire et d'un autre type de discours que le discours académique. Les membres du *Doktorklub* – et au premier chef Rutenberg qui, comme Ruge, avait fait de la prison pour avoir été membre des associations étudiantes contestataires (*Burschenschaften*) – développent la pratique nouvelle qu'est l'écriture journalistique, c'est-à-dire un activisme politique qui transforme la philosophie même... Déjà apparaît ce qu'on résume dans ce slogan caractéristique de la conception de ce groupe, à savoir la « réalisation » au sens de l'« incorporation » (*Verwirklichung*) de la philosophie, pour reprendre la formule de Marx dans la lettre à Ruge de septembre 1843[4].

En 1839, grâce au soutien d'Altenstein, Bauer obtient un poste de *Privatdozent* à la faculté de théologie de l'université de Bonn, où Altenstein pense qu'il pourra être titularisé ultérieurement. Car il est certain que,

1. M. Rosen, « Marx (Karl) », *in* E. Craig (ed.) *Routledge Encyclopedia of Philosophy : Index*, London-New York, Routledge, 1998, p. 119.

2. B. Nicolaevsky, O. Maenchen-Helfen, *Karl Marx : Man and Fighter*, New York, Routledge, 2015, p. 34.

3. P. Clochec, *Marx jeune hégélien*, *op. cit.*, p. 152.

4. Marx, *Philosophie*, édition établie par M. Rubel, Paris, Folio-Gallimard, 1994, p. 54.

à Berlin, son engagement hégélien répugne à ses collègues que, hormis Marheineke, il s'est mis à dos – et, parmi ses ennemis, il faut nommer le puissant Hengstenberg, théologien réactionnaire et anti-hégélien contre les idées duquel Bauer écrit d'abord des articles publiés dans la *Zeitschrift für spekulative Theologie [Journal de théologie spéculative]* en 1837, où il émet quelques objections vis-à-vis de la méthode du théologien, puis en 1841 *Herr Dr. Hengstenberg. Ein Beitrag zur Kritik der religiösen Bewusstsein. Kritische Briefe über den Gegensatz des Gesetzes und des Evangeliums [Herr Dr Hengstenberg. Contribution à la critique de la conscience religieuse. Lettres critiques sur la contradiction entre la loi et l'Évangile]*[1]. « Pour Altenstein, qui cherchait toujours à promouvoir la philosophie hégélienne, nommer Bauer à Bonn devait être une bonne chose, car il n'y avait pas d'hégélien là-bas, ni parmi les philosophes ni parmi les théologiens »[2].

En 1842, dans *Die gute Sache der Freiheit und meine eigene Angelegenheit [La juste cause qu'est la liberté et ma propre affaire]*, Bauer considère que c'est avec *Herr Hengstenberg* qu'il franchit le pas, c'est-à-dire qu'il « rompt avec la sophistique du point de vue apologétique »[3]. Joachim Mehlhausen conteste cette vision rétroactive qu'a Bauer de son propre parcours[4], mais il y a pourtant une chose qui est certaine : même si, d'un point de vue positif, il est clair qu'on ne trouve encore aucune des thèses soutenues ultérieurement par Bauer dans ce livre, du point de vue négatif, c'est la première fois, à travers la critique du syncrétisme que cherche à établir Hengstenberg entre l'Ancien et le Nouveau Testament, que Bauer rompt avec la théologie orthodoxe, c'est-à-dire l'acceptation des textes de la Bible comme s'ils étaient des vérités intouchables qu'on ne peut pas critiquer. En somme, c'est le premier texte qui introduit la différence, dans les textes religieux, entre l'histoire ou la référence et le récit, c'est-à-dire le sens proprement humain par lequel seul cette référence se donne comme telle, Bauer soulignant, contre Hengstenberg, que la diversité des textes bibliques est irréductible à une belle unité homogène.

1. B. Bauer, *Herr Dr. Hengstenberg. Ein Beitrag zur Kritik der religiösen Bewusstsein. Kritische Briefe über den Gegensatz des Gesetzes und des Evangeliums*, Berlin, F. Dümmler, 1839.

2. M. Heinrich, *Karl Marx and the Birth of Modern Society. The Life of Marx and the Development of His Work*, vol. 1, 1818-1841, trad. de l'allemand par A. Locascio, New York, Monthly Review Press, 2019, p. 278.

3. B. Bauer, *Die gute Sache der Freiheit und meine eigene Angelegenheit*, Zürich und Winterthur, Verlag des literarischen Comptoirs, 1842, p. 23.

4. J. Mehlhausen, *Dialektik, Selbstbewusstsein und Offenbarung*, *op. cit.*, p. 194.

Critique théologique
L'apparition de la notion de conscience de soi chez Bauer

Bauer, à partir de *Kritik der evangelischen Geschichte der Synoptiker [Critique de l'histoire évangélique des synoptiques]*, publié en 1841, prend le contrepied de la position qu'il soutenait dans son premier livre, publié en 1838, *Kritik der Geschichte der Offenbarung. Die Religion des alten Testaments in der geschichtlichen Entwicklung ihrer Prinzipien dargestellt [Critique de l'histoire de la révélation. La religion de l'Ancien Testament exposée par le développement historique de ses principes]*. Alors que, dans ce premier livre, c'était bien une position respectueuse des textes bibliques qu'il défendait, puisqu'il affirmait qu'il faut les prendre à la lettre, il soutient désormais deux choses tout à fait incompatibles avec une position religieuse et qui sont les fondements de l'athéisme : d'une part, il ne faut pas prendre les faits narrés par les Évangiles littéralement, et, d'autre part, ces récits ne sont rien d'autre que l'expression de la conscience de soi de l'humanité. Non seulement Bauer vire athée, mais il entame une critique politique et sociale frontale et totale qui condamne non seulement l'État prussien, mais même ses réformateurs libéraux, pour promouvoir une position absolument radicale.

Nous examinerons la critique sociale et politique plus tard, dans la mesure où elle est seconde. Ce par quoi Bauer inaugure son travail, c'est une critique théologique.

Selon Ruge, la « critique », du moins au sens que les Jeunes hégéliens donnent à ce terme, remonte à Strauss et à sa *Vie de Jésus*[1]. Cela posé, pour comprendre comment Strauss n'est lui-même que le résultat d'une certaine tradition, il faut remonter à Marheineke et à Baur qui fut le maître de Strauss.

Marheineke, dans *Die Grundlehren der christlichen Dogmatik [Les principes de la dogmatique chrétienne]*, dont la première édition remonte à 1819 et la seconde à 1827, souligne que la théologie est par essence dogmatique[2]. La théologie, c'est certes l'explication de la parole divine,

1. A. Ruge, « Über das Verhältnis von Philosophie, Politik und Religion », 1841, in *Gesammelte Schriften*, 3e partie, Mannheim, J.P. Grohe, 1846, p. 276. Mais Ruge, cette fois dans « Pour l'entente entre Allemands et Français » (1843), fait de Feuerbach l'initiateur de la critique (*Aux origines du couple franco-allemand : Critique du nationalisme et révolution démocratique avant 1848*, trad. fr. L. Calvié, Toulouse, Presses Universitaires du Mirail, 2004, p. 108).

2. P. Marheineke, *Die Grundlehren der christlichen Dogmatik*, 1819, Berlin, Duncker & Humblot, 2e ed., 1827. Voir aussi du même auteur *Vorlesungen über christliche Moral, Dogmatik, Symbolik und Dogmen-geschichte*, 4 vol., Berlin, Duncker & Humblot,

et celle-ci se donne dans les textes sacrés. Puisque les textes sacrés sont, précisément sacrés, « ils ne font pas que contenir la parole divine, car ils sont la parole divine »[1], pour autant que celle-ci n'existe pas ailleurs. Par conséquent, de la parole divine, il faut tout prendre, sans élever un seul soupçon, par exemple sur des choses aussi bizarres que les miracles[2]. Dans la « religion révélée » qui est la religion chrétienne[3], c'est-à-dire dans « la Bible et l'Église »[4], c'est l'absolu qui se manifeste et se phénoménalise[5]. Marheineke oppose le supranaturalisme au rationalisme[6], dans la mesure où, si celui-là a bien conscience que la révélation de Dieu se trouve dans les textes sacrés et pas ailleurs, celui-ci met en doute, au nom de la science, tout ce qui relève de la révélation à titre d'« enfance de l'humanité »[7]. Il y a une alternative exclusive entre ces deux systèmes, que seule surmonte la théologie dogmatique à titre d'explication, par la raison, d'une révélation qui est première[8]. Car la raison, qui relève de la discursivité et de la médiation, tourne à vide si elle ne s'appuie pas sur quelque chose qui la précède logiquement, qui est plus grand qu'elle et tout autre qu'elle, à savoir l'immédiateté de la révélation[9]. À ceux qui lui reprochent de sombrer dans une dogmatique qui exclut toute dimension critique[10], Marheineke souligne que « le point de départ du savoir est la foi »[11], qu'il assimile donc aux textes sacrés. Il établit un rapport entre la raison et la foi qui n'est pas sans évoquer, toutes proportions gardées, le dualisme établi par Kant dans la Première critique entre l'entendement et la sensibilité, ne serait-ce que parce qu'il s'agit d'un rapport entre deux pouvoirs qui sont d'une nature radicalement différente mais totalement complémentaires. Le dualisme est insurmontable dans le savoir religieux pour Marheineke comme il l'est pour Kant dans le savoir tout court.

1847-1849. Non seulement il n'est jamais question de « critique » chez Marheineke, mais le terme de « dogmatique » pour désigner la discipline apparaît clairement dans le titre.

1. *Ibid.*, Vorrede, p. 12
2. *Ibid.*, § 77, p. 44.
3. *Ibid.*
4. *Ibid.*, Vorrede, p. XXV.
5. *Ibid.*, § 77, p. 44.
6. *Ibid.*, Vorrede, p. XII.
7. *Ibid.*, Vorrede, p. XII ; voir aussi p. XIII.
8. *Ibid.*, Vorrede, p. XXVIII.
9. *Ibid.*, Vorrede, p. XXVIII.
10. *Ibid.*, Vorrede, p. XXIII.
11. *Ibid.*, § 77, p. 44.

Selon Marheineke, c'est la foi, trouvant son origine dans la parole divine assimilée au « savoir absolu »[1], qui est l'unique base de la « science » (religieuse)[2]. Et si la science n'est pas la répétition littérale de la parole divine[3], elle n'en est pas pour autant la contestation, car elle ne peut en être que la clarification rationnelle.

Avec ce point de départ, on comprend comment va se construire l'idée de « critique » qui, dans l'Allemagne du début du XIXe siècle, se développe d'abord dans la sphère de la théologie. La critique, chez Marheineke, est assimilée avec la position des rationalistes (l'alternative exclusive : « À la place de la révélation entre la raison »[4]). On remarque aussi que, si la dogmatique correspond à la droite hégélienne, la critique correspond au moment où l'on en sort pour se situer soit au centre, soit à gauche.

Selon Baur, le passage de la dogmatique à la critique est anticipé par Storr, lorsqu'il se demande s'il ne faudrait pas lire les Évangiles dans un autre ordre que celui établi jusqu'ici[5]. Mais la critique ne naît qu'au moment où on ne considère plus les Évangiles comme des textes sacrés qu'on cherche seulement à concilier par rapport à l'histoire divine qu'ils racontent, mais qu'on les examine à titre de « produits littéraires ». Les initiateurs d'une telle tendance, selon lui, sont Eichhorn[6], dont l'*Einleitung in das Neue Testament [Introduction à l'Ancien Testament]* paraît en 1804[7], et Gieseler, qui publie son *Historisch-kritischer Versuch über die Entstehung und die frühesten Schicksale der schriftlichen Evangelien [Essai historico-critique sur la naissance et le destin initial des écrits évangéliques]* en 1818[8]. C'est à notre connaissance la première fois que le mot « critique » surgit dans le titre pour désigner une nouvelle méthode fondant l'investigation scientifique des textes sacrés.

Ferdinand Christian Baur, le grand représentant de la deuxième époque de l'école de Tübingen[9], développe dès le début des années 1830

1. P. Marheineke, *Die Grundlehren der christlichen Dogmatik*, *op. cit.*, § 77, p. 44.

2. *Ibid.*, § 79, p. 45.

3. *Ibid.*, § 116, p. 67-68.

4. *Ibid.*, Vorrede, p. XII.

5. F.C. Baur, *Kritische Untersuchungen über die kanonischen Evangelien*, Tübingen, Fues, 1847, p. 22.

6. *Ibid.*, p. 23.

7. J.G. Eichhorn, *Einleitung in das Neue Testament*, Leipzig, Weidmann, 1804, 2 vol.

8. J.K.L. Gieseler, *Historisch-kritischer Versuch über die Entstehung und die frühesten Schicksale der schriftlichen Evangelien*, Leipzig, W. Engelmann, 1818.

9. U. Köpf, « Die theologischen Tübinger Schulen », *in* U. Köpf (ed.), *Historisch-kritische Geschichtsbetrachtung. Ferdinand Christian Baur und seine Schüler*, 8. Blauberer Symposion, Sigmaringen, Thorbecke, 1994, p. 29-30.

une certaine manière de comprendre le Nouveau Testament, qui se trouve synthétisée ultérieurement par Hilgenfeld, en 1854[1], dans l'expression de « critique de tendances » (*Tendenzkritik*)[2]. Ce qui intéresse Baur n'est pas la vie de Jésus, c'est-à-dire l'ensemble des événements ou des faits qui sont racontés dans les Évangiles, ce n'est donc pas la référence du récit, les faits dans leur précision, mais c'est la manière dont ils sont relatés, c'est-à-dire les tendances doctrinales qui s'expriment dans le récit. Baur, comme ses contemporains, constate qu'il y a des divergences dans les différents récits de la vie de Jésus. Mais son problème n'est pas de les concilier ni même de les invalider à l'aune des manques et contradictions qu'on peut y repérer. C'est celui de mettre en évidence le point de vue à partir duquel se construit le récit, où il veut en venir, c'est-à-dire les valeurs qu'il défend, ou bien encore ses intérêts et son but[3]. Peu importe au fond de chercher qui a écrit tel Évangile, de savoir si celui-ci est antérieur ou postérieur à celui-là, car ce ne sont pas les questions essentielles – et il faut d'abord se poser d'autres questions pour les résoudre[4]. Ce qui importe, puisque tout récit s'effectue à partir d'une perspective qui est historique et qui ne peut pas échapper à son temps et à ses polémiques[5], ce sont précisément les valeurs qui s'y expriment et qui font que chaque Évangile est « un moment de la conscience critique »[6].

C'est de ce point de vue que Baur, reprenant l'hypothèse de Griesbach, l'inventeur du concept de « synoptique » qui a pour conséquence de mettre Jean de côté, affirme l'ordre chronologique suivant : Matthieu, Marc et Luc. Cependant, cet ordre, chez Baur, n'est nullement fondé sur une comparaison des textes au niveau de la précision des faits qu'ils racontent, pour mesurer leur dépendance les uns à l'égard des autres en examinant la chronologie, les lieux, les personnages, etc. Il est fondé sur un lien doctrinal, de sorte que l'histoire des Évangiles n'est rien d'autre qu'une querelle entre des écoles, où à une thèse s'oppose une antithèse qui donne à son tour naissance à une synthèse (Baur, pour qui l'école hégélienne ne mène qu'à un panthéisme[5], ne reprend de Hegel que ce schéma tout formel). Les Évangiles sont pour Baur des récits écrits bien

1. A. Hilgenfeld, *Die Evangelien nach ihrer Entstehung und geschichtlichen Bedeutung*, Leipzig, Hirzel, 1854.

2. Voir U. Köpf, « Die theologischen Tübinger Schulen », *op. cit.*, p. 43.

3. F.C. Baur, *Kritische Untersuchungen*, *op. cit.*, p. 72.

4. *Ibid.*, p. 74.

5. *Ibid.*, p. 73-74.

6. *Ibid.*, p. 76.

5. Voir U. Köpf, « Die theologischen Tübinger Schulen », *op. cit.*, p. 20.

après la mort de Jésus et expriment l'affrontement, au premier et deuxième siècles, entre deux tendances interprétatives différentes : ce sont donc des textes partisans où des intérêts différents s'opposent. Matthieu, c'est l'expression première du christianisme dans sa version judéo-chrétienne, représentée par l'apôtre Pierre, alors que Marc représente une tendance pagano-chrétienne et universaliste, incarnée par l'apôtre Paul. Luc, enfin, représente la première synthèse de ces deux courants, avant l'ultime synthèse johannique.

Dans *Kritische Untersuchungen über die kanonischen Evangelien [Recherches critiques sur les Évangiles canoniques]*, en 1848, donc après les rudes querelles qui ont divisé la théologie depuis les années 1830, Baur fait le point sur les différentes conceptions et se situe par rapport à elles. À côté de la conception dogmatique, il distingue deux courants critiques, rangeant son élève Strauss ainsi que Bruno Bauer dans un courant de critique négative, qu'il différencie d'un courant historique, dans lequel il range son travail et plus largement celui de l'école de Tübingen. Il est certain que Baur a défendu Strauss, mais *a minima* et en distinguant bien sa propre entreprise de la sienne. Certes, il écrit à Ludwig Heyd en février 1836[1] que le point de vue critique est la base de l'examen historique – et il écrit la même année dans un article publié dans la *Tübinger Zeitschrift für Theologie [Journal de théologie de Tübingen]* qu'« un criticisme qui n'est pas autorisé à être sceptique n'est pas un criticisme »[2] –, mais il distingue un criticisme constructif d'un criticisme qui ne l'est pas. Dans le texte sur les épîtres pastorales qu'il publie juste après la parution de *La Vie de Jésus* de Strauss, il se distingue de son élève en insistant, comme le souligne Köpf, sur le « principe d'autorité et de stabilité » qui doit guider la critique. Dans l'article de la *Tübinger Zeitschrift*, s'il est certain que, d'un côté, il soutient Strauss en soulignant, contre les attaques dont celui-ci est l'objet, qu'il ne veut nullement mettre en doute l'existence du Jésus historique, il écrit, d'un autre côté, que la critique doit s'en tenir au donné historique, quand bien même elle l'évalue d'un point de vue critique[3].

Si, dans le sommaire des *Kritische Untersuchungen*, Baur qualifie sa conception, non pas de critique, mais d'historique, c'est afin de la distinguer d'une conception comme celle de Strauss – et on soulignera que, lorsqu'il explique sa conception, donc dans le corps du texte, il

1. Voir U. Köpf, « Die theologischen Tübinger Schulen », *op. cit.*, p. 17.

2. F.C. Baur, « Abgenöthigte Erklärung gegen einen Artikel der evangelischen Kirchenzeitung, herausgegeben von Dr. E.W. Hengstenberg, Prof. der Theol. an der Universität zu Berlin », in *Tübinger Zeitschrift für Theologie*, 1836, n 3, p. 219.

3. Voir U. Köpf, « Die theologischen Tübinger Schulen », *op. cit.*, p. 21.

emploie bien le terme de « critique » pour la qualifier : mais le fait de ne pas l'intituler ainsi dans le sommaire a pour but de montrer que la dimension critique est secondaire et limitée.

Qu'est-ce qui change de Baur à Strauss ? Presque rien, mais pourtant quelque chose qui change tout. Baur écrit que l'erreur de Strauss est « de produire une critique de l'histoire évangélique sans une critique des Évangiles »[1] – c'est-à-dire, pour le dire plus précisément, « de prendre l'histoire évangélique comme objet de la critique, sans faire d'abord une critique des écrits »[2]. Comme le résume Philippe Dufour, pour Baur, « Ce qu'il faut chercher dans les quatre Évangiles du canon, ce n'est pas l'histoire vraie de Jésus, la lettre de son enseignement : c'est l'histoire de l'élaboration de la théologie chrétienne, mouvement qui culmine avec l'Évangile de Jean »[3]. Dans l'article de la *Tübinger Zeitschrift für Theologie*, Baur écrit que la position de Strauss « remet en cause la totalité du fondement du christianisme »[4]. Köpf, qui cite cette proposition, commente : « C'est la base de la distinction qu'il répète maintes fois entre son propre travail critique et celui de son élève »[5]. Mais c'est précisément cette différence qu'il faut approfondir.

Le problème de Strauss n'est pas le sens interne ou immanent du texte, mais le référent, c'est-à-dire le rapport entre le texte et l'état de choses (les faits) qu'il décrit. Ce n'est pas du tout le problème de Baur, qui reste interne au texte puisqu'il est celui du sens – et du sens contextuel, historique et polémique du texte au moment où il est écrit : quelles sont ses préoccupations et les questions axiologiques auxquelles il prétend répondre ? Le problème essentiel est évidemment pour les deux auteurs celui de la compatibilité de l'investigation théologique avec la foi. Strauss souligne bien qu'il faut distinguer « l'essence interne de la croyance chrétienne [qui] est complètement indépendante de ces recherches critiques ». Cependant, pour Baur, une telle déclaration d'intention est complètement artificielle. Si elle est réfutée par la méthode même de Strauss, c'est parce que son entreprise ne porte pas sur le texte, c'est-à-dire sur le sens, mais sur la référence – dans le langage de Baur : non pas sur la critique des Évangiles, mais sur l'histoire évangélique. Comme nous l'avons également souligné, même si Strauss distingue le Christ de la foi et l'individu historique nommé Jésus, tous deux sont sur le

1. F.C. Baur, *Kritische Untersuchungen*, *op. cit.*, p. 41.
2. *Ibid.*, p. 71.
3. P. Dufour, « La lettre perdue », *op. cit.*
4. F.C. Baur, « Abgenöthigte Erklärung », *op. cit.*
5. U. Köpf, « Die theologischen Tübinger Schulen », *op. cit.*, p. 21.

même plan, celui de la référence, et de Jésus, il ne reste plus grand-chose dans l'analyse de Strauss. Pour Baur, c'est une lecture anhistorique qui décontextualise les textes et qui ne les prend pas du bon côté ou par le bon bout, c'est-à-dire à titre d'« écrits de tendances » *(Tendenzschriften)*[1] qui expriment l'état des conflits sur la religion qui sont dans l'air du temps. En prenant les Évangiles, non pas comme une *histoire*, c'est-à-dire comme un contenu diégétique qui se donne de manière transparente et anhistorique, mais comme des *récits*[2], on ne touche pas à l'histoire de Jésus, on s'intéresse seulement à la manière dont la narration constitue son objet (quels sont les intérêts et les tendances qui s'y expriment ?). Ainsi, et seulement ainsi, on ne touche pas la foi.

Baur, dans les *Kritische Untersuchungen*, met Bruno Bauer dans la même catégorie que Strauss, à savoir ce qu'il nomme « critique destructive ou dialectique ». Il faut désormais retracer l'évolution de la critique théologique de Bauer.

Avec la *Kritik der Geschichte der Offenbarung* en 1838, on est dans la critique – et non pas dans la dogmatique, bien qu'il y ait une dimension de l'ouvrage qui fait penser à ce qu'écrit Marheineke. Voilà qui signifie qu'un pas a été fait, par lequel Bauer est proprement sorti de la droite hégélienne dans laquelle le range Strauss dans les *Streitschriften* en s'appuyant sur le compte rendu qu'il avait fait de *La Vie de Jésus*. L'ouvrage de 1838 est celui dans lequel Bauer introduit la notion de « conscience de soi », concept central pour penser la religion. La conscience de soi est celle de l'absolu, donc de Dieu, Bauer utilisant autant le terme de « Dieu » que celui d'« esprit absolu », contrairement à ce que disent parfois ceux qui veulent déjà trouver un soupçon d'athéisme dans ce texte. Mais, justement, si Dieu est l'absolu, c'est qu'il n'est pas que Dieu, c'est-à-dire transcendant, sans quoi il resterait incomplet. C'est pourquoi la conscience de soi doit se phénoménaliser, et elle se phénoménalise, c'est-à-dire se manifeste dans la foi, la conscience subjective que l'homme a de Dieu. C'est précisément la révélation. Voilà la dimension qui évoque Marheineke. La foi, qui est toujours ma foi, c'est-à-dire celle d'une conscience subjective, c'est en même temps le moment où l'absolu coïncide avec lui-même et supprime toute limitation, en reprenant en lui ce qui sinon resterait extérieur, à savoir l'homme[3].

1. F.C. Baur, *Kritische Untersuchungen*, *op. cit.*, p. 76.

2. Sur cette différence qui vient des études littéraires et est importée dans le champ des études cinématographiques, voir E. Dufour, *Qu'est-ce que le cinéma ?*, Paris, Vrin, 2009.

3. B. Bauer, *Kritik der Geschichte der Offenbarung* [désormais *KGO*], Berlin, Dümmler, 1838, vol. 1, Introduction, p. LV.

Bauer part de la conscience subjective – car, comment pourrait-on prétendre partir d'ailleurs ? Le point de départ de la critique ne peut être que notre propre position, donc notre humanité située historiquement : on retrouvera cette idée dans tous les développements ultérieurs de la critique bauérienne, et c'est la base de ce qu'on nomme la « critique immanente ». Le point de départ, ici, est donc plus précisément notre finitude et notre foi subjective. Celle-ci se décompose en trois étapes dialectiques, par lesquelles Bauer prétend corriger la théorie hégélienne et les problèmes posés par les commentateurs[1] : sentiment (union primordiale des deux plans où aucun n'est distingué), intuition (scission des deux plans) et représentation (va-et-vient incessant entre les deux plans, où, n'arrivant pas à les joindre, on passe de l'un à l'autre)[2]. Par conséquent, la représentation ne résout pas encore le problème, car la scission entre la conscience et l'absolu demeure. Sortir de la contradiction entre les deux plans n'est possible que quand on sort de la conscience subjective, c'est-à-dire quand on s'élève à la réflexion[3]. Et c'est là que Bauer introduit la notion de « conscience de soi »[4]. La conscience de soi est donc le moyen de dépasser la contradiction entre la conscience subjective et l'esprit absolu[5], lorsque celle-là, prenant conscience par et dans cette réflexion qu'elle n'est qu'un moment de l'esprit absolu qui la traverse, donc sa phénoménalisation, arrive enfin à saisir l'absolu comme tel, lequel se trouve enfin réconcilié avec lui-même, de sorte que l'unité se révèle unité d'une multiplicité sans pour autant perdre son unité. Dans la réflexion, il apparaît que c'est la conscience de soi qui prend conscience d'elle-même : la conscience de soi de l'esprit absolu se touche enfin, à travers la médiation de la conscience subjective qui trouve son assomption en elle. On remarquera la référence aux *Leçons sur la philosophie de la religion*, où Hegel définit la religion comme conscience de soi de l'esprit absolu qui est en même temps la conscience de soi subjective de l'absolu[6].

Comme chez Marheineke, l'absolu, donc, se manifeste phénoménalement, et c'est précisément cette manifestation qui s'appelle révélation, c'est-à-dire foi. La référence à Marheineke est d'autant plus manifeste

1. *Ibid.*, vol. 1, p. 206.
2. *Ibid.*, vol. 1, Introduction, p. XLII.
3. *Ibid.*, vol. 1, Introduction, p. XLVI.
4. *Ibid.*, vol. 1, Introduction, p. XLVII.
5. *Ibid.*, vol. 1, Introduction, p. XLVIII.
6. G.W.F. Hegel, *Vorlesungen über die Philosophie der Religion*, t. 2, Berlin, Duncker & Humblot, 1832, p. 151.

que Bauer reprend l'opposition entre supranaturalisme et rationalisme[1] et, lui aussi, prétend la dépasser. En ce sens, le livre est une réponse à Marheineke.

Cela posé, la manière dont Bauer dépasse l'opposition le rapproche de Strauss – et c'est là qu'on voit l'éloignement par rapport au compte rendu de *La Vie de Jésus*. Comme dans Strauss, les textes sacrés ne constituent qu'un niveau inférieur qui doit être dépassé dans un niveau supérieur. Pour Bauer aussi, les textes sacrés sont un point de départ, mais, exactement comme le développe Strauss en s'appuyant sur la *Phénoménologie de l'esprit* de Hegel, le point de départ qu'est la certitude sensible trouve son dépassement dans la pensée[2]. On voit qu'on est loin du « kantisme » de Marheineke chez qui la pensée n'a de sens qu'à titre de clarification du point de départ sensible (les textes sacrés). Chez Bauer et Strauss, le point de départ trouve son assomption dans le concept de la religion (pour Bauer dans le concept de la révélation religieuse). Hégéliennement, la représentation, qui est d'ordre sensible, trouve son dépassement dans la pensée. Bauer souligne que, si dans la « théologie biblique » (*i.e.* la dogmatique) on part des textes sacrés, « notre science », elle, part du concept de révélation[3].

Ce qui compte, donc, pour Bauer, c'est le concept de révélation, et son étape supérieure qu'il nomme « réflexion », permettant seule de penser la conscience de soi de Dieu comme incorporant la conscience de soi proprement humaine dans laquelle elle se phénoménalise, sans qu'il y ait de scission.

Voilà ce qui permet un écart par rapport aux textes sacrés, de sorte qu'on est bien effectivement ici dans une position critique et non pas dogmatique. De là, par opposition au compte rendu de la *Vie de Jésus*, la liberté qu'on peut prendre avec les miracles décrits dans la Bible, d'autant plus qu'ils restent proprement incompréhensibles pour notre entendement[4].

Le changement inauguré par *Kritik der Geschichte der Offenbarung* va trouver son prolongement dans *Kritik der evangelischen Geschichte des Johannes [Critique de l'histoire évangélique de Jean]*, en 1840, puis, évidemment, sa suite logique, *Kritik der evangelischen Geschichte der Synoptiker*, en 1841. Alors que le premier livre portait sur l'Ancien Testament, les deux livres suivants portent sur le Nouveau Testament.

1. *KGO*, vol. 1, Introduction, p. XXVIII.
2. Voir D. Strauss, *Streitschriften*, *op. cit.*, p. 65. Pour Bauer, voir *KGO*, vol. 1, p. XCVI.
3. *KGO*, vol. 1, Introduction, p. XCIV-XCVII.
4. *Ibid.*, vol. 2, p. 178-179, 201.

Lorsqu'il commence à envisager le livre sur Jean, Bauer écrit à son frère Edgar le 4 novembre 1839 qu'il en est arrivé « à une décision qui est radicalement opposée à tous les autres présupposés que j'ai défendus jusqu'ici »[1]. Rosen résume le sens du livre sur Jean :

> L'examen du texte avait montré que Jean était douteux du point de vue des informations historiques qu'il livrait, et qu'il était seulement le produit d'une écriture littéraire pragmatique qui prend parti – en d'autres termes, le quatrième évangéliste s'est laissé guider dans la composition du matériel par des considérations qui visaient, d'un point de vue pratique, à donner une configuration au monde, et il n'était pas intéressé à reconstruire l'histoire évangélique dans son authenticité.

L'auteur ajoute :

> Par l'examen des différentes indications de temps et de lieu ainsi qu'une comparaison des différentes déclarations et actions, Bauer est arrivé à la conclusion que Jean produit après-coup une réflexion sur des événements qui ont eu lieu bien avant. Pour cette raison, le quatrième Évangile n'a pas un caractère historique, mais il n'est pas pour autant une histoire imaginaire, car la réflexion de l'évangéliste se fonde sur un véritable noyau de tradition évangélique[2].

Si, dans les Évangiles synoptiques, le texte provient bien, derrière, d'une puissance transcendante qui s'est manifestée à travers la personne des évangélistes – c'est le sous-texte du livre de Bauer –, ce n'est pas le cas de l'Évangile de Jean, disqualifié et discrédité à titre de texte sacré, car elle n'est que l'émanation d'un individu particulier – autrement dit : d'une conscience subjective et non pas l'expression phénoménale de la conscience de soi du divin. Comme résume l'auteur d'un compte rendu dans la *Revue de bibliographie analytique* en 1843, Bauer fait partie de ces historiens qui « s'efforcèrent [...] de contester à cet Évangile [*sc.* Jean] l'authenticité ou du moins l'intégrité »[3]. Rosen ajoute que Bauer voyait dans sa critique de l'Évangile de Jean « une grande réussite de l'esprit humain »[4].

Et si c'est le cas, c'est moins du fait de la thèse qu'elle développe qu'à cause de ce qu'elle annonce, à savoir la *Kritik der evangelischen*

1. *Briefwechsel zwischen Bruno Bauer und Edgar Bauer während der Jahre 1839-1842*, Charlottenburg, E. Bauer, 1844, p. 12.

2. S. Rosen, « Bruno Bauers kritische Geschichtsphilosophie », *in* H. Reinalter (ed.), *Die Junghegelianer. Aufklärung, Literatur, Religionskritik und politisches Denken*, Frankfurt am Main, P. Lang, 2010, p. 66.

3. *Revue de bibliographie analytique*, t. 4, janvier 1843, p. 12.

4. S. Rosen, « Bruno Bauers kritische Geschichtsphilosophie », *op. cit.*, p. 67.

Geschichte der Synoptiker. Désormais, c'est au problème synoptique que Bauer s'attaque, donc, pour résumer, au problème de l'ordre des trois Évangiles synoptiques et aussi celui de leur authenticité. Au niveau de l'ordre, Bauer se range du côté de Wilke qui a cherché à établir que « Marc était le premier évangéliste, que Luc procédait de lui, et Matthieu de Luc »[1].

Il fait lui-même le lien entre les deux livres dans ce passage qu'il faut citer en entier pour qu'on voie bien le raisonnement qui le conduit désormais à dénier toute authenticité également aux Évangiles synoptiques :

> La critique du quatrième Évangile m'a conduit à envisager la possibilité qu'un Évangile puisse avoir une origine purement littéraire, et m'a finalement convaincu que dans cet Évangile nous avions bien affaire à un écrit qui possédait une telle origine, alors que je luttais encore intimement contre le résultat de l'écrit de Wilke. Cependant, puisque cette conviction était fondée et que j'allais, à l'aune de ce travail, me pencher sur les Évangiles synoptiques afin d'examiner là aussi, eu égard à leur aspect pragmatique, s'ils possédaient une origine littéraire analogue, je devais approuver Wilke ou du moins la nécessité d'un progrès ne pouvait plus être niée, étant donné que la dialectique de la forme et du contenu y menait nécessairement. Si la forme relève d'une origine entièrement littéraire et donne à l'Évangile de Marc le caractère d'une "œuvre littéraire", et, étant donné qu'une telle "composition littéraire" non seulement influence le contenu, mais, davantage, construit elle-même ce contenu, comment pouvons-nous alors en rester à la reconnaissance d'un donné positif déterminé ?[2]

On comprend mieux le passage de l'écrit de 1838 à celui-ci, en passant par le texte sur Jean de 1840. *Primo*, le texte sur Jean a ouvert une brèche, c'est lui qui, dans la pensée de Bauer et comme il le dit à son frère Edgar dans la lettre citée plus haut, constitue la rupture radicale. Ensuite, il n'y a plus qu'à développer cette rupture originaire, qu'à l'étendre.

Si la désacralisation de l'Évangile de Jean, qui devient une parole proprement humaine et se trouve désinvestie de tout caractère sacré, puisqu'elle n'est pas l'expression de l'absolu, a été possible, pourquoi ne serait-ce pas le cas des autres Évangiles ? Mais, *secundo*, cela n'est

1. *Revue de bibliographie analytique*, t. 4, janvier 1843, p. 12.

2. B. Bauer, *Kritik der evangelischen Geschichte der Synoptiker*, Leipzig, O. Wigand, 1841, vol. 1, p. XIV-XV. Aux deux volumes de *Kritik der evangelischen Geschichte der Synoptiker*, Bauer ajoute un troisième volume qui synthétise son travail sur les quatre Évangiles : *Kritik der evangelischen Geschichte der Synoptiker und des Johannes, Dritter und letzter band*, Braunschweig, F. Otto, 1842.

possible que pour autant qu'on sort du présupposé du texte de 1838. Celui-ci, on l'a dit, laissait une marge critique, mais on comprend mieux comment elle était fondée théoriquement : les Évangiles sont en même temps la parole divine au niveau du contenu, mais aussi l'expression humaine de cet absolu, la phénoménalisation impliquant une dimension proprement subjective et historique qui relève de la forme. Dans le texte sur l'Évangile de Jean, les Évangiles synoptiques sont encore donnés comme l'expression du « pur être-auprès-de-soi de la conscience de soi chrétienne »[1]. Mais le doute, qui est aussi pour Bauer l'avancée de la science, le conduit à faire sauter cette distinction entre forme et contenu. Si la forme détermine le contenu, si donc celui-ci ne peut pas être séparé et par là même sécurisé, comme garantie qu'à travers le récit humain l'absolu divin se manifeste, c'est alors cet absolu qui se dissout, et les Évangiles synoptiques deviennent simplement une construction humaine sans qu'aucun absolu divin s'y manifeste. (On remarquera, au passage, comment cette thèse conteste dans son principe la *Tendenzkritik* à la Baur, pour autant que celle-ci repose sur l'idée qu'on peut séparer la forme et le contenu, c'est-à-dire le sens et la référence, et alors que les deux plans sont liés.)

De là le nouveau sens que revêt désormais la conscience de soi bauérienne. La conscience de soi, dans *Kritik der evangelischen Geschichte der Synoptiker*, n'est plus celle du divin, mais elle est celle de l'humanité, produisant la religion et s'objectivant en elle. La religion, désormais, devient une construction de la conscience de soi humaine : elle n'est plus la révélation d'un quelconque « donné » (« ou élément positif »), pour reprendre un concept essentiel de Bauer corrélé à la notion de « conscience de soi ». Il faut du coup relativiser les propos de Bauer dans la lettre à son frère Edgar. Dans le texte sur l'Évangile de Jean, la conscience de soi est toujours celle de Dieu, et, quand bien même on relativise Jean, on garde les Évangiles synoptiques. Bref, on restreint le religieux, mais on ne le supprime pas. La véritable rupture, en ce sens, se produit bien en 1841 avec le texte sur les synoptiques et les textes publiés la même année qui en sont le corrélat : *Die Posaune des jüngsten Gerichts über Hegel, den Atheisten und Antichristen. Ein Ultimatum [La trompette du jugement dernier contre Hegel, l'athéiste et l'antéchrist. Un ultimatum]*, bien évidemment, mais aussi l'article fondamental « Der christliche Staat und unsere Zeit » [« L'État chrétien et notre temps »], sur lequel on reviendra.

1. B. Bauer, *Kritik der evangelischen Geschichte des Johannes*, Bremen, C. Schünemann, 1840, p. 183.

LE JEUNE HÉGÉLIANISME

Dès *Die evangelische Landeskirche Preussens und die Wissenschaft [L'Église nationale évangélique de Prusse et la science]*[1], en 1840, Bauer défend l'idée d'une laïcisation de l'État prussien : celui-ci doit se défaire du lien étroit qu'il entretient avec l'Église. Bauer, dans ce livre, souligne que la science – et donc son propre discours – doit devenir, contre la religion, l'auxiliaire de l'État prussien afin qu'il réalise son but ou sa mission. Trois choses sont remarquables. La première, c'est que Bauer joue la science contre l'Église, dans la mesure où si celle-là peut aider l'État à réaliser sa destination, ce n'est pas le cas de celle-ci, qui au contraire cherche à lui prendre son autorité spirituelle. De là la deuxième chose remarquable : jouer la science contre l'Église, ce n'est pas jouer la religion, au sens de la spiritualité, du *Geist*, contre l'État, car l'État a à charge de produire une religion au sens d'une spiritualité véritable, et qui n'est autre (on le verra) que l'éthicité (reprise et développement bauériens de la notion hégélienne de *Sittlichkeit*). La troisième, c'est que Bauer voit la philosophie comme quelque chose qui doit avoir un effet pratique et, davantage, politique. Bref, la science n'est pas un monde abstrait et séparé de la réalité, puisque, au contraire, elle renferme une dimension et un devenir qui sont pratiques.

Cette position, qui d'ailleurs n'est pas seulement celle de Bauer puisqu'elle va être adoptée par ses amis, témoigne d'une confiance de Bauer et des siens dans l'État prussien. Celui-ci peut et doit changer, évoluer – et la science, donc la philosophie et plus particulièrement la philosophie hégélienne dans la configuration qu'elle prend au sein de ce groupe, peut, veut et doit l'y aider. Il n'y a donc pas encore de rupture entre les philosophes hégéliens et l'État prussien, puisque ceux-ci cherchent à réformer l'État prussien de l'intérieur, au moyen de ce double changement : l'éviction de la religion et la critique de la monarchie.

Il apparaît que, déjà, dans *Die evangelische Landeskirche*, on trouve les positions que Bauer va développer plus tard et qui caractériseront sa philosophie – mais on les trouve dans l'esprit du texte, pas dans sa lettre, dans la mesure où, dans la Prusse de 1840, il n'ose pas s'exprimer trop explicitement. On verra que, du point de vue politique, le sous-texte renferme déjà la revendication démocratique, même si l'idée n'est encore pas affirmée frontalement. Et, du point de vue religieux, il est clair que,

1. B. Bauer, *Die evangelische Landeskirche Preussens und die Wissenschaft*, Leipzig, Otto Wigand, 1840.

déjà, *Die evangelische Landeskirche*, avec son opposition entre deux types de religion, c'est-à-dire les religions instituées (protestantisme et catholicisme), d'un côté, et, de l'autre, une religion au sens d'une éthicité produite par l'État, va bien au-delà d'une simple laïcisation de ces religions, mais propose clairement leur suppression et pointe leur illégitimité. Mais, de même, cela n'est pas dit frontalement, puisque le discours sur l'institution de la religion par l'État, contre les cultes existants, reste vague et, en outre, est fondé sur le concept d'« union », récurrent dans le texte, qui a d'abord (mais pas seulement) le sens, historique, de la reprise en main par l'État de la religion dans l'Église évangélique de l'union prussienne, fusion administrative et liturgique par le roi et son ministre Altenstein, au moyen de la création d'un ministère des cultes, des deux branches du protestantisme prussien[1].

Avec *Kritik der evangelischen Geschichte der Synoptiker*, Bauer quitte le clan des hégéliens de droite pour rallier celui des hégéliens de gauche. Mais le dire ainsi, c'est le dire trop vite – et c'est le dire mal. Car si Strauss se plaçait dans le « côté gauche », et il était le seul à y figurer, désormais Strauss paraît très à droite de la position de Bauer. Car Bauer ne se contente pas de produire une « critique historique » qui nie la validité historique des écrits évangéliques, il prône, à la différence de Strauss, un athéisme absolu. Dieu est une fiction engendrée par l'homme – ce que Bauer appelle la « conscience de soi » de l'humanité. Bauer, avec cette thèse, draine tout un public de jeunes étudiants et chercheurs qui se regroupe autour de ses thèses.

Après la parution de la *Vie de Jésus*, le côté gauche de l'hégélianisme, qui au départ ne comptait comme membre que celui qui invente cette catégorie, se remplit, particulièrement du fait du soutien, comme le note P. Clochec, de tous les jeunes étudiants et chercheurs qui diffusent à Berlin les *Hallische Jahrbücher für Wissenschaft und Kunst [Annales de Halle pour la science et l'art]*.

En 1837, le jeune Arnold Ruge, d'abord activiste politique (nous avons déjà souligné qu'il a fait de la prison à titre de membre des *Burschenschaften)* et désormais *Privatdozent* depuis 1832 à l'Université

1. Voir B. Bauer, « Der christliche Staat und unsere Zeit », *Hallische Jahrbücher für deutsche Wissenschaft und Kunst* 135-140, 7-12 juin 1841 ; rééd., *Feldzüge der reinen Kritik*, Frankfurt am Main, Suhrkamp, 1968, p. 39. Voir aussi sur ce point p.ex. J.-M. Mayeur, C. Pietri, L. Pietri, A. Vauchez, M. Venard (dir.), *Libéralisme, industrialisation, expansion européenne (1830-1914)*, *Histoire du christianisme*, t. 11, Paris, Desclée, 1995, p. 320.

de Halle (où il restera jusqu'en 1841[1]), fonde avec son ami Ernst Theodor Echtermeyer, enseignant à la Fondation Francke de Halle, après avoir recruté « des collaborateurs à la fois prestigieux et novateurs parmi lesquels (…) Friedrich Wilhelm Carové, Feuerbach, Karl Friedrich Köppen, C.L. Michelet, R.E. Prutz, Rosenkranz, Lorenz von Stein, F.T. Vischer, D.F. Strauss ainsi que le critique littéraire Heinrich Laube »[2], les *Hallische Jahrbücher für Wissenschaft und Kunst*, dont le premier numéro paraît chez Wigand au début de l'année 1838. Il s'agit de concurrencer les *Jahrbücher für wissenschaftliche Kritik*, l'organe des hégéliens orthodoxes et, partant, de la droite hégélienne. Les *Hallische Jahrbücher* sont l'organe des hégéliens hétérodoxes, donc de la gauche hégélienne. Il s'agit d'une tendance « plus vivante, moins strictement universitaire et plus ouverte aux questions extérieures à la philosophie, par exemple à la politique mais aussi à la littérature »[3]. Pour le dire autrement, alors que les *Jahrbücher* de Berlin se concentrent sur la question théorique, les *Jahrbücher* de Halle portent sur les applications pratiques de la théorie.

Au niveau de la religion, la revue défend Strauss et prône la possibilité d'interpréter le christianisme. L'interprétation du christianisme vire à l'anticléricalisme. La critique devient celle de toute autorité religieuse, de tous les rites, de toutes les règles, prescriptions et/ou obligations religieuses, car la religion doit être libération et non pas oppression et contrôle. La revue défend la valeur suprême du protestantisme, à savoir « le principe de justification par la foi », à propos duquel *Die evangelische Landeskirche*[4] souligne que, grâce à lui, la religion trouve son assomption dans le rapport immédiat que chacun entretient avec Dieu. La gauche hégélienne, ce n'est nullement encore l'athéisme, mais c'est simplement la sécularisation de la foi. Dans l'optique de la religion prônée par Luther, « Il ne faut chercher dans l'Évangile que cette nouvelle [*sc.* la victoire du Christ sur le péché, la mort et le diable], surtout pas une loi ou un dogme.

1. G. Krebs, « Universités, professeurs et étudiants en Allemagne dans la première moitié du XIXe siècle », dans G. Krebs (dir.), *Aspects du Vormärz*, Paris, Presses Sorbonne Nouvelle, 1984, note 22.

2. L. Calvié, « A. Ruge (1802-1880), un intellectuel révolutionnaire allemand au dix-neuvième siècle », présentation de A. Ruge, *Aux origines du couple franco-allemand. Critique du nationalisme et révolution démocratique avant 1848*, trad. fr. L. Calvié, Toulouse, Presses Universitaires du Mirail, 2004, p. 32.

3. *Ibid.*

4. B. Bauer, *Die evangelische Landeskirche*, *op. cit.*, p. 123.

Le croyant n'a pas besoin de loi. L'Évangile étant un sermon, le récit des œuvres du Christ apparaît comme secondaire »[1].

En outre, cette désinstitutionalisation et intériorisation de la foi apparaissent progressivement comme étant intimement liées à une tendance qui fait valoir la laïcisation du politique, puisque la religion n'a rien à faire dans la sphère publique et plus particulièrement dans celle politique et sociale. Ce mouvement « toujours plus vers la gauche »[2] équivaut « tout au moins pour le gouvernement prussien, à une attaque de l'"État chrétien" »[3]. Car cette politisation de la gauche hégélienne se fait *via* la querelle de Cologne ou des mariages mixtes, comme le note D. McLellan[4]. Les *Jahrbücher* s'engagent du côté de l'État prussien, c'est-à-dire du côté du roi, Frédéric-Guillaume III, protestant convaincu, contre le nouvel archevêque de Cologne – bref, ils s'engagent du côté de la liberté de la foi contre celui de l'autorité, du côté du protestantisme contre celui du catholicisme. Toutefois, après la mort de Frédéric-Guillaume III et le couronnement de son fils, Frédéric-Guillaume IV, qui a épousé une catholique, la politique change, puisque le nouveau roi fait des concessions afin d'éviter que l'affaire s'embrase, de sorte que les *Jahrbücher* se retrouvent en porte-à-faux. Il y a d'un certain côté cette dimension-là dans *Die evangelische Landeskirche*, mais qui voisine avec cette autre tendance, plus radicale et en filigrane, qui promeut la suppression des Églises instituées en faveur d'une autre religion (la *Sittlichkeit* promue par l'État).

Avec cet épisode, les *Jahrbücher* perdent des collaborateurs et les articles deviennent de plus en plus polémiques et politiques, du fait d'une interaction avec les jeunes étudiants et chercheurs du *Doktorklub* à Berlin[5].

L'article de Ruge (auquel a collaboré Echtermeyer) publié en 1839, « Karl Streckfuss und das Preussentum » [« Karl Streckfuss et le prussianisme »], attaque très violemment la censure et plus largement le fonctionnement de l'État prussien, revendiquant quelque chose qui va devenir le mot d'ordre des Jeunes hégéliens, à savoir un État constitutionnel. Il faut rappeler que Frédéric-Guillaume III, pendant les guerres de libération, a promis au peuple d'établir une constitution.

1. J. Wirth, *Luther. Étude d'histoire religieuse*, Genève, Droz, 1981, p. 45.

2. S. Mercier-Josa, « Biographie d'Arnold Ruge », *Théorie allemande et pratique française de la liberté*, Paris, L'Harmattan, 1993, p. 315.

3. D. McLellan, *Les Jeunes hégéliens et Karl Marx*, *op. cit.*, p. 27.

4. *Ibid.*, p. 26.

5. *Ibid.*, p. 28.

Néanmoins, il n'a pas tenu sa promesse, « n'accordant à ses sujets qu'une représentation provinciale »[1]. D'où la désillusion des Prussiens dont ces propos de Ruge sont clairement l'expression :

> (...) *car la Prusse en tant qu'État est toujours catholique*, la monarchie absolue est totalement, du point de vue politique, ce que le catholicisme est du point de vue religieux, elle se décompose en profanes et en initiés, en souverains sages et en sujets qui croient en eux, en un État qui est absolument transcendant et en citoyens profanes qui en sont complètement séparés, au niveau autant de leur savoir que de leur action[2].

Cela posé, la thèse est toujours claire : quel que soit l'écart entre l'idéal ou l'idée et le réel empirique, donc l'État prussien dans sa réalité effective, il n'y a pas encore de coupure et cet idéal demeure quelque chose qui peut prendre corps et qui n'est toujours en somme que le devenir de l'État prussien actuel. C'est seulement, souligne Ruge, dans la « renaissance d'un développement libre et véritablement *réformateur* » que la Prusse peut devenir « le moteur et le centre de l'Allemagne libre ayant une destination européenne »[3].

Comme l'écrit McLellan, « Avant l'avènement de Frédéric-Guillaume IV, les *Jahrbücher* avaient pris la défense de la monarchie prussienne[4] » – et il souligne combien, à cette époque, les hégéliens de gauche sont opposés à toute révolution. Non seulement ils font valoir la Prusse comme « État protestant, capable de repousser les tendances catholiques de ses adversaires »[5], mais en outre, jusqu'en 1840, ils ne défendent encore aucune position athée. L'Église reste quelque chose d'essentiel, et il s'agit simplement de repenser sa place dans l'organisation politique et sociale. C'est d'ailleurs ce qu'écrit encore Ruge en 1843, dans sa « Selbstkritik des Liberalismus » [« Autocritique du libéralisme »][6].

1. J. Droz, *Histoire de l'Allemagne*, Paris, Puf, Que sais-je ?, 1980, p. 21.
2. A. Ruge, « Karl Streckfuss und das Preussentum », *in* H. und I. Pepperle (ed.), *Die Hegelsche Linke. Dokumente zu Philosophie und Politik im deutschen Vormärz*, Leipzig, Reclam, 1985, p. 121.
3. *Ibid.*, p. 127 (c'est nous qui soulignons).
4. D. McLellan, *Les Jeunes hégéliens et Karl Marx*, *op. cit.*, p. 40.
5. *Ibid.*, p. 39.
6. *Ibid.*, p. 38. La proximité entre Bauer et Marx est entre autres fondée sur l'athéisme : P. Clochec (*Marx jeune hégélien*, *op. cit.*, p. 107) cite une lettre de Bauer à Marx, du 31 mars 1841, dans laquelle il écrit qu'il faut pousser Ruge à se radicaliser et à défendre l'athéisme. Sur ce point, Ruge n'a jamais été très clair : voir p.ex. « Eine Selbstkritik des Liberalismus », *Deutsche Jahrbücher für Wissenschaft und Kunst* 1, 2 et 3 du 2, 3 et 4 janvier 1843 ; trad. fr. C. Mercier, B. Schulze dans S. Mercier-Josa, *Théorie allemande et pratique française de la liberté*, *op. cit.*, p. 245-268 ; ou *Zwei Jahre in Paris*, Zweiter Theil, Leipzig, W. Jurany, 1846, p. 8.

Bref, à cette époque, les hérauts de la gauche hégélienne « croyaient que leurs idéaux pourraient se réaliser dans le cadre de l'État prussien »[1]. Du point de vue politique, les *Hallische Jahrbücher* défendent l'idée d'une réforme libérale de l'État prussien. La revue se déclare en faveur de cet État, affirme son appartenance à cet État, mais insiste sur le fait que, partie prenante dans cet État, elle va l'aider à y voir plus clair pour progresser et se transformer en se dotant d'une constitution. Là encore, cette alliance entre l'État et la science, cette volonté d'aider l'État à accomplir ses réformes est une caractéristique du Bauer de *Die evangelische Landeskirche*.

Dans « Zur Kritik des gegenwärtigen Staats- und Völkerrechts » [« Critique du droit public et du droit international actuel »], Ruge écrit :

> L'État conforme à l'esprit conscient de lui-même, se déterminant lui-même à partir de la raison et uni en lui-même dans sa distinction interne, est par conséquent l'État rationnel, l'État libre et, partant, *souverain*. Telle la liberté de l'individu, la *souveraineté* de l'État se trouve dans la *détermination de soi*, dans la *conscience de soi* transparente à elle-même (ce qui veut dire pour l'État : participation de tous, représentation, publicité et liberté de la presse) et dans l'intégration des différences internes (et dans l'État des pouvoirs) en une *unité individuelle*[2].

La conscience de soi de l'État, c'est-à-dire au fond l'État sous sa plus haute forme, ne peut advenir que lorsque le monarque comme représentant de la nation trouve son union avec « une représentation publique de la force législative »[3].

Si tout change en 1840, avec le couronnement du nouveau roi qui succède à son père, c'est parce que Frédéric-Guillaume IV n'est pas du tout favorable aux hégéliens et à l'hégélianisme – et s'il ne l'est pas, ce n'est pas à cause de leurs déclarations politiques libérales, c'est uniquement à cause de leur position athée et de ses conséquences sociales et politiques. Les premiers mois qui suivent l'accession au trône montrent pourtant un roi doux et bienveillant, qui réintègre les contestataires, tel Ernst Moritz Arndt qui récupère son poste de professeur, ou bien les frères Grimm

1. *Ibid.*, p. 29.
2. A. Ruge, « Zur Kritik des gegenwärtigen Staats- und Völkerrechts », *Hallische Jahrbücher für deutsche Wissenschaft und Kunst* 154, 1840, p. 1226.
3. *Ibid.*

nommés à l'université de Berlin[1]. C'est aussi le moment où, profitant d'une liberté de la presse inédite, les hégéliens de gauche de Cologne fondent la *Rheinische Zeitung [Gazette rhénane]*, que McLellan décrit comme la « contrepartie plus populaire des *Hallische Jahrbücher* »[2]. Georg Jung, Moses Hess et Rutenberg (qui prend très rapidement la place de Gustav Höffken) sont les fers de lance du comité de rédaction, et le premier numéro paraît en janvier 1841.

Mais le beau temps ne dure pas : Frédéric-Guillaume IV montre très rapidement son vrai visage et attaque tous les opposants et particulièrement, comme il le dit, « cette engeance qu'est le panthéisme hégélien »[3]. Le rapport entre les hégéliens (et plus largement les intellectuels critiques), d'un côté, et, de l'autre, l'État prussien et ses représentants se durcit : « Déjà, à la fin de 1840, des signes montraient que le roi était décidé à faire interdire les *Hallische Jahrbücher* »[4], ce qu'il fait en 1841. On connaît l'histoire.

> Le nouveau roi se considérait comme un partisan de la liberté de la presse et il fit rédiger un arrêté de censure très modéré. À la fin de 1841, cet arrêté a réellement été promulgué, mais on s'aperçut que la liberté de la presse se limitait à une décision romantique abstraite. En effet, la façon dont le roi entendait la liberté de la presse apparut à l'été 1841, lorsqu'un ordre du Conseil fut publié, appelant Ruge à se soumettre à l'interdiction de sa revue, qui était imprimée et publiée par Wigand à Leipzig, dans les États prussiens. Voilà qui éclaira suffisamment Ruge sur la "Prusse libre et juste" pour le convaincre de déménager à Dresde où, à partir du 1er juillet 1841, il publia sa revue sous le nom de *Deutsche Jahrbücher für Wissenschaft und Kunst*[5].

Rattner et Danzer ajoutent : « Le périodique parut sous ce titre pendant encore deux ans jusqu'à ce que, finalement victime de la censure en Saxe en 1843, il soit interdit »[6]. La *Rheinische Zeitung* est elle aussi interdite en 1843.

Comme le souligne P. Clochec,

> (...) les années 1842-1843 sont celles d'une chasse à la presse jeune hégélienne. Tous les organes jeunes hégéliens sont interdits dans cette

1. J. Rattner et G. Danzer, *Die Junghegelianer*, *op. cit.*, p. 76.
2. D. McLellan, *Les Jeunes hégéliens et Marx*, *op. cit.*, p. 31.
3. J. Rattner et G. Danzer, *Die Junghegelianer*, *op. cit.*, p. 76.
4. *Ibid.*
5. F. Mehring, *Karl Marx : The Story of His Life*, 1918, trad. de l'allemand par E. Fitzgerald, London-New York, Routledge, 2010, p. 32.
6. J. Rattner et G. Danzer, *Die Junghegelianer*, *op. cit.*, p. 77.

> période. L'*Athenaüm* de Meyen et Riedel avait déjà été interdit à la fin de 1841. Le 5 octobre 1842, Karl Grün est mis à la porte de la rédaction de la *Gazette du soir de Mannheim*. Le 18 décembre 1842, c'est *Le Patriote* de Buhl qui est interdit. Dix jours plus tard, le gouvernement prussien interdit la diffusion en Prusse du *Messager allemand de Suisse* de Fröbel et Herwegh. Puis, au tournant des années 1842-1843, ce sont les trois revues jeunes hégéliennes les plus diffusées qui sont successivement interdites[1].

C'est-à-dire, en plus des deux qu'on a déjà citées, la *Leipziger Allgemeine Zeitung [Gazette généraliste de Leipzig]*, dirigée par Gustav Julius, qui est interdite fin décembre 1842.

Non seulement Altenstein est mort en 1840 et ne peut plus défendre Bauer que, tout de même, il avait imposé à Bonn[2], mais le ministre du culte de Frédéric-Guillaume IV, Johann Albrecht Friedrich Eichhorn, qui partage les idées du roi, voit le dangereux visage de Bauer se dessiner dès la publication de *Kritik der evangelischen Geschichte des Johannes* ; dès ce moment, il cherche à le faire exclure de l'université de Bonn[3].

À vrai dire, Eichhorn avait tout à fait raison. P. Clochec souligne bien que c'est dès son arrivée à Bonn que la conversion de Bauer a lieu[4]. Au moment où il commence à penser à son travail sur l'Évangile de Jean, il écrit, le 4 novembre 1839, à son frère, soulignant par ailleurs sa grande solitude dans ce nouveau lieu :

> Mais précisément, alors que je suis privé des stimulations et sollicitations habituelles et que je suis renvoyé à moi-même dans ma solitude, mon développement scientifique se trouve accéléré et, à l'instant où je suis, pour la première fois, jeté dans un monde hostile où, en outre, je me mets dans l'harmonie la plus grande avec tout, j'ai, pour la première fois, amené ma position jusqu'à une décision – jusqu'à une décision qui est radicalement opposée à tous les autres présupposés que j'ai défendus jusqu'ici[5].

Il est donc clair, à l'aune de cette citation, que Bauer a tout à fait en tête, dès la *Kritik der evangelischen Geschichte des Johannes*, ce qu'il va accomplir, d'abord dans *Kritik der evangelischen Geschichte der*

1. P. Clochec, *Marx jeune hégélien*, *op. cit.*, p. 444-445.
2. *Ibid.*, p. 56. On peut toutefois se demander si, Altenstein encore vivant, il aurait toujours défendu Bauer en 1842 !
3. H. Schwarz, *Theology in a Global Context*, *op. cit.*, p. 25.
4. P. Clochec, *Marx jeune hégélien*, *op. cit.*, p. 167-168.
5. *Briefwechsel zwischen Bruno Bauer und Edgar Bauer während der Jahre 1839-1842 aus Bonn und Berlin*, *op. cit.*, p. 11-12.

Synoptiker, puis, surtout, dans *Die Posaune*[1], qui paraît en octobre 1841 et sera interdit en 1842[2]. *Die Posaune* devait à l'origine être un texte co-écrit par Marx[3], les deux hommes étant très proches pendant les années berlinoises. Marx perd la compagnie de Bauer qu'il considérait comme un grand frère après le départ de celui-ci pour Bonn, et il le retrouve lorsque, en juillet 1841, il revient à Bonn après l'obtention de son doctorat de philosophie soutenu à l'université d'Iéna avec la dissertation intitulée *Différence de la philosophie de la nature chez Démocrite et Épicure*, le 15 avril 1841. Il espère, avec l'aide de Bauer, obtenir un poste de *Privatdozent*. À ce moment-là, l'avenir est plein d'espoir et les jeunes chercheurs d'obédience hégélienne pensent encore trouver leur place dans la société prussienne et s'y intégrer. C'est à cette époque que Marx « rencontre Moses Hess et Georg Jung, qui font appel à lui afin de préparer la fondation de la *Rheinische Zeitung* »[4]. « Dès le début de 1842, Bruno Bauer pousse Marx à écrire pour le nouveau journal, et le beau-frère de Bauer, Rutenberg, qui avait fait partie du *Doktorklub*, est nommé rédacteur en chef sur la recommandation de Marx »[5]. Le lien très fort entre Marx et Bauer, qui font plusieurs projets ensemble dont aucun n'aboutira[6], dure jusqu'au moment où Bauer retourne à Berlin, en mars 1842, après son licenciement de l'université[7]. Marx, après le départ de Bauer, collabore essentiellement avec Ruge : de leur lien naît le projet des *Deutsch-Französische Jahrbücher [Annales franco-allemandes]*, dont seul le premier volume paraît au printemps 1844. Le lien avec Bauer est rompu (nous y reviendrons) avec l'affaire des « hommes libres » qui va renforcer une opposition entre deux camps : Bauer *versus* Ruge et Marx.

1. B. Bauer, *Die Posaune des jüngsten Gerichts über Hegel den Atheisten und Antichristen : ein Ultimatum*, Leipzig, Otto Wigand, 1841.

2. M. Hundt, *Der Redaktionsbriefwechsel der Hallischen, Deutschen und Deutsch-Französischen Jahrbücher (1837-1844)*, Berlin, Akademie Verlag, 2010, p. 93.

3. *Ibid.* L'examen historique et philologique permet d'établir que *Die Posaune* est un texte écrit par le seul Bauer, auquel Marx n'a nullement collaboré, contrairement à ce qu'écrit N. Dessaux dans « De Marx comme trompettiste », dans B. Bauer, *La Trompette du jugement dernier*, *op. cit.* Nous renvoyons à P. Clochec, *Marx jeune hégélien*, *op. cit.*, p. 215, qui montre la légèreté des arguments de Dessaux et souligne que celui-ci s'appuie sur de la littérature de seconde main sans nulle référence aux textes allemands.

4. A. Arndt, *Karl Marx. Versuch über den Zusammenhang seiner Theorie*, 2e ed., Berlin, Akademie Verlag, 2012, p. 24.

5. T. Carver, *Friedrich Engels : His Life and Thought*, London, Palgrave Macmillan, 1991, p. 83.

6. P. Clochec expose et synthétise les cinq projets qu'ont eu les deux hommes, s'appuyant sur les lettres qu'ils ont échangées (*Marx jeune hégélien*, *op. cit.*, p. 207 *sq.*).

7. P. Clochec, *Marx jeune hégélien*, *op. cit.*, p. 162.

Dans *Die Posaune*, Bauer assume pleinement ce qui demeurait la conséquence ineffable et indicible de *Kritik der evangelischen Geschichte der Synoptiker*, à savoir l'athéisme. Jusqu'à présent, celui-ci restait le non-dit résultant de la thèse qui faisait de la religion l'expression de la conscience de soi conçue comme conscience de soi de l'humanité, il devient désormais le mot d'ordre du livre. La seule thèse légitime vis-à-vis de la religion, c'est l'athéisme. Et Bauer attribue cette thèse à Hegel, il fait de l'athéisme, contre la lettre de la philosophie hégélienne, son esprit véritable, ce à quoi elle mène si on en assume véritablement les conséquences, reprenant l'idée que la conscience de soi de l'humanité est tout. S'il n'y a rien d'extérieur à la conscience de soi de l'homme, alors Dieu est une invention de l'homme, rien de plus.

La critique de l'athéisme est aussi celle de l'État chrétien. Mais ce n'est pas tout. Car *Die Posaune* s'en prend aussi à l'alternative dominante, à savoir la position libérale qui se contente de critiquer l'État prussien à titre de monarchie absolue et propose seulement que cet État soit doté d'une constitution. La critique s'effectue au nom de la République et, comme l'écrit Moggach, du jacobinisme[1]. Autrement dit, la position de Bauer n'est nullement réformiste, elle ne propose pas un changement à la marge de l'État prussien, mais exige clairement sa suppression totale au profit d'autre chose.

À cela s'ajoute que le livre ne se donne pas comme l'expression directe et assumée de cette thèse. Car *Die Posaune*, livre publié initialement sans nom d'auteur[2], se donne comme un texte écrit par un théologien piétiste totalement opposé à Hegel. Il développe une critique de ce que disent certains hégéliens, à savoir les « jeunes hégéliens », en soulignant combien ce qu'ils affirment est fondé dans le texte hégélien, de sorte que les « vieux hégéliens », s'ils défendent, eux, les valeurs de l'État prussien, n'en sont pas moins très éloignés du texte d'un philosophe dont l'œuvre est profondément nocive. « Les jeunes hégéliens sont au contraire les authentiques hégéliens »[3]. La dangerosité de ces jeunes philosophes ne surgit donc pas *ex nihilo*, car elle était inscrite dans la philosophie de Hegel. Citations choisies à l'appui[4], l'auteur anonyme montre que

1. D. Moggach, *The Philosophy and Politics of Bruno Bauer*, *op. cit.*, p. 99.

2. Bauer est familier de la chose : *Die evangelische Landeskirche* est d'abord publié anonymement avant une seconde publication avec le nom de l'auteur la même année (voir D. Moggach, *The Philosophy and Politics of Bruno Bauer*, *op. cit.*, p. 264).

3. B. Bauer, *Die Posaune*, *op. cit.*, p. 13.

4. D. Moggach, *The Philosophy and Politics of Bruno Bauer*, *op. cit.*, p. 100, note 6, p. 239, souligne que les citations de Hegel sont essentiellement empruntées aux *Vorlesungen*

« Hegel a dissout et détruit la religion »[1], de sorte qu'on peut parler de l'« athéisme de Hegel »[2] ; et il souligne comment l'État chez Hegel suppose l'éviction de l'Église[3] (bien que les vieux hégéliens aient cherché à les unir[4]).

On voit bien l'usage politique de tels discours – ou, pour le dire autrement, le sens politique de ceux-ci apparaît très clairement bien que Hegel n'ose pas le verbaliser frontalement et se contente de l'exprimer de manière oblique. C'est l'idée que tout pouvoir qui prétend venir de Dieu, tel celui du roi dans l'État prussien, apparaît dès lors illégitime – et que, plus largement, la religion n'étant que l'hypostase de la conscience de soi du peuple, seul le pouvoir que se donne librement un peuple est légitime. « Attention ! La philosophie veut la révolution, la révolution contre tout ce qui est donné (…) »[5]. Il apparaît donc que « son système [*sc.* à Hegel] est le système de suspicion des Jacobins »[6]. « On ne peut pas à vrai dire s'étonner quand Hegel voit dans la Révolution française, dans cette œuvre d'une philosophie athéiste, le plus grand événement de l'histoire, quand il la considère comme la rédemption de l'humanité et comme l'acte par lequel la philosophie a pleinement prouvé sa vocation à régner sur le monde »[7]. Comme le résume Bauer dans *Hegels Lehre* ;

> Il [*sc.* Hegel] envie la nation française pour "le bain de sang de sa révolution", par lequel elle "s'est affranchie de beaucoup de structures qui étaient pour l'esprit humain bien trop étroites, à la manière de chaussures d'enfant, et qui, pour cette raison, pesaient sur cette nation comme elles pèsent sur d'autres telles des entraves insensées". Sur le peuple allemand, pense-t-il, ces entraves insensées pèsent encore, et il faut faire jouer tous les leviers qui peuvent les supprimer[8].

Qu'on n'oublie pas que l'État qui, pour Hegel, est « la réalité effective véritable, rationnelle »[9], est aussi la conscience de soi de la liberté du

über die Philosophie der Religion, dont Bauer avait lui-même établi une édition parue en 1840.

1. B. Bauer, *Die Posaune*, *op. cit.*, p. 47.
2. B. Bauer, *Die Posaune*, *op. cit.*, p. 85 ; voir aussi p. 163.
3. *Ibid.*, p. 120-124.
4. *Ibid.*, p. 122.
5. *Ibid.*, p. 167.
6. *Ibid.*, p. 164.
7. *Ibid.*, p. 84.
8. B. Bauer, *Hegels Lehre von der Religion und Kunst von dem Standpunkte des Glaubens aus beurtheilt*, Leipzig, O. Wigand, 1842, p. 69.
9. B. Bauer, *Die Posaune*, *op. cit.*, p. 120 ; voir aussi p. 123, 125.

peuple[1] – et c'est d'ailleurs en ce sens que l'État, pour lui, n'est pas une fin en soi, mais un moyen – et un moyen au service du peuple[2] : « Le domaine de la foi, dans lequel seul Dieu règne et l'homme doit seulement obéir, est ce qu'il qualifie de "despotisme religieux" »[3].

Le théologien piétiste qui est censé avoir écrit *Die Posaune* loue l'immense Heinrich Leo[4], auteur de l'ouvrage *Die Hegelingen. Actenstücke und Belege zu der Denunciation der ewigen Wahheit [Les Hégélounets. Pièces et preuves pour dénoncer la vérité éternelle]*[5], « qui a eu le premier le courage de prendre publiquement position contre cette philosophie impie, de la dénoncer frontalement et d'attirer l'attention des gouvernements d'esprit chrétien sur le danger imminent que cette philosophie représente pour l'État, l'Église et la moralité »[6]. Dans *Hegel's Lehre von der Religion und Kunst von dem Standpunkte des Glaubens aus beurtheilt [La théorie hégélienne de la religion et de l'art jugée du point de vue de la croyance]*, la suite de *Die Posaune*, qui paraît également anonymement en 1842, on trouve, dans la Préface, après le petit chapitre consacré à Leo, un petit chapitre portant sur Bauer à titre de représentant exemplaire de ceux qui veulent accomplir ce qu'a initié Strauss[7], « combattant les théologiens et les érudits les plus subtils de notre temps comme de tous les temps sur les choses divines »[8].

Il faut rappeler que ce n'est pas Heinrich Leo qui a créé l'expression de « Jeunes hégéliens », mais probablement Hengstenberg qui, dans un article, dénonce l'entreprise de Strauss (qu'il associe à celle de Baur) et, plus largement, celle de la gauche hégélienne :

1. *Ibid.*, p. 173.
2. *Ibid.*
3. *Ibid.*, p. 104.
4. *Ibid.*, p. 33 *sq.*
5. H. Leo, *Die Hegelingen. Acktenstücke und Belege zu der Denunciation der ewigen Wahrheit*, Halle, E. Anton, 1839. Nous sommes bien d'accord avec P. Clochec (*Marx jeune hégélien, op. cit.*, p. 70) lorsqu'elle souligne que, contre la tradition convenue de l'expression par « hégélâtres », il faut rendre le suffixe -ing qui assimile le type d'hégéliens étiquetés et déterminés par l'expression à la jeunesse romantique et révolutionnaire des années vingt et trente – renvoyant donc aux *Burschenschaften* et plus largement à l'imagerie du jeune romantique marginal qui méprise la société bourgeoise et sa mentalité philistine (voir notre *Esthétique de Nietzsche*, Lille Septentrion, 2005, Première partie, I, sur Schumann, par exemple, ou bien notre *Mal dans le cinéma allemand*, Paris, Armand Colin, 2014, chap. 1, sur le resurgissement de cette imagerie romantique dans l'expressionnisme). Reste que, à notre sens, le suffixe -ounet rend mieux que -au (lion/lionceau) l'idée. Le mot est immédiatement plus signifiant (comme dans : « cette histoire est tristounette »).
6. B. Bauer, *Die Posaune*, *op. cit.*, p. 35.
7. B. Bauer, *Hegels Lehre*, *op. cit.*, p. 37.
8. *Ibid.*

> Puis, en août 1838, paraît dans l'Evangelischen Kirchenzeitung un article anonyme, vraisemblablement du rédacteur en chef Ernst Wilhelm Hengstenberg, sur Die Hallischen Jahrbücher für Deutsche Wissenschaft und Kunst, qui contient un appel direct à la "persécution" des "Jeunes hégéliens", que Ruge avait déjà prophétisée. L'auteur y distingue un bon côté, le côté droit, d'un côté dangereux et révolutionnaire de l'école hégélienne, et utilise, sans doute pour la première fois, la qualification de "Jeune hégélien ou jeune Hegeliter" (…)[1].

Si Leo ne crée pas l'expression, il est celui qui la popularise : « Et dans le *Politisches Wochenblatt* de juillet 1838 Leo écrit méchamment et sans ambiguïté à propos de Ruge et de ses collaborateurs aux *Hallische Jahrbücher* ; "Nous pouvons nous attendre à une révolution politique de la part de cette engeance jeune hégélienne ! " »[2].

Nous avons souligné que *Die Posaune* est un texte écrit par un théologien piétiste totalement opposé à Hegel. En fait, on est à la limite de la parodie, puisque, si la parodie se donnait véritablement comme telle, les représentants de l'État prussien n'auraient pas d'abord pris ce texte au pied de la lettre, c'est-à-dire au sérieux. Or ce fut bien le cas : « Il existe des preuves que les forces conservatrices, en Allemagne, ont initialement bien accueilli l'ouvrage, bien que l'intention de Bauer était de susciter la colère »[3]. On soulignera en revanche que ce n'est pas le cas des chercheurs qui gravitent dans la mouvance de la gauche hégélienne, qu'ils sachent qui a écrit le livre (Ruge) ou que ce ne soit pas le cas (Ludwig Feuerbach). Ruge place encore en 1839 Bauer à côté de Göschel et Erdmann[4]. Il fait sa connaissance lors d'un séjour à Berlin en septembre-octobre 1840, sympathise avec lui et l'invite à écrire dans les *Hallische Jahrbücher* en décembre 1840 : ce qui donnera le texte « Der christliche Staat und

1. W. Bunzel, M. Hundt, L. Lambrecht (ed.), *Zentrum und Peripherie, Arnold Ruges Korrespondenz mit Junghegelianern*, Frankfurt am Main, P. Lang, 2006, p. 18. On remarque que le mot *Hegeliter*, qui surgit en même temps que *Hegelingen*, est ici utilisé comme synonyme de hégéliens (et on peut du coup opposer les jeunes *Hegeliter* aux vieux *Hegeliter* ; voir p.ex. M. Hundt (ed.), *Der Redaktionsbriefwechsel der Hallischen, Deutschen und Deutsch-Französischen Jahrbücher (1837-1844)*, *op. cit.*, p. 446, 792, 1020). Dans *Die Hegelingen* (*op. cit.*, p. 70), Leo cite un texte de Michelet (« Leo's Denunciation der Hegel'schen Schule », *Literarische Zeitung* 41, 10 octobre 1838, p. 755-756) qui prétend qu'il utilisait auparavant le terme de *Hegeliter* pour désigner ce qu'il nomme maintenant *Hegelingen*, ce que nie Leo. Reste que le terme *Hegeliter* est toutefois plus souvent assimilé aux hégéliens orthodoxes, par opposition aux *Hegelingen*, comme dans le texte de Ruge cité plus loin (note 416, A. Ruge, « Der Liberalismus », *op. cit.*, p. 289).

2. J. Rattner et G. Danzer, *Die Junghegelianer*, *op. cit.*, p. 74.

3. D. Moggach, *The Philosophy and Politics of Bruno Bauer*, *op. cit.*, p. 100.

4. M. Heinrich, *Karl Marx and the Birth of the Modern Society*, vol. 1, *op. cit.*, p. 278.

unsere Zeit », qui paraît en juin 1841 dans les *Hallische Jahrbücher*, et « Theologische Schamlosigkeiten » [« Impudences théologiques »], qui paraît en novembre de la même année dans les *Deutsche Jahrbücher*. Ruge écrit à Karl Moritz Fleischer lorsque paraît *Die Posaune* ;

> Vous lirez *Die Posaune* avec plaisir et vous devinerez facilement qui est l'auteur, puisque vous l'avez tout près de vous. Car il est impossible de mystifier quiconque avec cette forme. Un vrai piétiste n'aurait jamais, de toute sa vie, pu tirer autant de Hegel[1].

Quant à Ludwig Feuerbach, il ignore qui est l'auteur de *Die Posaune*, mais il voit bien dans quel camp le livre se place, et, partant, identifie bien le ton parodique[2].

La parodie se manifeste ici de la manière dont Judith Butler la décrit dans *Trouble dans le genre*[3], à savoir comme répétition et excès, partant d'un donné positif pour le caricaturer en l'exagérant et en répétant inlassablement cette exagération, ce qui accentue encore le grossissement. C'est l'avènement d'un style nouveau en philosophie. Contre le style académique et contre un point de vue assignable, il s'agit de réfuter la position de l'adversaire en montrant qu'elle est intenable par la mise en évidence de la manière dont elle fonctionne : à savoir, non pas par une argumentation reposant sur des présupposés solides, mais par un emportement, une véhémence, et surtout la scansion de mots d'ordre, de slogans qui reposent sur des valeurs réactionnaires et ne supportent pas l'ombre d'une critique. Le nerf de l'argumentation, comme le met en évidence la parodie du style, c'est (et nous y reviendrons plus tard) l'indignation et l'emportement contre ceux qui osent douter d'un fait qui a pour lui la force de son existence et le soutien de ceux qui simplement y croient parce qu'ils ont tout intérêt à ce qu'il continue à exister. Le grossissement qui montre comment la machine de guerre tourne à vide et est ridicule, c'est par exemple ce type de phrase : « Qu'on ne croie pas que cette engeance contre laquelle l'État chrétien doit lutter aujourd'hui suit un autre principe et connaît une autre théorie que ceux établis par le maître de la tromperie »[4]. Dans le dernier chapitre (chap. XIII) toute la fougue de l'auteur anonyme porte, après le scandale de la contestation de l'Église et donc de l'État, sur l'attaque de la langue latine, donc un

1. Cité par D. Moggach, *The Philosophy and Politics of Bruno Bauer*, *op. cit.*, p. 240.
2. Voir D. Moggach, *The Philosophy and Politics of Bruno Bauer*, *op. cit.*, p. 240.
3. Voir J. Butler, *Trouble dans le genre*, trad. fr. E. Kraus, Paris, La Découverte, 2006, p. 107.
4. B. Bauer, *Die Posaune*, *op. cit.*, p. 45.

détail, à titre d'expression de la dégénérescence et du chaos produit par les Jeunes hégéliens[1].

L'excès constitutif de la parodie produit un gauchissement qui, par un effet boomerang, fait surgir la faiblesse et l'indigence de la critique effectuée par Heinrich Leo. C'est que l'auteur de *Die Posaune*, qui va beaucoup plus loin que lui, ne se contente pas de mettre en accusation les Jeunes hégéliens, mais il met en accusation Hegel, à la différence de Leo. Et ce qui apparaît dans la critique de *Die Posaune*, c'est que, si Leo ne critique pas Hegel lui-même, c'est parce qu'il ne connaît pas Hegel[2].

Qu'entend Leo par le terme « hégélounets » ? Il désigne ainsi les membres de l'école hégélienne qui ont fini par former un parti s'accordant sur trois dogmes : 1) l'athéisme : « Ce parti nie tout Dieu qui soit aussi une personne. (…). (…) *ce parti enseigne tout à fait ouvertement l'athéisme* »[3] ; 2) la réfutation des Évangiles, puisque l'idée de Jésus fils de Dieu et Dieu fait homme n'a aucun sens pour eux : « ce parti enseigne tout à fait ouvertement que l'Évangile est une mythologie »[4] ; 3) l'idée que seule l'existence terrestre possède une réalité et un sens : « ce parti enseigne tout à fait ouvertement une religion qui affirme qu'il n'existe que le monde de notre perception »[5] ; 4) la contestation de l'État prussien, puisqu'il est un État chrétien reposant donc sur les vérités religieuses[6].

L'attaque de Leo, résumée dans le mot « hégélounets », est une insulte qui permet de condenser en un mot le danger que représente ce « parti » dans l'horizon de la pensée germanique. Le mot permet d'isoler le virus, donc de circonscrire au sein de l'école hégélienne la tumeur cancéreuse qu'il faut exciser.

On voit bien que la tumeur est constituée par les hégéliens de gauche, que Leo veut altériser. Strauss est explicitement visé ici, à cause de sa transformation des Évangiles en simple mythologie (et, d'ailleurs, dans *Die Posaune*, c'est Strauss qui seul est nommé comme représentant de l'abomination qu'il faut supprimer[7]).

La gauche hégélienne, après les attaques de Leo, cherche à se justifier et donc à montrer qu'elle n'est pas une puissance qui cherche à renverser

1. Voir *Die Posaune*, *op. cit.*, p. 167 (nous traduisons le texte un peu plus loin) ; voir aussi p. 164.

2. Voir D. Moggach, *The Philosophy and Politics of Bruno Bauer*, *op. cit.*, p. 100.

3. H. Leo, *Die Hegelingen*, *op. cit.*, p. 2.

4. *Ibid.*

5. *Ibid.*, p. 3.

6. *Ibid.*

7. B. Bauer, *Die Posaune*, *op. cit.*, p. 48.

l'État prussien et ses valeurs : elle souligne son intégration dans cet État et, à la manière de Strauss dans sa *Vie de Jésus*, tente de montrer qu'il s'agit simplement de produire une critique et une critique constructive des valeurs de l'État prussien. Surgit ce thème qu'on trouve dans toute la critique ecclésiastique contemporaine (nous y reviendrons et l'avons introduit avec Baur), à savoir celui de la critique de la critique, puisqu'il s'agit de montrer qu'il y a une mauvaise critique (la critique destructrice) qu'il faut distinguer de la bonne critique et, davantage, de montrer que la pensée suppose et exige la critique, qu'elle est constitutivement critique, mais au sens justement d'une bonne critique. Toute la question, évidemment, est de savoir ce que vise la bonne critique puisqu'elle ne vise pas à détruire : à comprendre, certes, mais aussi à transformer un peu, à penser des modifications de l'état de choses critiqué qui doivent certes se produire à la marge, puisque la bonne critique, n'étant pas destructrice, est nécessairement constructive au sens de réformatrice.

Comme le note Pauline Clochec, entre 1840 et fin 1841, juste avant la parution de *Die Posaune*, on trouve au moins deux auteurs, à savoir Ruge dans l'article « Politik und Philosophie » [« Politique et philosophie »] [1] et Engels dans l'article « Ernst Moritz Arndt » [2], qui reprennent l'expression de « Jeunes hégéliens » pour la retourner contre ceux-là mêmes qui l'ont créée et lui donner un sens positif [3]. Mais la reprise reste molle, et le sens vague et indéterminé.

Bauer, dans *Die Posaune*, est donc le premier qui, pour employer la formule d'Emmanuel Renault, opère un « retournement du stigmate » [4]. C'est exactement comme le terme de « pédé » qu'utilisent les homosexuels des années soixante-dix pour s'identifier et lutter afin de faire valoir leurs droits, par opposition justement à ceux d'« homosexuel » ou de « *gay* » employés aujourd'hui. Il s'agit de reprendre un terme qui a été créé par ceux qui, au moyen du qualificatif, cherchent à identifier de manière négative une certaine population, donc à la rabaisser et à l'altériser, afin d'utiliser le terme contre ceux-là mêmes qui l'ont créé, en l'inscrivant du coup explicitement dans une lutte tournée vers ceux qui visent l'altérisation et, partant, la pulvérisation de la population stigmatisée.

1. A. Ruge, « Politik und Philosophie », *Hallische Jahrbücher für deutsche Wissenschaft und Kunst* 292, 5 décembre 1840.

2. F. Engels, « Ernst Moritz Arndt », *Telegraph für Deutschland* 2, janvier 1841.

3. P. Clochec, *Marx jeune hégélien*, *op. cit.*, p. 97-98.

4. E. Renault, « Droite/Gauche, Jeune/Vieux : réalisation du système et scissions de l'école hégélienne (1837 et 1843) », Colloque *La réalisation de la philosophie à l'époque du Vormärz (1815-1848)*, Paris I-Paris X, 18/02/2012.

Des slogans du type « Les pédés dans la rue » illustrent exactement ce retournement du stigmate qui permet aux dominés, à partir de la position des dominants qu'ils reprennent pour la diriger contre ceux-ci, de faire valoir leur droit à l'existence et la légitimité de leurs revendications : non pas exister *comme* des hétérosexuels ou *à la manière* des hétérosexuels, mais exister comme « pédés », à côté d'eux et autant qu'eux du point de vue social et politique[1].

Pour mieux comprendre le processus, il faut filer la métaphore du « pédé ». Lorsque les homosexuels, dans les années soixante-dix, se qualifient comme « pédés », c'est bien pour occuper d'une manière positive la place que leur assignent les homophobes d'une manière négative, c'est-à-dire encore pour souligner leur différence. Qu'on voie comment, aujourd'hui, la règle du jeu a changé. Les homosexuels aujourd'hui, dans leur combat pour « le mariage pour tous » ou pour « l'adoption homoparentale », se qualifient comme « gays » et non plus comme « pédés », terme désormais entendu comme une insulte. Cependant, se qualifier comme « gay », c'est justement ne plus (vouloir) se qualifier comme « pédé », c'est-à-dire comme différent, mais au contraire comme « normal », c'est-à-dire comme ayant droit au même modèle de vie que le couple hétérosexuel : le mariage et la famille (ce que Lisa Duggan résume dans l'expression d'« homonormativité »[2]). Par opposition, dans la lutte des pédés des années soixante-dix, c'est le droit à une vie autre qui est revendiqué, contre le mariage et la famille qui sont les caractéristiques du mode de vie hétérosexuel. Alors que le mot « gay » recoupe la lutte, commencée dans les années quatre-vingt-dix, pour l'intégration, c'est-à-dire de l'intégration des homosexuels au mode de vie hétérosexuel, le mot « pédé » implique seulement l'exigence d'une reconnaissance d'un droit à vivre autrement ou différemment, impliquant l'idée d'un mode de vie homosexuel qui n'est justement pas celui des hétérosexuels, ce qui est d'ailleurs la raison pour laquelle ceux qui luttent pour la visibilité des pédés, dans les années soixante-dix, sont en même temps ceux qui luttent contre le mode de production capitaliste, parce qu'ils soutiennent que la famille n'est pas seulement une valeur hétérosexuelle, mais aussi une valeur capitaliste[3].

1. On trouve la même chose en Allemagne à partir du terme équivalent, *Schwule*, par exemple dans les films de Rosa von Praunheim : voir notre *Mal dans le cinéma allemand*, *op. cit.*, p. 291-292.

2. Voir L. Duggan, *The Twilight and The Attack on Democracy*, Boston, Beacon Press, 2003.

3. Qu'on voie par exemple sur tous ces points le documentaire de Carole Roussopoulos, *Le F.H.A.R. (Front Homosexuel d'Action Révolutionnaire)*, 1971.

La situation est analogue pour Bauer. Ruge ou Engels reprennent certes l'expression de « Jeunes hégéliens » de Leo et consorts, mais ils cherchent à en transformer non pas tant la signification que, plutôt, la valeur axiologique. Les Jeunes hégéliens sont ceux qui ont assumé les « inconséquences » du texte hégélien « tout autant dans la politique que dans la philosophie de la religion », dit Ruge, ajoutant que c'est ce qui les a conduits à pratiquer la critique. Certes, Engels va un peu plus loin, puisqu'il sort d'un discours abstrait et général en liant le « Jeune hégélianisme » aux revendications libérales, mais tout cela reste très sage puisque la constitution était déjà une promesse de Frédéric-Guillaume III. Dans aucun des cas, on assume l'athéisme, d'une part, et, d'autre part, le côté révolutionnaire, attribués par Heinrich Leo aux Jeunes hégéliens. C'est au contraire ce que fait Bauer. Même s'il le fait d'une manière ironique et détournée, puisque *Die Posaune* est, comme on l'a dit, une parodie, il ne s'en auto-attribue pas moins, à lui comme à ceux qui se situent dans la mouvance d'une interprétation transgressive du texte de Hegel, une double caractéristique qui, selon Leo, caractérise « l'engeance jeune hégélienne ».

Voilà le sens très exact du retournement du stigmate.

Insistons sur le passage de l'hégélianisme de gauche au Jeune hégélianisme.

Il faut d'abord remarquer que la distinction ne va pas de soi et que les spécialistes de cette période de l'histoire des idées, qui ont des intérêts divergents, viennent d'horizons culturels et linguistiques divers et d'époques différentes, utilisent ces deux expressions comme des synonymes en privilégiant l'une ou l'autre : Löwith[1], McLellan[2], Rosen[3], Rattner et Danzer[4], Moggach[5], Calvié[6], Breckman[7], etc. Et ils n'ont pas tort, car l'une est le prolongement de l'autre : c'est un mouvement continu qui mène de l'hégélianisme de gauche au Jeune hégélianisme, de sorte que, d'un certain point de vue, celui-ci est contenu en puissance dans celui-là. En outre, même quand on assimile les deux, il suffit de

1. K. Löwith, *De Hegel à Nietzsche*, trad. fr. R. Laureillard, Paris, Tel-Gallimard, 1969, 1981, p. 94.

2. D. McLellan, *Les Jeunes hégéliens et Karl Marx*, *op. cit.*, p. 34.

3. S. Rosen, *The Influence of Bruno Bauer*, *op. cit.*, p. 24 *sq.*, 27.

4. J. Rattner, G. Danzer, *Die Junghegelianer*, *op. cit.*, p. 7.

5. D. Moggach, *The Philosophy and Politics of Bruno Bauer*, *op. cit.*, p. 220.

6. L. Calvié, Présentation de A. Ruge, *Aux origines du couple franco-allemand*, *op. cit.*, p. 25.

7. W. Breckman, « Les hégéliens de gauche et l'État chrétien germanique; politique, religion et personnalité », *Revue française d'histoire des idées politiques* 31, 2010/1, p. 58.

dire de quoi on parle, donc de déterminer précisément le sens des deux synonymes et, davantage, les deux figures successives qu'il prend, pour que cela ne pose aucun problème. Pour le dire plus précisément, ce qui la plupart du temps intéresse les spécialistes, c'est la deuxième figure et, avec les deux expressions différentes, c'est à la critique sociale et politique qu'ils font référence, de sorte qu'ils ne présupposent même pas que la seconde figure est contenue en puissance dans la première, mais, simplement, minorent la spécificité de la première figure parce qu'elle a pour eux peu d'intérêt. L'assimilation des deux expressions remonte à l'époque où celles-ci surgissent et elle se trouve chez ceux-là même qu'on désigne par leur moyen, puisqu'Engels, dans « Ludwig Feuerbach und der Ausgang der klassischen deutschen Philosophie » [« Ludwig Feuerbach et le commencement de la philosophie allemande classique »], les identifie[1].

C'est pourquoi les spécialistes qui ont insisté sur la différence entre les deux expressions visent à établir que, d'une part, seule une lecture rétroactive peut affirmer que la seconde figure est contenue en puissance dans la première, mais aussi, d'autre part, qu'il y a une spécificité de la première figure.

Cette différence est d'abord et avant tout une différence historique, dans l'usage des termes au moment où ils surgissent. À notre connaissance, le premier qui souligne la différence entre ces deux expressions qu'auparavant on assimilait, est Willy Moog dans *Hegel und die Hegelsche Schule [Hegel et l'école hégélienne]*, en 1930[2]. C'est lui qui, pour la première fois, insiste sur le fait que la tripartition proposée par Strauss est introduite relativement à un problème spécifique et qu'elle est limitée à celui-ci. La distinction entre une gauche, une droite et un centre hégéliens s'effectue relativement à une question théologique et plus précisément évangélique. Wilhelm R. Beyer, avec *Hegel-Bilder. Kritik der Hegel-Deutungen [Les visages de Hegel. Critique des interprétations de Hegel]*, publié en 1964, se situe dans le prolongement de Moog et souligne : « L'origine de la distinction se trouve incontestablement dans des querelles religieuses qui, toutefois, dans leur forme et leur contenu, ont été transformées en questions relevant de la philosophie de la religion et comprises ainsi »[3]. Essbach, qui lui aussi se situe dans la direction ouverte

1. Voir W.R. Beyer, *Hegel-Bilder, Kritik der Hegel-Deutung*, Berlin, Akademie Verlag, 2. Auflage, 1967, p. 53.

2. W. Moog, *Hegel und die Hegelsche Schule*, München, Ernst Reinhardt, 1930, p. 430 *sq*.

3. W.R. Beyer, *Hegel-Bilder*, *op. cit.*, p. 52.

par Moog, rappelle que, déjà au moment où paraissent les *Streitschriften* de Strauss, Michelet, dans un compte rendu, se demande si l'analogie avec le parlement français est acceptable, d'abord parce qu'il ne s'agit nullement ici d'une question politique, et, ensuite, parce que la distinction est faite relativement à une école qui prétend être en possession d'une vérité absolue[1]. Bref, avec l'« hégélianisme de gauche », c'est, historiquement, uniquement « la question de savoir si et dans quelle mesure, avec l'idée de l'unité d'une nature divine et humaine, l'histoire évangélique peut équivaloir à une histoire au sens proprement scientifique du terme »[2]. Et c'est seulement ensuite qu'arrivent les questions politiques, d'une part, et aussi l'éviction de la religion, c'est-à-dire l'athéisme. Mais, là, on est passé de l'« hégélianisme de gauche » au « Jeune hégélianisme » !

Cela posé, n'oublions pas que Heinrich Leo, lorsqu'il emploie l'expression de « Jeunes hégéliens » à titre d'insulte, le fait en 1838, donc pour qualifier la « gauche hégélienne », et, s'il écrit craindre « une révolution politique (…) de cette engeance jeune hégélienne », c'est bien des interprétations des Évangiles qu'il parle, mais pour autant qu'elles ont des effets politiques et sociaux lorsqu'on les mène à leurs conséquences ultimes, précisément l'éviction des dogmes religieux, c'est-à-dire au fond du religieux, et donc une remise en cause de l'État chrétien. En ce sens, alors que l'expression de « gauche hégélienne » est positive, puisqu'elle est inventée par celui-là même qui se désigne comme tel, celle de « Jeunes hégéliens » désigne la même chose, mais d'un point de vue cette fois négatif, associant cette tendance au danger le plus grand qui soit, à savoir la jeunesse, qui précisément ne respecte rien et transgresse systématiquement les valeurs de l'ordre établi qui est juste et légitime.

On remarque le changement radical de la position de Bauer. Alors qu'il était un hégélien de droite, il devient, à titre d'auteur du texte qui constitue l'acte de naissance du Jeune hégélianisme, le fondateur de ce mouvement en même temps que celui qui, jusqu'à la fin, en constitue pour ainsi dire le meneur. Passant de la défense d'une lecture orthodoxe des textes sacrés à l'athéisme, il double Strauss par la gauche et relègue sa critique de la religion à une première phase qui doit être dépassée dans une critique de la critique à titre d'achèvement de la critique straussienne, comme le dit d'ailleurs une recension anonyme de la *Kritik der evangelischen Geschichte der Synoptiker* en 1841[3].

1. Voir W. Essbach, *Die Junghegelianer*, *op. cit.*, p. 138.
2. W.R. Beyer, *Hegel-Bilder*, *op. cit.*, p. 53.
3. Voir P. Clochec, *Marx jeune hégélien*, *op. cit.*, p. 94.

La distinction entre jeunes et vieux hégéliens est d'abord une position politique, puisqu'elle est une position athée. Il n'y a plus de théologie possible, puisqu'il n'y a plus de religion possible. Partant, le seul intérêt devient celui de la fonction sociale et politique de la religion, puisque la religion, en elle-même et par elle-même, n'a aucun sens. Si elle est une construction de la conscience de soi de l'humanité, la question devient de savoir quelles sont les fonctions qu'elle remplit et, surtout, à qui elle sert, c'est-à-dire quels intérêts elle permet, de fait, c'est-à-dire socialement et politiquement, de promouvoir. On voit bien comment, avec d'abord Bauer et ensuite, plus largement, le Jeune hégélianisme, on déplace la façon même de poser les questions. Le Jeune hégélianisme, donc, constitue une radicalisation et une politisation de la gauche hégélienne – et, de ce fait, il produit une scission avec l'école hégélienne.

Comme le souligne Ruge dans « Politik und Philosophie », le Jeune hégélianisme se constitue à partir d'une relecture de Hegel « tout autant dans la politique que dans la philosophie de la religion ». Ce qui intéresse le Jeune hégélianisme, c'est la question de l'application ou de l'applicabilité de la théorie. P. Clochec[1] souligne que, en 1839, donc au tout début de la publication des *Hallische Jahrbücher*, Ruge, face aux attaques de Leo qui demande l'interdiction de la revue, rétorque que les différends, qui sont d'ordre scientifique, c'est-à-dire théoriques, doivent précisément être réglés sur ce terrain scientifique, et pas ailleurs. Outre que la stratégie a l'avantage de neutraliser l'adversaire en se situant sur son propre terrain, cette façon de voir les choses n'est pas encore jeune hégélienne – puisque la position proprement jeune hégélienne se caractérise au contraire dans l'affirmation que la théorie et la pratique, que la science et la politique, pour faire bref, ne sont pas deux domaines différents et séparés l'un de l'autre. Au contraire, ils s'interpénètrent et les questions scientifiques sont des questions politiques. C'est le premier sens de la formule de Marx à Ruge, celle d'une effectuation (*Verwirklichung*) de la philosophie.

Autrement dit, le Jeune hégélianisme se développe à partir d'une certaine conception de la philosophie comme discours qui permet de modifier l'état de choses existant. La philosophie n'est pas un discours sans rapport avec la réalité effective, car toute théorie, donc tout discours provient toujours d'individus engagés dans la réalité qui désirent ou non la modifier. Le théologien piétiste censé écrire *Die Posaune* voit cette caractéristique dans la philosophie hégélienne – et il voit là l'origine de

1. P. Clochec, *Marx jeune hégélien*, *op. cit.*, p. 354.

la menace que font courir les Jeunes hégéliens, non pas seulement à la philosophie mais à la société tout entière :

> L'engeance des Jeunes hégéliens voudrait nous faire croire que Hegel se situait seulement sur le terrain de la théorie, et qu'il n'avait pas pensé poursuivre sa théorie dans la pratique – comme si Hegel n'avait pas attaqué la religion avec une rage infernale, comme s'il n'avait pas visé la destruction de l'état du monde. Sa théorie était en elle-même et pour cette raison la *praxis* la plus dangereuse, la plus englobante et la plus destructrice – elle était la révolution elle-même[1].

Ainsi, le Jeune hégélianisme se caractérise par : 1) la proclamation de l'athéisme ; 2) le fait d'en tirer les conséquences sur la vie sociale et politique et, partant, de voir d'abord les questions religieuses comme des questions politiques et sociales ; 3) le fait d'envisager le discours philosophique comme un discours non seulement politique, mais un discours engagé qui doit modifier l'état de choses existant – et cela dans une référence constante à Hegel dans l'esprit de la philosophie duquel, sans doute contre la lettre du texte, est contenue cette position. C'est le sens immédiat du mot « critique », que les Jeunes hégéliens reprennent pour désigner leur attitude philosophique. La critique jeune hégélienne, à la différence de la spéculation hégélienne, c'est une philosophie qui assume ses positions, c'est-à-dire qui ne sombre pas dans l'incohérence parce qu'elle refuse le passage à la pratique et donc la possibilité de heurter l'État existant – c'est donc une philosophie qui analyse et conteste celui-ci au nom d'une certaine norme ou d'un certain idéal.

La base des idées qui fédèrent les Jeunes hégéliens se trouve non seulement dans *Die Posaune*, mais aussi dans *Kritik der evangelischen Geschichte der Synoptiker* et, enfin, dans *L'Essence du christianisme*[2], autre proclamation de l'athéisme dont l'auteur, Ludwig Feuerbach, avait auparavant écrit des articles dans les *Hallische Jahrbücher* sur la demande de Ruge. Le livre de Feuerbach paraît, comme les deux livres de Bauer, en 1841, et lui aussi chez Otto Wigand, l'éditeur des Jeunes hégéliens (mais aussi leur ami)[3].

La différence entre l'athéisme de Bauer et celui de Feuerbach consiste dans le fait que « Bauer tente de synthétiser la nature et la société comme les moments de l'unité supérieure de la conscience de soi »[4]

1. B. Bauer, *Die Posaune*, *op. cit.*, p. 81.

2. L. Feuerbach, *Das Wesen des Christentums*, Leipzig, O. Wigand, 1841, trad. fr. J. Roy, Bruxelles-Leipzig-Livourne, A. Lacroix-Verboeckhoven & Cie, 1864.

3. W. Essbach, *Die Junghegelianer*, *op. cit.*, p. 292.

4. D. Moggach, *The Philosophy and Politics of Bruno Bauer*, *op. cit.*, p. 244.

sans renvoyer la découverte que l'homme a inventé Dieu à une nature de l'homme et à un homme naturel qui doit être l'objet d'une anthropologie[1], auquel cas on tombe dans un naturalisme, d'une part, et, d'autre part, une essentialisation de l'homme.

Le Jeune hégélianisme trouve d'abord sa fondation dans l'affirmation performative par laquelle Bauer et, par conséquent, le petit groupe qui gravite autour de lui, s'instituent comme tel. Mais, très rapidement, d'autres petits cercles proches de Bauer se revendiquent également Jeunes hégéliens, à la fois par leurs prises de position dans ce qu'ils écrivent et évidemment les organes où ils publient. Le Jeune hégélianisme est donc un mouvement qui se caractérise par le rattachement à ces quelques principes énoncés par Bauer dans *Die Posaune*, principes qui vont unir des jeunes intellectuels dispersés sur le territoire germanique. C'est pourquoi il y a plusieurs lieux et plusieurs groupes qui entrent dans ce mouvement.

Le Jeune hégélianisme a non seulement son éditeur – par opposition à Duncker et Humblot, « l'éditeur des *Œuvres complètes* de Hegel et de la plupart des enseignants berlinois de l'université de Berlin »[2] ; mais il a aussi ses territoires et ses groupes, ses revues, comme les *Hallische Jahrbücher* et la *Rheinische Zeitung*.

Le Jeune hégélianisme se développe dans plusieurs endroits, de sorte qu'il y a d'abord une géographie du Jeune hégélianisme qui se double, comme le développe Essbach, d'une classification selon les affinités politiques[3]. Le même auteur écrit qu'il y a trois foyers principaux, c'est-à-dire trois villes, Berlin, Halle et Königsberg, qui fédèrent l'ensemble des participants qui non seulement voyagent ou même changent de lieu de résidence à la manière de Bauer, mais en outre entretiennent des relations épistolaires les uns avec les autres.

À Berlin, Essbach compte comme représentants du Jeune hégélianisme : 1) les membres du *Doktorklub* ; Bruno Bauer, Adolf Rutenberg, Karl Friedrich Köppen, Karl Marx (peut-être qu'Edgar Bauer faisait aussi partie du *Doktorklub*) ; 2) les membres de la première revue jeune hégélienne, l'*Athenäum*, qui ne paraît qu'un an, en 1841 : Karl Riedel, Eduard Meyen, Karl Nauwerck, Ludwig Buhl et Friedrich Engels. Essbach ajoute qu'on ne sait pas quand Max Stirner se joint aux Jeunes hégéliens.

1. Voir la Préface de l'ouvrage de L. Feuerbach, *L'Essence du christianisme*, *op. cit.*.
2. P. Clochec, *Marx jeune hégélien*, *op. cit.*, p. 63.
3. W. Essbach, *Die Junghegelianer*, *op. cit.*, p. 41-42.

À Halle, en Saxe, le Jeune hégélianisme se compose du groupe fondé par et autour de Ruge et des *Hallische Jahrbücher*, « l'organe de publication central des Jeunes hégéliens »[1], et il comprend en particulier Friedrich W. Hinrichs, Julius Schaller, Robert Prutz, Theodor Echtermeier, à partir de 1841 Mikhaïl Bakounine, et enfin Feuerbach. Essbach souligne en outre le lien de Ruge avec Karl Theodor Bayrhoffer et Georg Jung.

À Königsberg, ce sont Rudolf Gottschall, Wilhelm Jordan, August Witt, Karl Reinhold Jachmann et Eduard Flottwell qui constituent un groupe de Jeunes hégéliens.

Cela posé, à ces trois villes mentionnées par Essbach, il faut aussi ajouter Bonn, où enseigne Bauer depuis 1839, et grâce auquel va se développer un foyer rhénan qui fédère des personnalités comme Marx, Moses Hess, Adolf Rutenberg, d'abord eux aussi berlinois, ainsi que Moritz Fleischer, George Jung, Karl Grün et Karl Heinzen[2]. Ce foyer va se grouper autour de la *Rheinische Zeitung*.

EXCLUSION DE L'UNIVERSITÉ ET POLÉMIQUE DES *FREIEN*

On peut donc dater la naissance du Jeune hégélianisme de 1841, moment où le mot est employé par Ruge, Engels et Bauer – et où les deux livres de celui-ci permettent, avec *L'Essence du christianisme*, de fédérer un groupe autour de thèmes et surtout de directions communes. Le Jeune hégélianisme se caractérise par une vigueur et un enthousiasme critiques qui visent à saper les fondements de l'ordre social et politique de la Prusse existante.

Cela posé, la fête ne dure pas longtemps. Jusqu'au printemps 1842, les Jeunes hégéliens sont encore persuadés de leur pouvoir, de leur capacité à changer la société à partir d'une inscription dans celle-ci : la position universitaire de certains, d'une part, et, d'autre part, les journaux dans lesquels ils peuvent exprimer et communiquer leurs idées à un public le plus large possible. Mais ils vont vite déchanter. S'ils croyaient pouvoir

1. W. Bunzel, M. Hundt, L. Lambrecht (ed.), *Zentrum und Peripherie*, *op. cit.*, p. 26-27. On remarquera que le texte dit très exactement : « L'organe de publication central des Jeunes hégéliens (…) de 1838 à début 1843 », de sorte qu'on voit comment, ici aussi, la distinction théorique et abstraite entre hégélianisme de gauche et Jeune hégélianisme se dissout ! Les auteurs de *Zentrum und Peripherie* font de la critique par Strauss de la philosophie de la religion de Hegel (1835-1837) la première étape du Jeune hégélianisme (p. 21), la deuxième étape (1837-1838) consistant dans la fondation des *Hallische Jahrbücher* et leur développement (p. 22), et la troisième étape (1839 à milieu 1841) étant celle où le journal « atteint le point culminant de son efficacité » (p. 23).

2. P. Clochec, *Marx jeune hégélien*, *op. cit.*, p. 368.

résister à la force d'inertie du pouvoir politique et social qui, jusqu'ici, se contentait de les menacer, et s'ils imaginaient même amener ce pouvoir à se transformer, c'est le contraire qui va se produire. Nous avons déjà évoqué la force de la censure qui va conduire à l'interdiction des journaux édités par les Jeunes hégéliens, mais nous n'avons pas encore rappelé que les Jeunes hégéliens vont se faire, un par un, exclure de l'université. C'est d'abord le cas de Bruno Bauer en mars 1842[1], auquel le gouvernement prussien retire la *licentia docendi*, mais c'est ensuite le cas de Feuerbach, Ruge, Heine, et un peu plus tard Nauwerk, comme le rappelle P Clochec[2].

La raison officielle de l'exclusion de Bauer est la question de la compatibilité entre les thèses qu'il soutient dans *Kritik der evangelischen der Synoptiker* et les présupposés sur lesquels repose l'institution théologique universitaire dans laquelle il enseigne. Ironie suprême : Bauer, qui a donc un poste d'enseignant à la faculté de théologie, écrivait à son frère Edgar le 6 mai 1841 que la théologie, menée à bout, produit son autodestruction[3] ! Le ministre Eichhorn consulte les facultés théologiques pour avoir leur avis :

> Je suis contraint, aussitôt que l'auteur m'a remis son manuscrit, d'en prendre acte officiellement, et c'est pourquoi je sollicite la faculté de théologie évangélique, après avoir examiné le texte, et lui demande de me faire savoir dans les plus brefs délais : 1) Quelle est la position que l'auteur, dans son écrit, adopte à propos du christianisme ? 2) Peut-on, à l'aune du jugement de nos universités sur cet écrit, et particulièrement celui des facultés de théologie, accorder à l'auteur la *licentia docendi ?*[4].

L'université dans laquelle enseigne Bauer est la seule à répondre négativement aux deux questions. Et, malgré les réponses mitigées des autres universités, Bauer est renvoyé.

Cela posé, il ne s'agit que d'un prétexte et la vraie raison de l'exclusion de Bauer est ailleurs. Elle n'est pas théorique, au sens où elle ne relève pas d'un problème scientifique. Elle est politique.

Il se trouve que Bauer, le 28 septembre 1841, a assisté à un banquet en l'honneur de Welcker, partisan d'un État libéral, et qu'il y a prononcé un

1. D. Moggach, *The Philosophy and Politics of Bruno Bauer*, *op. cit.*, p. 65.

2. *Ibid.*, p. 348-349.

3. *Briefwechsel zwischen Bruno Bauer und Edgar Bauer während der Jahre 1839-1842*, *op. cit.*, p. 137.

4. Cité par J. Mehlhausen, dans *Dialektik, Selbstbewusstsein und Offenbarung*, *op. cit.*, p. 56.

discours[1]. McLellan en parle deux fois[2], mais, comme les autres historiens (Mah, Nola[3]), pour présenter Bauer comme quelqu'un qui soutient l'État prussien et réclame simplement des petites adaptations. Ainsi que l'écrit Moggach, Rosen « décrit le discours de Bauer en l'honneur de Welcker en septembre 1841 comme une adhésion à la conception selon laquelle l'État prussien avance continuellement grâce aux réformes »[4]. Or, c'est une erreur, corrélée à une vision fausse de l'exclusion de Bauer. Selon cette vision, Bauer est exclu de l'université pour des raisons scientifiques, à savoir ses polémiques sur la religion. Toujours selon cette vision, cette éviction l'aurait conduit à politiser sa critique, auparavant limitée au domaine de la religion. En somme, ce serait parce qu'il est renvoyé de l'université que Bauer devient un opposant à l'État prussien. Or, si tout cela est faux, c'est parce que, au banquet, le discours de Bauer en l'honneur de Welcker est tout autre : c'est un discours politique, et davantage, transgressif et révolutionnaire, contemporain de la publication de *Die Posaune* dont il vient de finir la rédaction[5].

Certes, Bauer prend la parole pour critiquer l'État prussien, mais il ne le fait pas au nom d'un idéal libéral qui est celui des organisateurs de la soirée – et la seule critique qui, dans le contexte même de l'État prussien, est admissible. Il le fait, comme il le raconte à son frère Edgar dans une lettre du 9 décembre 1841[6], au nom de la conception hégélienne de l'État. Cela posé, ce qu'il défend n'est pas proprement le texte hégélien, mais son esprit, à savoir un Hegel radicalisé, parce que la vérité des *Principes de la philosophie du droit* n'est pas la monarchie constitutionnelle, mais la république démocratique. Ce que Bauer défend au banquet Welcker, c'est donc une conception où l'État est conçu comme souveraineté populaire que nous présenterons plus loin.

Gareth Stedman Jones, dans son *Karl Marx*, souligne que « Welcker lui-même fut "très choqué", et le roi quant à lui fut indigné »[7]. Bref, Frédéric-Guillaume IV intervint lui-même et donna des instructions

1. Voir le récit qu'il en fait à son frère dans la lettre du 9 décembre 1841 : *Briefwechsel während der Jahre 1839-1842 aus Bonn und Berlin*, *op. cit.*, p. 163.

2. D. McLellan, *Les Jeunes hégéliens et Karl Marx*, *op. cit.*, p. 41 et 100.

3. Voir D. Moggach, *The Philosophy and Politics of Bruno Bauer*, *op. cit.*, p. 81-82.

4. *Ibid.*

5. Voir sur ce discours et ses conséquences D. Moggach, *The Philosophy and Politics of Bruno Bauer*, *op. cit.*, p. 81.

6. *Briefwechsel zwischen Bruno Bauer und Edgar Bauer während der Jahre 1839-1842*, *op. cit.*, p. 163.

7. G. Stedman Jones, *Karl Marx. Greatness and Illusion*, Harvard University Press, 2016, p. 97.

pour que Bauer soit exclu de l'université et plus largement de tout poste officiel, ses écrits sur les Évangiles ne constituant donc qu'un prétexte.

Après son exclusion de l'université de Bonn, Bauer rentre à Berlin. Il écrit à Marx le 5 juin : « Tout le monde parle ici de l'engeance des jeunes, de l'athéisme, de la suppression de la religion et d'autres belles choses, que ce soit pour exprimer son accord, que ce soit avec les réserves du philistin ou bien encore en faisant la sage remarque qu'il faut avancer plus doucement, plus prudemment »[1].

Il se produit pendant l'été 1842 une radicalisation de certains membres du Jeune hégélianisme berlinois qui, sous couvert d'anonymat, puisqu'ils signent *die Freien* (les hommes libres), publient quelques articles très déconcertants pour les deux autres foyers, Halle et Bonn, en appelant à « une *praxis* sociale du scandale »[2] qui veut démultiplier les moyens pour se faire entendre et critique toutes les institutions existantes : les *Freien* s'en prennent à la religion, mais aussi à l'État (c'est-à-dire à l'État en général), à la famille et à la propriété. Cette « querelle des *Freien* » est d'autant plus importante qu'elle sonne le glas du Jeune hégélianisme – donc, du moins à notre sens, sa mort après sa très courte vie.

Les auteurs de *Zentrum und Peripherie* écrivent : « Les avis des chercheurs divergent sur la question de savoir qui a proprement appartenu aux *Freien* »[3]. Mais ils affirment pourtant que cette radicalisation est le produit des membres de l'*Athenäum*, et au premier chef de leur meneur, Meyen[4] : « Il est en tout cas certain qu'il faut mettre dans les *Freien* le noyau du cercle de l'*Athenäum* – à savoir Ludwig Buhl, Eduard Meyen, Theodor Mügge et Adolf Rutenberg – (…) »[5].

Alors que la tradition interprétative comptait Bruno Bauer au nombre des *Freien*[6], une littérature récente s'élève contre cette interprétation. Elle trouve son origine dans l'ouvrage collectif *Zentrum und Peripherie* et son prolongement dans l'article « Group Formation and Divisions in the Young Hegelian School » [« Formation du groupe et divisions dans

1. E. Fromm, « Geistiger Kopf der Junghegelianer. Bruno Bauer (1809-1882) », *Berlinische Monatsschrift* 4/1997, p. 52.

2. W. Bunzel, M. Hundt, L. Lambrecht (ed.), *Zentrum und Peripherie*, *op. cit.*, p. 24.

3. *Ibid.*, p. 47. Voir aussi H. de Vriese, *De roes van de kritiek. Bruno Bauer en "Die Freien"*, *op. cit.*

4. *Ibid.*, p. 46-47.

5. *Ibid.*, p. 47.

6. Voir p.ex. W.J. Brazill, *The Young Hegelians*, New Haven, Conn and London, Yale University Press, 1970 ; H und I. Pepperle, *Die Hegelsche Linke*, *op. cit.* ; *Marx-Engels-Jahrbuch*, Band 1, Berlin, Dietz, 1978 ; L. Calvié, Introduction à A. Ruge, *Aux origines du couple franco-allemand*, *op. cit.*, p. 12.

l'école jeune hégélienne »][1], et affirme que l'interprétation traditionnelle se donne « sans aucune justification »[2]. On lit dans *Zentrum und Peripherie* ;

> Ainsi, il y avait au total à Berlin, à partir de 1842, trois groupes de Jeunes hégéliens : premièrement les *Freien*, deuxièmement le cercle de Bruno Bauer (dans lequel on compte entre autres Edgar Bauer, Julius Faucher, Ernst Jungnitz ou Franz Szeliga von Zychlinski), et troisièmement ces intellectuels qui se trouvaient plus ou moins loin des deux cercles et qui ne cherchaient pas à former de leur côté un groupe, comme par exemple Nauwerck[1].

Mais sur quoi est fondée cette tripartition donnée comme un fait qui ne serait nullement construit ? Outre que les trois auteurs, en note, se rapportent à la tripartition donnée par Essbach – et alors que celui-ci souligne que ces trois groupes correspondent au Jeune hégélianisme « pendant les années 1843-1846 »[4] ! –, les trois arguments qu'ils donnent dans le texte se dissolvent dès qu'on les examine[5].

1) Il y a certes une lettre de Ruge du 4 décembre 1842 où il dit à Bruno Bauer de se méfier des *Freien*, distinguant certes les deux – mais on ne peut nullement prétendre en conclure que Bauer n'en fait pas partie.

2) Si les historiens qui font de Bruno Bauer un membre des *Freien* se basent sur les souvenirs du frère de Ruge, Ludwig, pourquoi ceux-ci seraient-ils imprécis ? De quel droit les disqualifier ? L'article « Group Formation and Divisions in the Young Hegelian School » ajoute que Ludwig ose prétendre se rappeler ce qui s'est passé « il y a plus de quarante ans »[6] et, du coup, discrédite complètement son témoignage !

3) Dans *Die gute Sache* il y aurait une « pique claire » à l'égard des *Freien*[7] lorsque Bauer critique celui qui croit être libre et prétend surmonter les présupposés religieux à partir desquels pourtant il parle.

1. W. Bunzel, L. Lambrecht, « Group Formation and Divisions in the Young Hegelian School », *in* D. Moggach (ed.), *Politics, Religion and Art. Hegelian Debates*, Evanston, Northwestern University Press, 2011.

2. W. Bunzel, M. Hundt, L. Lambrecht (ed.), *Zentrum und Peripherie*, *op. cit.*, note 26, p. 42.

1. *Ibid.*, p. 48 ; on trouve exactement le même texte, mais en anglais, dans W. Bunzel et L. Lambrecht, « Group Formation and Divisions in the Young Hegelian School », *op. cit.*, p. 36.

4. W. Essbach, *Die Junghegelianer*, *op. cit.*, p. 42. Et, dans la note 126, p. 77, Essbach insiste sur le fait que cette tripartition est postérieure à la querelle des *Freien* et son effet !

5. W. Bunzel, M. Hundt, L. Lambrecht (ed.), *Zentrum und Peripherie*, *op. cit.*, p. 47.

6. W. Bunzel, L. Lambrecht, « Group Formation and Divisions in the Young Hegelian School », *op. cit.*, p. 42.

7. B. Bauer, *Die gute Sache*, *op. cit.*, p. 210.

L'idée, ici, est clairement qu'on parle toujours à partir de la société qu'on critique et que, en ce sens, la liberté est moins un fait qu'un but qu'on ne peut jamais prétendre avoir atteint. C'est en somme la critique critique ! Mais on ne voit pas en quoi ce serait une pique à l'égard des *Freien* – ou, à la limite, à l'égard des représentants dogmatiques des *Freien*. Cela, donc, ne disqualifie nullement les *Freien*, puisque toute la question est de savoir comment ils entendent la liberté dont ils se font les hérauts. À cette référence, les auteurs de *Zentrum und Peripherie* ajoutent « une lettre à Ruge du 15 juin 1842, dans laquelle Bauer qualifie les *Freien* de "philosophes de comptoir" (*Bier-Literaten*) »[1]. Mais il faut remarquer deux choses dans cette lettre[2] : a) il y est question, non pas des *Freien*, appellation qui ne surgit que plus tard, mais de certains membres des Jeunes hégéliens de Berlin, certains membres de l'*Athenäum*[3] ; b) l'expression de *Bier-Literaten*, contextuellement, désigne ceux qui s'emballent pour de nouvelles idées et pour qui quelques formules qui produisent un effet suffisent, de sorte que la pensée devient une simple pose esthétique.

S'ajoute, dans « Group Formation and Divisions in the Young Hegelian School », un dernier argument :

4) « La preuve par le fait » que Bauer n'a pas fait partie des *Freien*, c'est « qu'aucun d'eux (*sc.* les membres des *Freien*) n'a écrit un article dans la revue qu'il édite entre décembre 1843 et octobre 1844, l'*Allgemeine Literatur-Zeitung [la gazette de littérature généraliste]* »[4]. Là encore, la teneur de l'argument est étonnante. Les auteurs rappellent bien qu'il s'agit d'une revue dont le premier numéro paraît …un an après la querelle des *Freien*, c'est-à-dire à un moment où on peut considérer que le Jeune hégélianisme est mort si l'on admet qu'il s'est fédéré autour de Bauer. Après cette querelle, Bauer s'isole et rompt non seulement avec ses anciens camarades, mais même avec la référence hégélienne (nous y reviendrons). En outre, la publication en 1843 de *Die Judenfrage [La Question juive]*, sur laquelle nous reviendrons également, a contribué à cet isolement. Comme le rappelle Moggach après d'autres auteurs, la très virulente critique qui prétend montrer l'impossibilité d'une émancipation

1. W. Bunzel, M. Hundt, L. Lambrecht (ed.), *Zentrum und Peripherie*, *op. cit.*, p. 48.

2. On trouve la lettre dans M. Hundt (ed.), *Der Redaktionsbriefwechsel der Hallischen, Deutschen und Deutsch-Französischen Jahrbücher (1837-1844)*, *op. cit.*, p. 1076.

3. Voir déjà la lettre de Bruno Bauer à Edgar Bauer du 6 décembre 1841 (*Briefwechsel zwischen Bruno Bauer und Edgar Bauer während der Jahre 1839-1842*, *op. cit.*, p. 159-160), où Bauer, pour la même raison, critique les membres de l'*Athenäum*.

4. W. Bunzel et L. Lambrecht, « Group Formation and Divisions in the Young Hegelian School », *op. cit.*, p. 35. Même argument dans U. Pagel, *Der Einzige und die Deutsche Ideologie : Transformationen des aufklärischen Diskurses im Vormärz*, Berlin-Boston, de Gruyter, 2020, p. 114.

des Juifs et de leur intégration dans un État a disqualifié Bauer auprès de nombreux contemporains dans sa volonté d'être un penseur républicain[1]. Il ajoute que « La conséquence immédiate pour Bauer fut la perte de collaborateurs philosophiques et politiques » – et, d'ailleurs, Barnikol remarque que, dans cet autre journal qu'il édite entre juillet 1844 et avril 1845, les *Norddeutsche Blätter für Kritik, Literatur und Unterhaltung [Journal d'Allemagne du nord sur la critique, la littérature et le spectacle]*, Bauer dissimule sa solitude en utilisant des pseudonymes sous lesquels il écrit lui-même de très nombreux articles[2]. Ainsi commence l'isolement qui va caractériser sa vie jusqu'à la fin.

Dans une lettre du 12 décembre 1842, Ruge, qui revient de Berlin où il a rencontré des représentants des *Freien*, se plaint d'avoir affaire à une « clique frivole et simpliste »[3]. Il ajoute :

> Je leur ai très respectueusement et très rigoureusement fait part de ma conception lorsque j'ai été informé de la même façon respectueuse et rigoureuse de la leur. J'avais à cause de cela dès le début l'intention très spontanée de les pousser à dissoudre leur société afin qu'ils ne compromettent pas la juste cause et ne viennent pas après coup s'excuser.

Ruge ajoute :

> Je me suis particulièrement tourné vers B. Bauer, mais il voulait soutenir toutes ces extravagances théoriques et pratiques qui relèvent d'un arbitraire aussi évident que le romantisme lui-même, et il me débita les choses les plus ridicules, par exemple que l'État et la religion devaient être dissous conceptuellement, et par là même aussi la propriété et la famille – mais ce qu'il faudrait faire de positif, cela on ne le disait pas, on disait seulement qu'il faut tout nier, c'est-à-dire qu'on érigeait la négativité du monde frivole en principe et qu'on supprimait toute déterminité, tout caractère, tout enthousiasme pour les tâches historiques de l'humanité, alors que ces tâches ne peuvent pas être pensées autrement que d'une manière positive et qu'elles constituent ce qui est véritablement positif. Il n'est que trop vrai de constater qu'il s'agit vraiment du système de la frivolité : ne faire valoir comme positive aucune des déterminations spirituelles, mais les dissoudre toutes aussitôt, à cause de leur caractère borné, dans les rires du sujet superintelligent[4].

1. D. Moggach, « Republican Rigorism : Hegelian Views of Emancipation in 1848 », *in* D. Meyer-Dinkgräfe, *European Culture in a Changing World*, London, Cambridge Scholars, 2004, p. 86.

2. *Ibid.*

3. Lettre de Ruge à Moritz Fleischer du 12 décembre 1842, *in* M. Hundt, *Der Redaktionsbriefwechsel der Hallische, Deutschen und Deutsch-Französischen Jahrbücher. 1837-1844*, *op. cit.*, p. 1179-1180.

4. *Ibid.*

Deux choses sautent aux yeux. La première, c'est que Ruge parle des *Freien* quasiment dans les mêmes termes que Bauer parle des membres de l'*Athenäum*. La seconde, c'est qu'il attribue à Bauer des prises de position qui lui répugnent totalement, comme on le verra et comme le sait celui qui s'est intéressé *a minima* à cet auteur : Bauer n'envisage nullement la suppression de la propriété privée, d'une part, et, d'autre part, il n'y a pas pour lui de société humaine sans État. En ce sens, cette lettre est curieuse.

Marx, de son côté, souligne que les *Freien* font feu de tout bois, c'est-à-dire mélangent des idées différentes qu'ils décontextualisent, parce que la seule chose qui leur importe est la provocation, de sorte que leur attitude, loin d'être politique et sociale, est en fait un geste esthétique ayant pour seule fonction de choquer, mais nullement de convaincre au moyen d'idées, de faire avancer les choses et aussi de les changer. McLellan, qui cite une lettre à Ruge très claire sur ce sujet[1], souligne que Marx, lui, « se préoccupait de sujets beaucoup plus concrets : à son avis, s'il était nécessaire de critiquer la religion, il fallait le faire dans le cadre des institutions politiques et non pas critiquer les institutions politiques dans le cadre de la religion[2] » (il donne comme exemple, « la série d'articles (…) sur la pauvreté des vignerons de la Moselle[3] »).

Voilà le premier argument de Marx. Son deuxième argument consiste à souligner combien, dans ces temps difficiles où l'horizon s'est éclairé depuis peu avec la promotion récente de la liberté d'expression, la menace de la censure n'en est pas moins là, de sorte qu'il ne faut pas aller trop loin et qu'on doit, en somme, ménager un pouvoir avec lequel on est contraint de composer. Or, pour Marx, la logorrhée verbale des Berlinois, outre qu'elle est abstraite et vaine, c'est-à-dire une apparence de lutte plutôt qu'une lutte effective[4], est dangereuse pour la liberté d'expression. Il faut être plus prudent si l'on veut pouvoir continuer à parler librement. Marx

1. Marx écrit à Ruge dans une lettre du 30 novembre 1842 : « Je déclarais que je considérais qu'introduire en contrebande en quelque sorte, des idées socialistes et communistes, c'est-à-dire une nouvelle conception du monde dans une quelconque revue théâtrale par exemple, était indécent et même immoral, et je leur dis que, s'ils tenaient à parler de communisme, ils devaient approcher la question de manière totalement différente et beaucoup plus profonde », H. und I. Pepperle (ed.), *Die Hegelsche Linke*, *op. cit.*, p. 852.

2. D. McLellan, *Les Jeunes hégéliens et Karl Marx*, *op. cit.*, p. 110.

3. *Ibid.*, p. 51.

4. McLellan cite une lettre de Marx à Ruge : « Je me suis permis de couper les articles autant que la censure parce que Meyen et compagnie nous envoient des tas de gribouillages écrits n'importe comment, lourds de révolution mondiale, vides d'idées et assaisonnés d'athéisme et de communisme » (D. McLellan, *Les Jeunes hégéliens et Karl Marx*, *op. cit.*, p. 51). Il s'agit d'une lettre du 30 novembre 1842, MEGA, I, 2, p. 285-286.

écrit le 25 août 1842 à Oppenheimer à propos des thèses des *Freien*, dont il refuse désormais les articles dans la *Rheinische Zeitung* ;

> Une telle démonstration si claire contre les piliers de l'actuel État peut avoir pour conséquence le tranchant de la censure, même une interdiction du journal. (…) En tout cas nous irritons une grande partie et même la plus grande majorité des hommes qui luttent d'une manière pratique pour la liberté et qui ont entrepris le rôle pénible, marche après marche, à l'intérieur de limites constitutionnelles, de conquérir la liberté, alors que nous leur avons pré-démontré à partir du fauteuil confortable de l'abstraction leurs contradictions[1].

À la décharge de Marx, il faut rappeler, à la suite d'Essbach, que les Berlinois sont plus « libres » que les Rhénans, car la *Rheinische Zeitung* est financée par la bourgeoisie industrielle qui, certes, est « avancée » pour autant qu'elle exige une réforme de l'État prussien, mais dont l'objectif est le libéralisme et ne va pas au-delà[2]. Le libéralisme constitue le terme ultime d'une volonté de changement qui voit dans toute exigence plus radicale quelque chose d'inadmissible et de dangereux. Autrement dit, les Rhénans doivent faire des compromis.

Cependant, Marx et Ruge, ici, critiquent une position qui sera la leur plus tard ! Qu'on voie par exemple « Selbstkritik des Liberalismus » [« Une autocritique du libéralisme »] de Ruge, paru dans les *Hallische Jahrbücher* en janvier 1843 : ou bien on lutte pour la liberté, mais pour toute la liberté, pour la liberté tout entière, ou bien on ne lutte pas vraiment pour la liberté si on ne lutte que pour un petit bout ou une moitié de liberté. Comme le dit rétroactivement Ruge lorsqu'il évoque la migration du journal pour échapper à la censure : « Mais avons-nous eu vraiment cette volonté de liberté en publiant les *Jahrbücher ?* Quitter Halle pour Dresde, était-ce faire un pas radical ? Non, ce n'était même pas digne de ce nom : loin de nous rapprocher de la liberté, il nous maintenait en esclavage »[3]. Concrètement, c'est lorsqu'ils prennent conscience du fait que leur stratégie est inopérante, suite à la censure des différents journaux dont ils sont les éditeurs, qu'ils en viennent à occuper un point de vue qu'auparavant ils ridiculisaient – ce point de vue que Ruge attribue non pas seulement aux *Freien* en général, mais à Bruno Bauer en particulier.

1. K. Marx, F. Engels, *Werke*, Briefe, 1951 ; rééd. 1963, Berlin, Dietz Verlag, Band 27, p. 409-410.

2. W. Essbach, *Die Junghegelianer*, *op. cit.*, p. 225.

3. A. Ruge, « Autocritique du libéralisme », dans S. Mercier-Josa, *Théorie allemande et pratique française de la liberté*, *op. cit.*, p. 245.

Il faut désormais être plus précis sur la position de Bruno Bauer vis-à-vis des *Freien*. Alors que la lettre de Ruge à Fleischer implique, si on la prend littéralement, une appartenance de Bauer aux *Freien*, les nouveaux historiens, qui ont décidé de délier Bauer des *Freien*, affirment péremptoirement que Ruge et Marx comptaient seulement sur Bauer pour les raisonner – et on ne voit pas sur quels arguments ils s'appuient pour produire leur affirmation. À cela on ajoutera, pour enfoncer le clou, qu'Engels, qui faisait partie des Jeunes hégéliens berlinois à cette époque et sait donc ce dont il parle, écrit à Marx le 6 mai 1854 à propos d'un dénommé E. Wiss : « Initialement un supporter de Bruno Bauer, puis de Max Stirner, il devint un membre de la société d'Edgar Bauer, les *Freien*, qui était plus intéressée par l'émancipation des femmes et résolument frivole »[1]. Outre l'assimilation de la question des femmes à la frivolité, et, partant, les présupposés axiologiques forts qui sont derrière la notion de « frivole », la paternité du groupe des *Freien* est attribuée à Edgar Bauer, dont aucun historien ne conteste la proximité intellectuelle avec son frère (les auteurs des deux publications citées qui excluent Bauer des *Freien* mettent Bruno et Edgar dans le même groupe). Aussi est-il probable que Bruno appartenait bien aux *Freien*.

Mais dire ceci ne suffit pas. Car il faut ensuite envisager ce que signifie l'appartenance à un groupe pour les Jeunes hégéliens et pour Bruno Bauer.

Il faut rappeler que le Jeune hégélianisme est un groupe que proprement aucun dogme ne réunit. La liberté de chacun est conservée : ce qui fédère les différents membres, c'est d'abord une méthode qui est aussi une référence, à savoir la « critique » comme achèvement de la pensée hégélienne (nous la définirons plus loin), une volonté d'incorporer (*Verwirklichung*) la philosophie à la vie et, au niveau des contenus, le rejet de la religion et la contestation de l'État prussien. À partir de cela, chacun est libre de construire sa voie et de proposer des choses, la rationalité s'établissant par et dans la discussion au moyen de laquelle on met à l'épreuve ses idées.

Cette thèse très forte est énoncée telle quelle par Bauer dans sa théorie de l'État social, et elle est évidemment corrélée à cette autre thèse, qui relève à la fois de la politique et de la théorie de la connaissance, d'origine certes hégélienne mais aussi kantienne. Dans les deux cas, le groupe comme l'État, on a affaire à une totalité, c'est-à-dire à une unité d'un rang supérieur qui fonctionne sur l'intégration des différences. Autrement dit,

1. K. Marx, F. Engels, *Collected Works*, vol. 39, Lettres 1852-55, Lawrence & Wishart, Electric Book, 2010, lettre 224, p. 449.

et pour parler avec un vocabulaire qui est le nôtre et nullement celui de Bauer, nul « totalitarisme » dans le fonctionnement d'une telle unité. Un groupe n'existe précisément comme unité que pour autant que chacun y affirme sa différence[1].

On comprend du coup en quel sens Bauer peut être compté et pouvait se compter au nombre des *Freien*.

Il y a de profondes divergences de vue entre Bruno Bauer et son frère Edgar. Edgar, s'il est certes l'ardent défenseur de Bruno – *Bruno Bauer und seine Gegner [Bruno Bauer et ses adversaires]*, publié en 1842[2] –, soutient toutefois des idées que son frère ne partage pas. Ainsi est-ce le cas de l'abolition de la propriété privée, qu'Edgar défend, par exemple dans *Der Streit der Kritik mit Kirche und Staat* lorsqu'il résume son mot d'ordre, « pas de propriété privée, pas de différence de classes, pas de gouvernement qui usurpe le pouvoir[3] », de sorte qu'il prend une position nettement communiste[4], voire anarchiste.

Chez les Jeunes hégéliens, on trouve tout un panel de positions qui vont du libéralisme à l'anarchisme (Moses Hess et Edgar Bauer, les représentants les plus radicaux du Jeune hégélianisme, publient leurs premiers textes qui vont dans cette direction en 1843), en passant par celle de Bauer. On verra que celle-ci, derrière le qualificatif de « république » accolé de façon systématique à Bruno Bauer, n'est autre que l'idée d'une démocratie sociale. Outre que les groupes qui se forment selon les affinités politiques bougent sans cesse, les individus changent de groupe et/ou participent à plusieurs groupes, de sorte que la limite est labile, voire indéterminée.

Les idées que Ruge attribue à Bruno Bauer dans la lettre à Fleischer sont des idées d'Edgar, non celles de Bruno. Cela posé, on imagine très bien que Bruno ait pu les soutenir face à Ruge, du moins en un certain sens – précisément au sens où, à l'intérieur du cadre du Jeune hégélianisme, on peut légitimement les soutenir même si ce ne sont pas les siennes. Davantage, entre le libéralisme qui promeut une monarchie constitutionnelle et des positions qui tendent vers le communisme ou l'anarchisme, Bauer penche plus vers ceux-ci que celui-là – et même si, pour lui, il s'agit en somme de choisir entre « pire » et « pire que pire ».

1. Sur ces questions, voir M. Tomba, *Krise und Kritik bei Bruno Bauer : Kategorien des Politischen im Nachhegelschen Denken*, *op. cit.*

2. E. Bauer, *Bruno Bauer und seine Gegner*, Berlin, Jonas Verlagsbuchhandlung, 1842.

3. E. Bauer, *Der Streit der Kritik*, Charlottenburg, E. Bauer, 1843 ; rééd. Bern, Jeni, 1844, p. 264.

4. D. Moggach, *The Philosophy and Politics of Bruno Bauer*, *op. cit.*, p. 162.

Edgar Bauer, d'ailleurs, ne s'y trompe pas lorsqu'il affirme que ses positions sont le prolongement ou plus exactement la radicalisation de celles défendues par son frère.

Pour finir, si on admet que l'appartenance à un groupe n'implique pas nécessairement l'adhésion dogmatique à ses positions, mais une certaine sympathie ou même un simple intérêt pour celles-ci et les discussions qu'elles suscitent, Bruno Bauer a très bien pu appartenir aux *Freien* tout en gardant ses distances vis-à-vis de ces derniers (pour employer l'expression juste de McLellan[1]), pour affirmer sa propre position, sa position singulière.

À cela il faut ajouter un dernier élément.

Pour Bauer, il ne faut pas entrer dans la compromission, ce que font à son sens Ruge et Marx, pensant qu'ils seront davantage entendus, d'une part, et, d'autre part, que la censure ne les frappera pas. En ce qui concerne la censure, leur stratégie n'obtint pas les résultats escomptés, puisque, comme dit McLellan à propos des articles sur la pauvreté des vignerons de la Moselle, « cela entraîna un resserrement de la censure »[2]. Selon Bauer, ce n'est pas en évitant l'excès de critique et, en somme, en adoptant une modération de ton liée, évidemment, à un ensemble de concessions, qu'on réussira son coup, c'est-à-dire qu'on convaincra les gens et qu'on produira un type de discours qui aura une efficacité pratique.

C'est pourquoi il ne faut pas raisonner dans les termes d'une stratégie dont on ne peut pas prévoir les effets qu'elle aura, mais produire la critique et la pousser jusqu'à son maximum, avec le seul espoir que cela pourra produire un effet. Ainsi, dans *Vollständige Geschichte der Parteikämpfe in Deutschland während der Jahre 1842-1846 [Une histoire complète des combats entre les partis en Allemagne pendant les années 1842-1846]*[3], Bauer ironise sur la manière dont Ruge défend les *Deutsche Jahrbücher* en 1842, après qu'il a quitté la Prusse pour la Saxe et rebaptisé son journal, lorsqu'il est accusé par le gouvernement saxon et à nouveau menacé de censure alors qu'il a échappé à la censure prussienne. Elle consiste à feindre l'étonnement et à affirmer le caractère absolument inoffensif de la pensée déployée dans le journal.

Bruno Bauer, donc, a décidé d'assumer ses idées jusqu'au bout, faisant face non seulement au risque de censure mais aussi à son éviction de

1. D. McLellan, *Les Jeunes hégéliens et Karl Marx*, *op. cit.*, p. 110-111.

2. *Ibid.*, p. 51.

3. B. Bauer, *Vollständige Geschichte der Parteikämpfe in Deutschland während der Jahre 1842-1846*, Charlottenburg, E. Bauer, 1847, p. 203 *sq*.

l'université. Son attitude est comparable à celle d'Edgar Bauer, lorsque, après les problèmes rencontrés en 1842 par la publication de *Bruno Bauer und seine Gegner*, « dont une édition remaniée fut saisie par la police », *Der Streit der Kritik*, publié l'année suivante, « valut à l'auteur un procès et une condamnation à quatre ans de prison »[1] à Magdebourg – ce qui fait, par ailleurs, qu'Edgar Bauer est aujourd'hui considéré comme le premier prisonnier d'opinion politique en Allemagne[2]. La défense d'Edgar Bauer consiste à revendiquer le caractère polémique et rebelle de ses propos et, corrélativement, à mettre en avant la liberté de penser et le droit de pouvoir exprimer des opinions qui font valoir un autre type d'organisation sociale et politique. Moggach, à ce propos, insiste sur le fait que la défense de Bruno Bauer, lorsqu'il est exclu de l'université, se situe exactement sur la même ligne et écrit : « c'est ainsi, pour Bruno Bauer, que doit procéder tout acte républicain »[3].

On peut considérer les deux différents types d'attitude ou de défense qui opposent, en 1842, Bauer à Ruge et Marx, de deux manières. Si l'on considère le geste, dans sa signification éthique au sens d'une éthique sociale (c'est ce que Bauer entend par « morale publique »), on voit que ce n'est pas du tout pareil. Si l'on regarde les effets, on soulignera que la stratégie pragmatique, qui consiste à abandonner les valeurs pour miser sur une possible efficacité, n'a toutefois pas abouti au gain escompté (on a déjà rappelé l'interdiction des revues jeunes hégéliennes).

La querelle des *Freien* produit une rupture entre Bauer et les groupes rhénan et saxon, qui deviennent les deux groupes les plus importants, opposés au groupe berlinois, et ils se rapprochent l'un de l'autre. Les *Anekdota*, ouvrage publié en Suisse par Ruge en janvier 1843, qui rassemble des contributions des *Deutsche Jahrbücher* refusées à cause de la censure[4], constituent l'ultime moment où les différentes tendances

1. G. Vapereau, *Dictionnaire universel des contemporains contenant toutes les personnes notables de la France et des pays étrangers*, Paris, Hachette, 1870, 4e ed., p. 130. Le livre est interdit aussitôt qu'il paraît et à l'origine d'un procès qui se déroule du 8 novembre 1843 au 27 février 1844, au terme duquel Edgar Bauer est condamné à 3 ans de prison. La nouvelle publication du livre, à Bern, en 1844, est la cause d'un second procès, et la peine est cette fois un emprisonnement de 4 ans : voir E. Gamby, *Edgar Bauer, Junghegelianer, Publizist und Polizeiagent*, mit Bibliographie der E. Bauer-Texte und Dokumentenanhang, vol. 32 des *Schriften aus dem Karl-Marx-Haus*, Trier, 1985, p. 21-23.

2. Collectif, *La Résistance anarcho-syndicaliste allemande au nazisme*, Paris, Monde Libertaire, Bruxelles, Alternative Libertaire, 2001.

3. D. Moggach, *The Philosophy and Politics of Bruno Bauer*, *op. cit.*, p. 155.

4. I. Taubert, W. Schuffenhauer, « Marx oder Feuerbach ? », *Beiträge zur Marx-Engels-Forschung*, Berlin, Akademie Verlag, 1975, p. 37.

du Jeune hégélianisme sont réunies. La rupture de Bauer avec Ruge et Marx est l'occasion d'un rapprochement de ces deux derniers qui vont étroitement collaborer. En octobre 1843, Marx rejoint Ruge à Paris où ils vont tenter de fonder une nouvelle revue, les *Deutsch-Französische Jahrbücher*. On peut arguer du fait que Bruno Bauer, au début de l'année 1843, manifeste sa volonté de participer aux projets de Ruge et de Marx pour dire que la rupture n'a pas eu lieu[1]. Outre que la rédaction des *Deutsch-Französische Jahrbücher* décidera de se passer de lui, cela ne prouve rien, au sens où tout simplement la rupture se fait doucement, progressivement, sans rien de spectaculaire, et où, en outre, il faut bien pour Bruno Bauer, désormais *Wanderer*, trouver des lieux de publication. On peut encore moins arguer que la preuve se trouve dans le fait que Bruno Bauer et Marx se reverront plus tard, à Londres, en 1855[2], dans la mesure où le repas qui les réunit n'équivaut à rien d'autre, pour Marx, qu'à ce qu'on pourrait appeler en reprenant le concept de la pièce (et du film) de Francis Veber un « dîner de cons ». Et ce « dîner de cons » ne prouve qu'une seule chose : précisément que la rupture a déjà eu lieu depuis longtemps, tellement les deux hommes sont devenus étrangers l'un à l'autre !

La querelle des *Freien* marque la rupture de la collaboration de Bruno Bauer avec ses anciens amis et donc la dissolution du cercle des Jeunes hégéliens : les *Anekdota*, nous l'avons dit, en sont la dernière manifestation. Mais c'est aussi la référence à Hegel comme un maître tutélaire – référence fédérant les Jeunes hégéliens – qui va désormais aussi disparaître chez Bauer. Cela apparaît dès le compte rendu du deuxième volume des *Politische Vorlesungen* d'Hinrich publié en avril 1844[3] : « Il y a encore quelques années, les hommes qui savaient manier les formules du système hégélien – le dernier système dogmatique – et vaincre les difficultés de la terminologie étaient vraiment les hommes du progrès ». Bauer ne peut pas exprimer plus clairement et plus frontalement sa rupture proprement théorique avec le Jeune hégélianisme. Quant à l'assimilation de la philosophie hégélienne au dogmatisme suprême, on la retrouve ensuite dans tous les textes de Bauer, par exemple *Russland und das Germanentum [La Russie et la germanité]* ; « L'absolutisme avec lequel Hegel a achevé l'unité monothéiste de la métaphysique et le renversement

1. P. Clochec, *Marx jeune hégélien*, *op. cit.*, p. 439.

2. *Ibid.*, p. 442.

3. B. Bauer, « Rezension : Hinrichs *Politische Vorlesungen*, Band 2 », *Allgemeine Literatur-Zeitung*, V, avril 1844, rééd, *Feldzüge der reinen Kritik*, *op. cit.*, p. 196.

de toute la réalité effective dans des déterminations vides de la pensée, etc. »[1].

Il est clair que l'année 1843 est le moment où Bauer rompt avec les Jeunes hégéliens. Autre chose, ensuite, est de savoir si l'on peut parler pour autant de mort du Jeune hégélianisme. Peut-on encore parler de Jeune hégélianisme lorsque celui qui en fut l'origine et le centre le quitte, et au moment où il se produit un schisme entre la tendance libérale et la tendance plus radicale du mouvement ? En outre, si l'on admet que le groupe des Jeunes hégéliens n'a de sens et d'existence qu'aussi longtemps que les représentants reprennent l'expression pour, performativement, s'instituer et s'identifier comme tels, c'est un fait que, après la querelle des *Freien*, l'expression disparaît complètement du champ lexical des représentants du groupe.

Les commentateurs qui se rapprochent le plus de notre chronologie considèrent que la mort du Jeune hégélianisme a lieu en 1844. C'est le cas d'Ingrid et Heinz Pepperle[2] ou des auteurs de *Zentrum und Peripherie*[3], lesquels considèrent que la période 1843-début 1844 constitue la cinquième et ultime étape du Jeune hégélianisme, qui s'achève avec l'unique numéro des *Deutsch-Französische Jahrbücher*. Comme l'écrit P. Clochec, ces chronologies courtes s'opposent aux chronologies longues, telles celles qu'on trouve chez Essbach, Sørensen[4], « selon lesquelles le terme de "Jeune hégélianisme" reste pertinent pour comprendre les théories et les interactions théoriques des auteurs jeunes hégéliens jusqu'à 1846 voire jusqu'aux révolutions de 1848-1849 »[5].

1. B. Bauer, *Russland und das Germanenthum*, Charlottenburg, E. Bauer, 1853, p. 49.
2. H. und I. Pepperle, *Die Hegelsche Linke*, *op. cit.*, p. 5.
3. W. Bunzel, M. Hundt, L. Lambrecht (ed.), *Zentrum und Peripherie*, *op. cit.*, p. 25.
4. M. K. Sørensen, *Young Hegelians Before and After 1848. When Theory Meets Reality*, Frankfurt am Main, P. Lang, 2011.
5. P. Clochec, *Marx jeune hégélien*, *op. cit.*, p. 439.

CHAPITRE II

MÉTHODOLOGIE

L'IDÉE DE CRITIQUE
SENS DE LA CONSCIENCE DE SOI DANS LE JEUNE HÉGÉLIANISME

Nous avons vu qu'avec la *Kritik der evangelischen Geschichte der Synoptiker* se produit pour ainsi dire une laïcisation de la conscience de soi. La conscience de soi n'est plus celle de Dieu, c'est désormais celle de l'humanité. Certes, le fondement de la religion, c'est toujours la conscience de soi. Cependant, étant donné que la conscience de soi n'est pas la manifestation du divin dans la conscience subjective, mais seulement la force de l'esprit humain qui se manifeste au cours de l'histoire, la religion n'est rien d'autre qu'une production de l'être humain.

Cette laïcisation se produit par la voie d'un type de philosophie que Bauer nomme « critique », et au sein de laquelle la notion de « conscience de soi » joue donc un rôle essentiel, puisqu'elle est le moyen qui permet de montrer que « c'est l'homme qui fait la religion et non la religion qui fait l'homme ». Ces propos sont ceux de Marx dans un article des *Deutsch-französische Jahrbücher* paru en février 1844, « Pour une critique de la philosophie du droit de Hegel »[1]. Ce texte est d'autant plus intéressant que, en même temps qu'il est totalement imprégné, du point de vue méthodologique, des conceptions bauériennes, témoignant même dans l'expression de la ferveur d'un jeune disciple dogmatique, Marx s'émancipe avec l'orientation finale, à savoir prolétarienne, qui

1. K. Marx, « Zur Kritik der Hegel'schen Rechts-Philosophie », *in* A. Ruge und K. Marx (ed.), *Deutsch-französische Jahrbücher*, 1ste und 2te Lieferung, Paris, Fröbel, 1844, p. 71-85 ; « Pour une critique de la philosophie du droit de Hegel » (Introduction de 1843-1844), *Œuvres*. III. *Philosophie*, « Bibliothèque de la Pléiade », Paris, Gallimard, 1982, p. 382-397.

comme nous le verrons répugne à Bauer. La philosophie y est définie comme « critique », et le mouvement même de cette critique, qui trouve son origine dans la critique de la religion à titre de « condition de toute critique », avant de s'étendre aux « formes profanes » de la « conscience de soi », est absolument bauérien[1]. Du coup : « La critique du ciel se transforme ainsi en critique de la terre, la critique de la religion en critique du droit, la critique de la théologie en critique de la politique »[2].

Entendons bien ce qu'est la « conscience de soi », car il ne s'agit pas d'une conscience personnelle, qu'elle soit psychologique ou non. Dès la *Kritik der Geschichte der Offenbarung*, non seulement conscience de soi et conscience subjective sont nettement distinguées, mais celle-là est le fondement de celle-ci, puisqu'elle est aussi en même temps assimilée au processus historique de l'esprit absolu qui seul permet qu'un sujet personnel surgisse en s'opposant un objet[3]. D'un autre côté, la conscience subjective est le présupposé naturel de la conscience de soi[4]. Bref, il y a déjà un co-conditionnement des deux plans, qui devient encore plus manifeste quand la conscience de soi est désormais assimilée à celle de l'humanité en général : l'humanité est la condition de l'émergence de chaque être humain dans sa subjectivité, pour autant que ce qui est premier – comme le développe d'ailleurs pour la première fois Hegel – c'est le rapport à l'autre, qui seul permet au même d'émerger dans sa singularité, de sorte que l'intersubjectivité est première et le fondement de la subjectivité : sans autrui, pas de je qui puisse exister comme tel. Néanmoins, en même temps, l'humanité n'existe pas sans cette manifestation dans des individus singuliers, qui en sont l'incarnation. L'art, la science, la politique, ce sont à chaque fois des individus particuliers auxquels on associe des œuvres ou des idées…

Reste que le terme de « conscience de soi », chez Bauer, désigne toujours quelque chose qui est plus grand, plus fort que le seul individu – et même si cela n'existe qu'à travers lui. « Les œuvres de la conscience de soi sont "la religion, l'histoire politique, les constitutions des États, les arts et les sciences comme aussi la philosophie" », écrit Bauer en citant Hegel[5]. La même année, cette même année où la *Kritik der evangelischen Geschichte der Synoptiker* proclame l'athéisme, « Der christliche Staat und unsere Zeit » est encore plus clair :

1. K. Marx, *Œuvres*. III. *Philosophie*, *op. cit.*, p. 382-383.
2. *Ibid.*
3. *KGO*, vol. 1, p. XCVIII.
4. *Ibid.*, p. L.
5. B. Bauer, *Die Posaune*, *op. cit.*, p. 70.

> Bien que son statut [*sc.* à la religion] comme dogme en soi n'est qu'une des déterminations de la conscience de soi et que, à ce titre, elle n'a d'emblée aucun privilège face à ces formes de l'esprit qui se sont développées comme éthicité, art et philosophie, la religion n'oublie pas que dans son statut théologique l'infinité de la conscience de soi est donnée, (...)[1].

Autrement dit, du point de vue religieux, la conscience de soi, entendue comme celle du divin, est la source de toutes les autres productions culturelles – elle est leur fondement et elles sont toutes des manifestations du divin. Cela posé, la laïcisation de la conscience de soi fait inversement du divin une production de l'histoire, c'est-à-dire de l'humanité, sans aucun privilège sur les autres productions culturelles.

La conscience de soi, ce sont toutes les productions culturelles de l'humanité, c'est-à-dire des productions qui s'effectuent dans l'histoire ou qui, davantage, constituent l'histoire comme telle à travers leur naissance, leur développement et leur transformation. En ce sens, l'histoire est bien un synonyme de l'humanité et ce sont ces deux mots que synthétise la conscience de soi, avec cette autre idée qui y est liée, celle d'une émancipation progressive par laquelle l'homme se conquiert et devient libre.

Bauer écrit dans *Die Posaune* ; « Ainsi la conscience de soi de l'homme devient désormais tout – tout : elle devient le tout et c'est à elle que revient l'universalité qui était faussement attribuée à la substance »[2]. La chose est claire et elle n'est somme toute pas nouvelle. Comme chez Kant, la substantialité de l'objet, son épaisseur en somme, son objectivité, voilà quelque chose qui n'est pas donné, mais construit par la connaissance. La substance de l'objet, son unité, son onticité à titre de pôle irréductiblement transcendant qui constitue le foyer de propriétés c'est-à-dire de diverses déterminations, voilà qui est posé par la conscience de soi, dit Bauer. C'était déjà la leçon de la *Critique de la raison pure*, selon laquelle seul est donné le phénomène, c'est-à-dire l'indéterminé, puisque tout objet résulte de processus d'objectivation proprement humains. Et, dans l'ouvrage de Kant, on trouve déjà deux idées sur lesquelles ont insisté les néokantiens dans leur lecture de la Critique de la connaissance et dont on a trouvé un équivalent chez Bauer. La première est la suivante : ce qui est premier n'est certes pas l'objet, puisque l'objet est construit, mais ce n'est certainement pas le sujet, c'est-à-dire la conscience personnelle, puisque c'est chez Kant le « fait de la science » (*Faktum der Wissenschaft*), qui devient d'ailleurs plus largement chez les néokantiens le « fait de la

1. B. Bauer, « Der christliche Staat », *op. cit.*, p. 8.
2. B. Bauer, *Die Posaune*, *op. cit.*, p. 63.

culture » dont la science n'est qu'une partie. Quant à la deuxième, elle est liée au fait que si le sujet n'est pas ce qui constitue l'objet comme tel, c'est parce qu'il est lui-même médié, qu'il est lui aussi l'objet d'une construction. C'est exactement ce que dit Bauer quand il souligne que la conscience de soi, comme équivalant à ce que les néokantiens nommeront « fait de la culture », est ce qui rend possible l'émergence de la conscience personnelle.

Mais il y a deux éléments qui indiquent que Bauer se situe dans la lignée de Hegel et non dans celle de Kant. Le premier tient au fait qu'il assimile la conscience de soi à l'histoire, c'est-à-dire qu'il ne conçoit la culture que comme un déploiement – et non pas comme un « fait » (Natorp, certes, en tire une leçon quand il cherche à dynamiser ce fait, par opposition à Cohen, soulignant qu'il s'agit d'un *fieri* et non d'un *factum*). Le deuxième tient au fait que l'interrogation sur la connaissance scientifique est très restreinte, autant chez Bauer que chez les autres Jeunes hégéliens, pour autant que celle-ci n'est pas proprement leur problème, d'une part, et que, d'autre part, la science ne les intéresse que dans sa dimension sociale et politique.

Alors que, chez Kant et les néokantiens, on pose une autonomie de la science et donc de la discipline philosophique qui l'examine, à savoir la théorie de la connaissance, chez les Jeunes hégéliens la science n'est qu'une forme de la conscience de soi. Du coup, il faut l'examiner dans le rapport qu'elle entretient aux autres formes de la conscience de soi, et relativement aux formes de la conscience de soi qui sont plus fondamentales, pour autant qu'elles conditionnent le développement des autres, à savoir les formes sociale et politique[1]. Aussi, sciences, arts et religion sont au même titre que l'État ou le droit des formes de la conscience de soi. Toutefois, il y a une interdépendance entre ces formes, parce qu'elles s'interpénètrent dans la vie de l'humanité sans constituer des sphères étanches, qu'on pourrait isoler et donc étudier séparément, et, en outre, certaines sont plus importantes que d'autres.

Ce qui veut dire que la philosophie de Bruno Bauer et des Jeunes hégéliens est d'abord une philosophie pratique – et plus précisément une philosophie sociale et politique. Ce n'est pas une philosophie morale, si tant est qu'on entende par là des questions d'ordre axiologique qui pourraient constituer une sphère indépendante, autonome, donc être considérées indépendamment des questions sociales et politiques.

1. Voir sur ce point M. Horkheimer, « Traditionelle und kritische Theorie », in *Zeitschrift für Sozialforschung*, herausgegeben im Auftrag des Instituts für Sozialforschung von M. Horkheimer, Jahrgang VI/1937, Heft 2, p. 245-294.

Comme cela est particulièrement développé dans *Die Judenfrage*, la religion n'est du coup très concrètement qu'une forme de la vie sociale – ce que Bauer appelle hégéliennement l'éthicité, c'est-à-dire une certaine conception de la valeur de l'existence et des rapports interindividuels. Il écrit :

> Au nom de la seule religion, les hommes n'ont encore rien fait d'historique, n'ont entrepris aucune campagne armée, n'ont pas fait de guerre. Lorsqu'ils prétendaient n'agir et ne souffrir qu'au nom de Dieu, il n'y a pas que nous qui puissions dire en vertu du regard moderne porté sur les "choses divines" qu'ils ont au contraire agi et souffert uniquement en raison de leur représentation de ce que l'homme doit nécessairement être et devenir, et dans tous les développements, entreprises, combats, tragédies et actes religieux, auxquels le discours accorde ou non une valeur, ce furent toujours des intérêts politiques ou leurs échos ou encore leurs premières impulsions qui ont déterminé et conduit l'humanité[1].

Dès 1841, il écrit que ce qui présente un intérêt est « la signification politique »[2] de la religion ou bien de l'apparente opposition religieuse.

Certes *Die evangelische Landeskirche*, en 1840, n'affirme pas encore l'athéisme, mais les positions de Bauer y sont ambiguës. Nous avons déjà dit que Bauer y joue la science contre la religion au service de l'État prussien. Mais il faut désormais être plus précis. Bauer y souligne que la science comme la religion sont des formes de la conscience de l'État[3] ou bien des productions de sa conscience de soi[4]. La science, elle, accompagne l'État et exprime même le sens le plus profond de l'État, puisqu'elle en est la forme dans laquelle l'État parvient jusqu'à sa propre conscience (Bauer ne le dit pas explicitement, mais c'est ce à quoi mène sa thèse). Ce n'est toutefois pas le cas de la religion. Car, si ces deux formes s'autonomisent et conquièrent leur indépendance, la religion va se dresser contre l'État. Mieux, la religion prétend légiférer à la place de l'État, décidant de ce qui est juste et de ce qui ne l'est pas, empiétant sur la fonction de l'État. La religion, donc, est une forme de la conscience de l'État, mais qui s'autonomise et se retourne contre cela même qui en est l'origine. La religion prétend être l'expression d'un monde vrai qui

1. B. Bauer, *Die Judenfrage* [désormais *Jud.*], Braunschweig, F. Otto, 1843, p. 94. McLellan cite aussi ce texte et souligne combien Marx est très proche d'une telle conception (p. 114). Certes, mais il faut remarquer que Marx n'y arrive qu'après, et que c'est Bauer qui l'a initiée.
2. B. Bauer, « Der christliche Staat », *op. cit.*, p. 33.
3. B. Bauer, *Die evangelische Landeskirche*, *op. cit.*, p. 87-88.
4. *Ibid.*, p. 101.

n'est pas le monde sensible de l'ordre politique et social, et elle prétend légiférer sur celui-ci, qu'elle fait du coup apparaître comme un monde non-vrai[1]. Le royaume de Dieu, nous disent les religieux, est celui de la vérité et de la justice. Outre que, du coup, le monde d'ici-bas devient alors celui du faux et de l'injustice, on ne voit pas bien d'où ces porte-parole d'un autre monde peuvent tirer leur conception de la vérité et de la justice, sinon du monde d'ici-bas, du monde de l'État dans lequel ils vivent[2]. Ce texte est le fondement du modèle critique élaboré par Bauer et repris par les Jeunes hégéliens, qu'on résume dans l'expression de « critique immanente ».

Il n'en demeure pas moins, insiste Bauer, que la religion vient de l'État, pour autant qu'elle n'a d'existence que dans la mesure où elle est permise par l'État et où elle n'a que la légitimité que celui-ci lui accorde[3]. La religion est un « moment du développement » de l'État et « le domaine de sa législation » y est soumis[4].

Le texte de Bauer est ambigu – et volontairement ambigu, dans la mesure où il ne faut pas froisser l'État prussien, c'est-à-dire l'État chrétien. D'un premier point de vue, le sens du texte est de dire que l'État doit limiter la religion, dont l'autorité n'est nullement contestée, et il y a bien quelques formulations qui pourraient prêter à discussion, mais qui relèvent d'excès de langage dus au discours spéculatif des hégéliens. Cela posé, un second point de vue peut prendre ces excès de langage au sérieux. Dès lors, on prendra au mot l'idée que la religion n'est qu'une émanation ou une forme de la conscience de l'État – mais alors elle n'est pas l'expression de la conscience de Dieu. Et ce second point de vue est renforcé par l'argument contre le discours religieux, puisque celui-ci n'est nullement compris comme une manifestation de la conscience de soi du divin (à la manière de *Kritik der Geschichte der Offenbarung*), mais seulement comme une déformation ou même une inversion des valeurs qui proviennent du monde ici-bas (on est déjà dans *Kritik der evangelischen Geschichte der Synoptiker*). Autrement dit, il n'y a pas d'ailleurs, il n'y a pas d'au-delà.

La question de savoir comment il faut lire le texte ne peut pas être tranchée scientifiquement. Reste qu'il y a de fortes présomptions en faveur de l'hypothèse selon laquelle, dès la fin de 1839, Bauer est passé

1. B. Bauer, *Die evangelische Landeskirche*, *op. cit.*, p. 81.
2. *Ibid.*
3. *Ibid.*, p. 97.
4. *Ibid.*, p. 88. Voir aussi p. 100-101 : la religion, « qui constitue un moment interne de l'État lui-même ».

au second point de vue, de sorte qu'il avance masqué lorsqu'il publie le texte sur l'Évangile de Jean la même année, qu'il lancerait comme un ballon d'essai, déjà dans le but de voir si la publication d'un texte aussi transgressif sur les synoptiques serait possible…

Une lecture attentive de *Die evangelische Landeskirche* nous fait pencher du côté du second point de vue, qui réduit l'examen de la religion à une lecture sociale et politique de la religion. Car celle-ci est somme toute examinée par en bas : ce qui compte dans la religion, c'est la religiosité[1], c'est-à-dire les effets qu'elle produit sur la vie des individus[2]. Ce qui intéresse Bauer n'est justement pas de la prendre comme religion, autonomisée, donc de la considérer de la manière dont elle se considère elle-même : « C'est précisément ce que l'Église considère comme son monopole et veut soustraire à la législation de l'État qui est une détermination interne de l'État lui-même et qui ne peut exister qu'au sein de l'État à titre de détermination de l'humanité qui est immanente et relève de la justice et de l'éthicité »[3]. On notera l'emploi du terme immanent, qui relève du geste critique, c'est-à-dire de cette décision méthodologique consistant à considérer la religion à partir d'en bas, donc à la politiser et la socialiser. La méthode, qu'on pourrait nommer en risquant le néologisme « immanentisation », consiste à considérer la religion comme une production culturelle humaine qui se développe au cours de l'histoire[4] (soulignons combien le terme « immanent » revient plusieurs fois dans le texte[5]).

Ce qui en outre milite en faveur de notre hypothèse, c'est l'idée de dissoudre les religions particulières, autant les différentes formes du protestantisme que du catholicisme[6], dans une unique religion générale, produite et développée par l'État, qui justement assume la « religiosité », c'est-à-dire les fonctions axiologiques consistant à répandre certaines valeurs dans la population[7]. Cette religion, d'ailleurs, est une religion universelle, parce que précisément elle promeut des valeurs universelles dont on verra ultérieurement ce qu'elles sont, mais dont on peut déjà dire qu'elles dépassent la particularité de l'État. La religiosité, dimension d'éthicité dont la religion a fait son monopole en faisant de l'État son

1. *Ibid.*, p. 101.
2. *Ibid.*, p. 97.
3. *Ibid.*, p. 99.
4. *Ibid.*, p 95.
5. *Ibid.*, p. 66, 82, 97, 101.
6. *Ibid.*, p. 87-88.
7. *Ibid.*, p. 106-107 (c'est ce que Bauer appelle en référence à Hegel « éthicité » : p 87-88).

ennemi, provient bien de l'État, mais elle implique un dépassement de l'État[1] par la promotion de valeurs éthiques liées à l'idée d'humanité[2] – exactement à la manière dont la science, promue par l'État mais dont celui-ci doit assumer l'autonomisation, produit certaines valeurs théoriques qui sont liées à la recherche scientifique et dépassent les particularités nationales[3]. Bref, l'éthicité et la science, engendrées par l'État, dépassent cet État et constituent un potentiel critique qui permet à cet État d'aller de l'avant, de se transformer en vertu de ces forces.

C'est pourquoi il faut lier cette notion de critique à deux autres, celle de « donné » ou « positif » et celle de « construction ». Bauer écrit : « C'est précisément le développement de l'État et la croissance de sa conscience de soi qui fait qu'il incorpore le donné positif, qui prétend seulement valoir parce qu'il est positif, dans le mouvement libre de l'humanité et des fins humaines, c'est-à-dire l'incorpore en lui – car il est l'unique réalité légitime qui englobe tout »[4]. Outre que l'État possède bien une priorité – que reconnaît la philosophie qui, par là même, est d'abord et avant tout philosophie politique, parce que tout est politique –, il apparaît que l'État doit être conçu comme un processus, donc dans son aspect dynamique. Une telle affirmation, hégélienne, trouve son développement dans l'idée selon laquelle il faut le penser à l'aune d'un mouvement dialectique ternaire. L'État sort de lui-même puisqu'il produit des formes dans lesquelles il se réalise, comme la constitution et le droit, la religion et l'éthicité (à savoir les valeurs très générales qui sont partagées par la communauté et constituent son ciment), la science et les arts. C'est le deuxième moment de la dialectique hégélienne. Cela posé, dès *Die Landeskirche*, il apparaît que cette production de l'acte créateur est une aliénation, parce que l'acte se perd, s'oublie dans un résultat qui immédiatement le fige et le nie – comme si précisément il s'agissait d'un donné positif qui n'était pas sa production.

On touche ici un point central de la philosophie bauérienne, puisqu'il s'agit de la notion d'« aliénation », que Bauer met en place et que Marx reprendra. McLellan note que « Bauer est à l'origine de l'expression "aliénation de soi" qui fut bientôt employée couramment par les Jeunes hégéliens »[5].

1. B. Bauer, *Die evangelische Landeskirche*, *op. cit.*, p. 106-107.
2. *Ibid.*, p. 97, 101.
3. *Ibid.*, p. 106-107.
4. *Ibid.*, p. 101.
5. McLellan, *Les Jeunes hégéliens et Karl Marx*, *op. cit.*, p. 97.

La notion d'aliénation était déjà impliquée par la version religieuse de la conscience de soi donnée par la *Kritik der Geschichte der Offenbarung*, dans la mesure où si la tripartition sentiment, intuition et représentation constitue un niveau inférieur qui se dissout dans un niveau supérieur constitué par la réflexion, c'est pour la raison suivante. Seule la réflexion est capable de surmonter la scission entre la conscience subjective et la conscience de soi du divin, c'est-à-dire de comprendre comment celle-là est la phénoménalisation dans laquelle celle-ci se perd en même temps qu'elle se conquiert.

La notion apparaît, dans son nouveau sens, avec *Die evangelische Landeskirche* ; le développement de l'Église qui s'autonomise et se dresse contre l'État « aliène (*entfremdet*) (…) les meilleures forces de l'esprit »[1]. *Die Posaune*, ensuite, fera fond sur cette idée, en l'attribuant à Hegel :

> (…) la propre activité de la conscience de soi apparaît comme une *passivité* ; son propre processus, qui implique deux côtés, apparaît comme l'activité d'un élément étranger, auquel elle ne fait que consentir ; ses extériorisations et considérations *nécessaires*, qui proviennent d'elle, lui apparaissent comme le cadeau ou l'activité et la présentation de soi contingents d'un élément étranger (…). C'est la situation de la conscience de soi dans la religion. C'est d'une manière nécessaire, continue Hegel, que là où la conscience de soi, dans la religion, s'écarte d'elle-même, s'aliène elle-même et s'apparaît en face dans l'objet de son adoration entendu comme quelque chose d'autre, etc. (…)[2].

Le second moment du processus dialectique, dans lequel la conscience de soi s'aliène dans un élément qu'elle a produit mais ne reconnaît plus comme tel – parce qu'elle n'a plus le savoir qu'elle l'a produit, dans la mesure où celui-ci se donne comme la manifestation de quelque chose d'extérieur, un donné positif qui s'impose à elle –, trouve son assomption dans le troisième moment. Ici, la conscience de soi reprend en elle ce donné, elle prend conscience que c'est elle-même qui l'a produit, ce qui équivaut à la négation de ce donné et à la poursuite de l'activité de la conscience qui produit un nouvel élément…[3]. Certes, dans ce texte, il est explicitement dit que c'est du domaine de la religion qu'il s'agit – mais l'idée vaut pour toutes les formes de la conscience de soi. Comme

1. B. Bauer, *Die evangelische Landeskirche*, *op. cit.*, p. 68.
2. B. Bauer, *Die Posaune*, *op. cit.*, p. 99-100.
3. Voir aussi M. Hess, *Die europäische Triarchie*, 1841, dans *Philosophische und sozialistische Schriften*, hrsg. von W. Mönke, Berlin, Akademie Verlag, 1961, rééd, 1980, p. 87-88, *La Triarchie européenne*, trad. fr. M. Espagne, Tusson, Du Lérot, 1988. Ce point, à un moment où Hess est lui aussi totalement bauérien, puisque jeune hégélien, est clairement résumé.

on lit dans *Die gute Sache*, « il n'y a rien, dans l'humanité, qui puisse naître autrement que de ce qui est interne »[1]. La conscience de soi, c'est l'avènement de la liberté : à savoir le moment où, par et dans la critique, l'homme prend conscience de son activité créatrice – ce qui signifie aussi qu'il prend conscience que le futur est ouvert.

Partant, la thèse vaut aussi pour le domaine de l'organisation politique et sociale. C'est précisément en ce sens, c'est-à-dire en l'étendant au domaine politique et social, que la pensée de ces maudits Jeunes hégéliens devient révolutionnaire, se plaint le théologien piétiste qui écrit *Die Posaune*.

La différence entre les deux domaines, toutefois, est la suivante. Dans la religion, la production de la conscience de soi se donne comme la révélation de Dieu. Ce n'est certes pas le cas en ce qui concerne l'organisation politique – du moins dès qu'on sort du cadre de la monarchie de droit divin. Cependant, cette organisation politique semble, comme l'organisation sociale, être un « fait », un « donné », donc quelque chose qui s'impose par sa simple existence, comme si le fait faisait droit et que sa simple existence lui conférait *ipso facto* une légitimité. L'argument est donc le suivant : si c'est ainsi, cela ne peut pas être autrement, de sorte qu'il y a une naturalité du social. L'idée peut être condensée dans la célèbre formule de la première ministre anglaise des années 1980, Margaret Thatcher, martelant : « There is no alternative ».

La philosophie de Bauer est donc ce qu'on nomme un constructivisme. Le constructivisme n'est pas nouveau et trouve son origine dans la *Critique de la raison pure*, comme nous l'avons dit : les termes de « passivité », d'« activité » ou d'« acte » ont une origine kantienne. C'est l'entendement qui prescrit ses lois à la nature – et le « fait de la science » n'est rien d'autre que le constat de ce miracle face auquel on ne peut que s'incliner, à savoir que le donné se soumet aux lois de l'esprit humain. Cohen résume bien cette idée quand il écrit que « ce n'est pas dans le ciel que les étoiles sont *données*, mais dans les *raisons de l'astronomie* »[2], insistant par là même sur la tendance réaliste de l'esprit humain – c'est-à-dire cette tendance à croire que l'homme ne fait que découvrir ce que pourtant il invente, puisque la nature n'a pas d'autre intelligibilité que

1. B. Bauer, *Die gute Sache*, *op. cit.*, p. 199.

2. H. Cohen, *Le Principe de la méthode infinitésimale*, trad. fr. M. de Launay, Paris, Vrin, 1999, p. 150.

celle qu'il y met (voir l'insistance de Cohen sur les expressions kantiennes *hineindenken* et *hineinlegen*[1]).

Sur cette question, il est frappant de constater la sous-évaluation de Kant par les spécialistes de Hegel et des hégéliens. Lorsque Kervégan critique Sellars qui écrit que Hegel, pas plus que Kant, ne s'est « entièrement affranchi » du mythe du donné[2], c'est uniquement pour défendre Hegel, comme si l'affirmation valait en revanche pour Kant[3] ! Ce n'est toutefois nullement vrai, puisqu'on a rappelé que, pour parler natorpiennement, le donné, nécessaire si l'on ne veut pas tomber dans le mauvais idéalisme[4], n'est que le X inconnaissable comme tel, mais admis par la pensée quand elle réfléchit sur ses propres processus d'objectivation et qu'elle ne peut que présupposer un processus de donation qui lui est irréductible : la pensée, en effet, ne produit pas l'existence, mais c'est elle-même qui la reconnaît et donc la pense comme sa propre limitation.

Il n'a pas fallu attendre Hegel pour comprendre que la certitude sensible, qui pourtant semble immédiate, est toujours déjà de l'ordre du *logos*. Car, ainsi que nous l'avons scandé dans nos travaux sur le néokantisme, chez Kant, la seule chose qui est immédiate, à savoir le point de départ, c'est le « fait de la science » (élargi par les néokantiens au « fait de la culture »), c'est-à-dire la médiation[5].

Cependant, le kantisme n'est qu'un constructivisme théorique. C'est pour cette raison – donc parce qu'il ne se situe pas à un niveau pratique, c'est-à-dire politique – qu'on n'y trouve pas le moment de la négation. Chez les néokantiens, qui pourtant, hégéliennement, prennent en compte la dimension processuelle de la science, intégrant l'histoire, la science se construit par approximations successives qui se complètent, par un processus de perfectionnement progressif qui reste une tâche infinie (*unendliche Aufgabe*), sans aucun moment négatif. C'est donc simplement le manque lié à l'imperfection d'un savoir qui n'épuise jamais le donné –

1. Voir H. Cohen, *Commentaire de la Critique de la raison pure*, trad. fr. É. Dufour, Paris, Le Cerf, 2000.

2. W. Sellars, *Empirisme et philosophie de l'esprit*, 1956, Paris, Édition de l'éclat, 1992, p. 48.

3. J.-F. Kervégan, « Sortir du "donné" ? Quelques remarques autour d'une observation de Sellars », dans *Implications philosophiques*, publié le 2 mars 2011, http://www.implications-philosophiques.org/semaines-thematiques/actualite-de-hegel/sortir-du-%C2%AB-donne-%C2%BB/, consulté le 30 décembre 2020.

4. Voir P. Natorp, *Psychologie générale*, trad. fr. E. Dufour, J. Servois, Paris, Vrin, 2008, p. 232-234.

5. Voir nos *Néokantiens*, Paris, Vrin, 2003, et notre *Paul Natorp : de la « Psychologie générale » à la « Systématique philosophique »*, Paris, Vrin, 2010.

parce que tout ce qu'on sait, comme le développe Cohen, amène à poser de nouvelles questions et à ouvrir un nouveau champ d'interrogations – qui fait progresser la science.

THÉORIE ET PRATIQUE

Quant au constructivisme de Bauer, il couvre tous les domaines. C'est évidemment d'abord un constructivisme théorique, dans la perspective développée précédemment[1]. Voilà le premier sens en lequel la théorie est pratique et, comme on l'a dit, il n'est pas nouveau (la connaissance est un *Tun* ou un *Tat* pour Kant, elle est activité et non passivité).

Cependant, le constructivisme est aussi politique et social. Sur ce point, l'analyse de Bauer est en revanche absolument originale. Elle est la première du genre et la base de la littérature sur le sujet qui se développera ensuite. Le point de vue constructiviste, quand il est appliqué au domaine politique et social, a immédiatement des conséquences pratiques. C'est le deuxième sens en lequel la théorie est pratique. Autant la question du constructivisme en science est une question philosophique qui ne change pas le travail effectif du chercheur en mathématique, en physique ou en chimie, autant la revendication théorique du constructivisme dans l'analyse des questions sociales et politiques est liée à une velléité de changement chez celui qui fait la description et qui cherche à produire une modification du comportement chez celui/celle qui le lit. Dès qu'on conteste l'idée qu'il n'y a pas d'alternative, on fait s'ouvrir chez ceux auxquels on parle la possibilité d'un changement dans des conditions de vie que jusqu'ici ils subissaient en les croyant inamovibles. C'est exactement ce que montre Fassbinder dans *Maman Küsters s'en va au ciel [Mutter Küsters'Fahrt zum Himmel]* (1975), lorsque, après la mort de son mari ouvrier, la vieille dame finit par voir le monde autrement, et par agir différemment, du fait de la fréquentation du couple communiste. Elle avait toujours cru qu'il y avait des pauvres et des riches par nature et que l'exploitation était en somme un phénomène social normal, inévitable; mais elle se rend désormais compte que cette situation n'a rien de naturel, et qu'elle est le résultat d'une construction de la société qui, partant, aurait pu être autre et peut devenir autre si on lutte pour que cela change[2].

Dès le texte sur les synoptiques, la critique est définie comme la mise en question de ce qui prétend être un « donné » et à ce titre incontestable,

1. Voir B. Bauer, *Die Posaune*, *op. cit.*, p. 82; *Die gute Sache*, *op. cit.*, p. 71, 199.
2. Voir sur le film notre *Mal dans le cinéma allemand*, *op. cit.*, p. 276.

donc de quelque chose qui ne serait pas construit par la conscience de soi et s'imposerait comme « un pur donné et un réel tout nu » surgissant dans son immédiateté[1]. Qu'on n'oublie pas qu'« il n'y a rien, dans l'humanité, qui puisse naître autrement que de ce qui est interne »[2]. Autrement dit, il n'y a pas « donné ». Déjà, dans *Die Posaune*, on lit : « La philosophie veut la révolution, elle veut la révolution contre tout donné positif, même contre l'histoire »[3].

Cette théorie qu'est la critique équivaut à une forme d'action, au sens où elle transforme notre vie, puisqu'elle transforme notre regard sur les choses : la conscience de soi est action, puisqu'elle est reprise en nous de ce que nous avions objectivé en croyant que cela n'avait pas été créé par nous. La critique est bien en ce sens un agir, un processus de désaliénation par quoi on reprend en soi ce qu'on avait posé à l'extérieur (c'est le sens littéral du mot *Entäusserung*, littéralement « extériorisation ») : elle est suppression de la scission entre nous et nous-mêmes – et c'est pour cette raison que la critique est reconquête de soi : « La critique ramène l'homme de nouveau à lui-même »[4]. D'un seul coup, elle nous fait voir la réalité différemment.

Bauer, dans un discours de 1849, définit la critique comme le fait de mieux voir ce qu'on regardait – pas seulement de le voir autrement, mais de le voir enfin comme il est véritablement, débarrassé de toutes les fausses déterminations qui le recouvraient et qui le défiguraient[5]. La critique, c'est un peu comme la pilule que Neo avale au début de *Matrix*, le film des sœurs Wachowski (1999) : ce qui permet de passer de l'autre côté des apparences et de découvrir la réalité vraie, et donc de dénoncer ces apparences trompeuses qui produisent notre aliénation, c'est-à-dire le fait qu'on devienne étranger à nous-mêmes (c'est le sens littéral du mot *Entfremdung*, l'autre terme qu'on traduit par « aliénation »). Non seulement l'homme découvre la vraie figure du réel, mais c'est aussi sa propre identité qu'il conquiert en même temps. La nouvelle figure de la réalité est le corrélat de la découverte par l'homme de son véritable visage (désaliénation). Car l'aliénation, c'est ce mouvement par lequel l'homme

1. B. Bauer, *Synoptiker*, *op. cit.*, vol. 1., Vorrede, p. XV; voir aussi *Die gute Sache*, *op. cit.*, p. 197.

2. B. Bauer, *Die gute Sache*, *op. cit.*, p. 199.

3. B. Bauer, *Die Posaune*, *op. cit.*, p. 167.

4. *Ibid.*, p. 185.

5. B. Bauer, « Verteidigungsrede Bruno Bauers vor den Wahlmännern des Vierten Wahlbezirkes am 22.2. 1849 », *in* E. Barnikol, *B. Bauer, Studien und Materialen*, *op. cit.*, p. 518-525.

oublie que c'est lui qui a créé le système politique et social dans lequel il vit.

En ce sens, on voit bien que la critique collabore encore et toujours non seulement à l'avènement de la vérité, mais aussi à l'émancipation de l'homme, double dimension que Bauer a explicitement affirmée comme apport de la critique. Il écrit dans *Die Judenfrage* :

> Jusqu'ici, l'histoire n'a pas encore apporté de vérité qui n'ait pas eu à passer par l'épreuve de la critique, et la vérité suprême qu'elle doit – par la critique – désormais produire conceptuellement, c'est l'homme, la liberté, la conscience de soi, c'est-à-dire une vérité qui, du moins tant qu'on la considère comme un fait mort, se dérobera et se fermera à la critique et à la poursuite de l'histoire, car elle n'est rien d'autre que leur développement enfin libéré[1].

Bref, la critique politique et sociale, c'est déjà de l'action et c'est même la première forme d'action. C'est en tout cas ce que Bauer appelle *praxis*[2], terme qui, comme on le sait, était déjà utilisé par Ciezkowski en 1838 dans ses *Prolégomènes à l'historiosophie*[3] pour résoudre la question du rapport entre théorie et pratique, donc la penser à nouveaux frais (et l'on sait combien cet ouvrage a impressionné non seulement Bauer, mais le cercle des Jeunes hégéliens en général[4]).

Dès les premiers textes de 1841, la critique bauérienne appelle à l'action et trouve son prolongement dans l'action révolutionnaire. Il faut citer les termes avec lesquels les « Bekenntnisse einer schwachen Seele » [« Confessions d'une âme faible »] décrivent, en 1842, le rapport entre la critique et son effet :

> L'opposition allemande, la théorie, la science, la critique philosophique se sont élevées jusqu'au degré de l'arrogance qui peut être appelé le degré extrême – elles avaient expliqué que les fondements les plus sacrés et les plus solides de ce qui existe étaient une apparence et une illusion, et, dans leur travail scientifique de destruction, elles étaient allées si loin qu'elles menaçaient de faire d'une opposition allemande une opposition française, d'une opposition germanique une opposition romaine, d'une révolution

1. *Jud.*, p. 81. Le texte s'ouvre avec le mot « émancipation », même s'il s'agit toutefois d'une citation.

2. B. Bauer, *Die Posaune*, *op. cit.*, p. 81 (nous avons déjà cité le texte).

3. A. Cieszkowski, *Prolegomena zur Historiosophie*, Berlin, Veit und Comp., 1838, trad. fr. M. Jacob, Paris, Champ libre, 1973.

4. Voir P. Macherey, « Marx et la réalisation de la philosophie », *Actuel Marx* 37, 2005/1, p. 129 ; voir aussi D. McLellan, *Les Jeunes hégéliens et Karl Marx*, *op. cit.*, p. 22-23.

scientifique une révolution politique, d'une "révolution de la pensée", un acte critique[1].

Selon McLellan, Bauer défend une position où l'action est assimilée à quelque chose de rationnel, pour autant qu'il s'agit d'un intellectuel qui confond l'action et la pensée de l'action, et il ajoute que cette position se retrouve chez tous les Jeunes hégéliens – et il rappelle, afin d'expliquer les raisons d'une telle position, que ceux-ci sont des ressortissants de la petite bourgeoisie (conformément d'ailleurs à ce que déclare Marx dans *L'Idéologie allemande*)[2], d'une part, et, d'autre part, des gens sans emploi « en marge de la société »[3]. On trouve la source et l'origine d'une telle position chez le jeune Hegel[4], qui écrit dans une lettre : « Le travail théorique, je m'en rends compte davantage chaque jour, apporte plus au monde que le travail pratique ; une fois que la sphère de la représentation est révolutionnée, la réalité effective éclate »[5].

Preuve que le jeune Marx qui écrit en 1844 à Paris une « Introduction aux Principes de la philosophie du droit de Hegel », dit McLellan[6], est encore hégélien, c'est justement qu'il affirme toujours qu'on peut déduire l'action de la théorie. Car si certes « l'arme de la critique ne peut pas remplacer la critique des armes »[7], dans la mesure où « la force matérielle doit être renversée par une force matérielle »[8], il n'en demeure pas moins que « la théorie se change, elle aussi, en force matérielle, dès qu'elle

1. B. Bauer, « Bekenntnisse einer schwachen Seele » [désormais *BesS*], *Deutsche Jahrbücher* 148-149, 23-24 juin 1842, rééd, *Feldzüge der reinen Kritik*, *op. cit.*, p. 71. Il faut ici rappeler, à la suite de divers historiens tel McLellan (*Les Jeunes hégéliens et Karl Marx*, *op. cit.*), combien, pour les opposants à l'État prussien, dont le modèle est la Révolution française, il est évident que la Révolution appartient à la fois à la France et à l'Allemagne. Car – et c'est Heine qui a la première fois énoncé cette idée – si la France l'a faite sans la penser, l'Allemagne l'a pensée sans la faire. Voir ici : « (…) qu'elle menaçait de faire d'une opposition allemande une opposition française, (…) d'une "*révolution de la pensée*" un *acte* critique », *c'est nous qui soulignons*. Voir aussi Marx, « Pour une critique de la philosophie du droit de Hegel » (Introduction de 1843-1844), *op. cit.*, p. 390 : « En politique, les Allemands ont pensé ce que les autres peuples ont fait. L'Allemagne était leur conscience théorique ».

2. Voir D. McLellan, *Les Jeunes hégéliens et Karl Marx*, *op. cit.*, p. 17.

3. *Ibid.*, p. 19.

4. D. McLellan, *Les Jeunes hégéliens et Karl Marx*, *op. cit.*, p. 93.

5. *Briefe von und an Hegel*, ed. Hoffmeister, Hamburg, Felix Meiner, 1952, I, p. 253 (il s'agit de la lettre 135 de Hegel à Niethammer, 28/29 octobre 1808).

6. D. McLellan, *Les Jeunes hégéliens et Karl Marx*, *op. cit.*, p. 20.

7. K. Marx, « Introduction aux *Principes de la philosophie du droit* de Hegel », *Philosophie*, *op. cit.*, p. 99.

8. *Ibid.*

saisit les masses »[1] : « C'est que le passé *révolutionnaire* de l'Allemagne est théorique : il se confond avec la *Réforme*. Tout comme la révolution commença alors dans le cerveau d'un moine, elle commence aujourd'hui dans le cerveau d'un philosophe »[2].

La conception de Bauer, toujours selon McLellan, change au cours du temps. En 1844, Bauer n'estimerait plus ainsi le rapport entre théorie et pratique. McLellan écrit : d'abord « convaincu que la révolution qu'il pensait avoir opérée sur le plan intellectuel était inauguratrice d'une révolution dans la pratique »[3], « ce fut seulement quand il se rendit compte que la bourgeoisie n'était pas touchée par ses idées qu'il changea son opinion »[4] : « il décida que le moment de la révolution n'était pas arrivé et il se consacra à une critique sans but politique immédiat »[5]. Ces affirmations sont réfutées par le fait : Bauer, on y reviendra, s'engage en 1848 en faveur des révolutionnaires : il s'engage politiquement, d'une part, puisqu'il se présente à plusieurs reprises aux élections à Berlin (et il nous reste deux discours de Bauer prononcés à l'occasion de ses candidatures[6]) ; mais, d'autre part, s'y ajoute un engagement théorique. Outre que Bauer défend dans ses textes, jusqu'à la fin, les mêmes idéaux qu'au début (même si c'est désormais de façon sporadique), il écrira en 1849 deux livres sur les révolutions allemandes de 1848 afin d'expliquer la manière dont les mouvements révolutionnaires ont été détruits par le pouvoir prussien : *Die bürgerliche Revolution in Deutschland seit dem Anfang der deutschkatholischen Bewegung bis zur Gegenwart [La révolution bourgeoise en Allemagne depuis le début du mouvement catholique allemand jusqu'à aujourd'hui]* et *Untergang des Frankfurter Parlaments [La chute du parlement de Francfort]*[7].

1. K. Marx, « Introduction aux *Principes de la philosophie du droit* de Hegel », *Philosophie, op. cit.*, p. 99.

2. *Ibid.*, p. 100.

3. D. McLellan, *Les Jeunes hégéliens et Karl Marx, op. cit.*, p. 78.

4. *Ibid.*, p. 96.

5. *Ibid.*, p. 78.

6. Tous deux se trouvent dans E. Barnikol, *Bruno Bauer : Studien und Materialen, op. cit.* Le premier, « Erste Wahlrede von 1848 », a été prononcé à une date indéterminée, on le trouve p. 525-531. Le second est en revanche daté : « Verteidigungsrede Bruno Bauers vor den Wahlmännern des vierten Wahlbezirkes am 22.2. 1849 », p. 518-525.

7. B. Bauer, *Untergang des Frankfurter Parlaments*, Charlottenburg, E. Bauer, 1849 ; *Die bürgerliche Revolution in Deutschland seit dem Anfang der deutschkatholischen Bewegung bis zur Gegenwart*, Berlin, Hempel, 1849.

McLellan affirme que les textes du premier Bauer renferment une conception très naïve du rapport entre théorie et pratique. Ainsi s'exclame-t-il : « Croyait-il vraiment comme une lecture rapide de certains de ses articles et pamphlets le suggère, que la pensée pouvait créer une révolution ou changer quoi que ce soit de réellement important ? »[1] Il est clair que seul un acte herméneutique violent permet d'attribuer à Bauer une telle thèse. Car, si l'on regarde bien les textes, une lecture forte (au sens que le sociologue Passeron donne à cette expression) interdit une telle interprétation.

Tomba s'oppose à raison à la lecture d'historiens comme Röttgers qui, à l'instar de McLellan, prétend que la théorie de Bauer est absurde, parce qu'elle imagine qu'elle peut changer le monde. Or « Bauer n'a pas l'intention de changer le monde par la critique »[2]. C'est en ce sens que Bauer donne à son jeune ami Marx le 31 mars 1841 le conseil suivant : « Ce serait un non-sens si tu voulais te consacrer à une carrière pratique. *La théorie est la pratique la plus forte* »[3].

Il faut souligner deux choses. La première est que Bauer distingue bien la critique comme action politique de l'action politique, car celle-là n'est qu'une espèce d'un genre qui, bien évidemment, ne l'épuise pas. En ce sens, la critique reste à sa place – et sa place est celle de la théorie, de même que le Bruno Bauer auteur de livres et d'articles n'est pas le même que le Bruno Bauer politique, c'est-à-dire le candidat qui se présente au suffrage des électeurs. La seconde est celle qui consiste à redéfinir sans cesse les formes et les modalités de la critique, c'est-à-dire du discours théorique. Comme on l'a dit, le but de la critique est de montrer, de faire voir. Ce que la critique cherche à faire voir, c'est la chose en elle-même comme le dit, d'une manière qui peut sembler naïve, Bauer dans la « Verteidigungsrede » [« Discours de campagne »][4]. Cependant, il ne faut pas oublier que ce texte n'est pas un texte scientifique, mais le discours

1. D. McLellan, *Les Jeunes hégéliens et Karl Marx*, *op. cit.*, p. 94.

2. M. Tomba, « Exclusiveness and Political Universalism in Bruno Bauer », *in* D. Moggach, *The New Hegelians. Politics and Philosophy in the Hegelian School*, *op. cit.*, p. 93.

3. Lettre de Bruno Bauer à Karl Marx, le 31 mars 1841, citée par J. Plenge, *Marx und Hegel*, Tübingen, Verlag der H. Laupp'schen Buchhandlung, 1911, p. 183, qui rappelle également les mots de Hegel à Niethammer le 28 octobre 1808 : « Le travail théorique – voilà ce dont chaque jour je suis toujours plus convaincu – mène à davantage de choses dans le monde que celui pratique. Si la sphère de la représentation est révolutionnée, alors la réalité effective ne peut plus rester telle quelle », *Briefe von und an Hegel*, Leipzig, Verlag von Duncker & Humblot, 1887, I, p. 194.

4. B. Bauer, « Verteidigungsrede », *op. cit.*, p. 518-525.

d'un candidat qui se présente devant les citoyens dans le but d'être élu. Apparaît ici l'importance de l'adresse, typiquement allemande : déjà Leibniz ne présente pas sa philosophie de la même manière selon la personne à laquelle son discours est destiné. C'est aussi le cas pour Bauer. Si donc il est ici question de la chose en elle-même, comme si un donné positif s'imposait une fois qu'on a dissipé l'illusion, c'est bien parce qu'on est, non pas dans la sphère du discours philosophique, mais dans l'arène politique. De là la simplification, dont le but est de faire prendre conscience que la chose est construite par un discours, que ce qui se donne comme un fait n'en est pas un mais relève seulement d'un point de vue trompeur qu'on peut et qu'il faut dissoudre.

Remarquons à ce propos que, pour Bauer, parler des choses, c'est-à-dire des faits sociaux et historiques, c'est toujours parler de la manière dont ils sont construits par le discours – et d'abord par le discours dominant. Le geste parodique de *Die Posaune* révèle quelque chose de fondamental sur Bauer : examiner un objet, un événement, c'est toujours examiner les types de discours qu'on tient sur lui. Et cette attention aux types de discours, aux formes argumentatives et plus largement aux manières de verbaliser quelque chose est un souci constant[1].

Reste que, si l'on veut produire une prise de conscience critique chez le lecteur, il faut d'abord réfléchir à plusieurs choses : celle de savoir de quel objet on parle, à qui on s'adresse et comment on s'adresse à lui. Nous avons souligné que le Jeune hégélianisme se caractérise par la volonté d'ouvrir le champ de l'investigation philosophique jusqu'aux questions sociales et politiques, en laissant tomber les questions purement spéculatives – celles qui relèvent de la théologie ou de la théorie de la connaissance (ce qui est d'autant plus légitime que tout est politique). Il se caractérise aussi par le fait de sortir du cadre universitaire et de la publication spécialisée pour s'adresser à un public plus large, essentiellement bourgeois, par le moyen de journaux destinés à une audience plus étendue : la *Rheinische Zeitung* en est l'illustration exemplaire, puisque c'est un journal financé par la bourgeoisie rhénane et qui lui est destiné. Barbour écrit à propos de Marx en 1842 :

> À cette époque, il semble avoir été plus ou moins engagé dans ce que, dans une lettre que lui écrit Bauer (le 29 mars 1841), celui-ci appelle "le terrorisme de la théorie pure". Peut-être en raison de sa position

1. Voir p.ex. les articles : « Eine von den Tendenzen der *Augsburger Allgemeinen Zeitung* », *Rheinische Zeitung* 86, 27 mars 1842 ; « Der Terrorismus der *Augsburger Allgemeinen Zeitung* », *Rheinische Zeitung* 114, 24 avril 1842 ; « Die deutschen Artikel der *Augsburger Allgemeinen Zeitung* », *Rheinische Zeitung* 121, 1er mai 1842 ; « Etwas über die Presse in der Schweiz », *Rheinische Zeitung* 123, 3 mai 1842.

> hégélienne, Bauer croyait que la théorie critique était l'arme la plus puissante entre les mains des forces progressistes.

Il ajoute :

> La presse libre devait être le principal instrument de cette révolution éclairée, non seulement parce qu'elle promeut la culture et génère une sphère publique de critique et de débat ouverts, mais aussi, comme le dit Marx à l'époque, parce qu'elle "transforme la lutte matérielle en une lutte idéologique, la lutte de la chair et du sang en une lutte des esprits, la lutte du besoin, du désir et de l'empirique en une lutte de la théorie, de la raison, de la forme"[1].

Le problème n'est pas seulement de trouver d'autres lieux pour se faire entendre, car il faut aussi trouver un autre ton, un autre langage, plus journalistique, qui permet d'atteindre et d'affecter ce public. Il faut donc varier les attitudes critiques, les façons d'écrire et plus largement d'utiliser le discours : on pense évidemment ici à l'attitude parodique de *Die Posaune*, qui toucha d'autant plus son public à cause de son geste critique. On pense aussi à l'humour, à la polémique et même à l'invective. Dans tous les cas, il s'agit de produire un effet et de trouver la formule dans laquelle se condensent une idée et un ton qui frappent le lecteur.

La question est donc celle de savoir comment conférer à la critique cette vertu qui fait qu'elle peut déciller les yeux des lecteurs, c'est-à-dire, avant même de les convaincre, leur faire prendre conscience de leurs préjugés. Le problème de l'efficacité pratique est, résume Hess en 1841, celui de « jeter les ponts qui nous ramènent du ciel vers la terre »[2] (expression réutilisée littéralement quatre ans plus tard par Marx dans *L'Idéologie allemande*, remarque Macherey[3]). Il s'agit de construire un autre type de discours qui doit pouvoir avoir une efficacité pratique. C'est tout le sens de la fameuse formule de 1844, dans l'« Introduction à la critique des Principes de la philosophie du droit », lorsque Marx écrit : « vous ne pouvez pas surmonter la philosophie sans la réaliser[4] ». Surmonter la philosophie est une fin qui passe, non pas par la négation de la philosophie et, partant, de la pensée, au profit de l'action, comme si l'action ne présupposait pas la pensée et ne lui était pas indissolublement liée, mais par l'avènement d'un nouveau type de discours qui sort la

1. C. Barbour, *The Marx Machine : Politics, Polemics, Ideology*, Lanham, Lexington Books, 2012, p. 24. La citation de Marx est extraite de *Karl Marx and Frederick Engels Collected Works*, New York, International Publishers, 1975-2004, vol. 1, p. 292.

2. M. Hess, *Die europäische Triarchie*, *op. cit.*, Préface.

3. P. Macherey, « Marx et la réalisation de la philosophie », *op. cit.*, p. 144.

4. K. Marx, « Pour une critique de la philosophie du droit de Hegel » (Introduction de 1843-1844), *op. cit.*, p. 389.

philosophie de la spéculation, c'est-à-dire de la sphère d'un discours déconnecté de ce qui est (ce que Marx nomme aussi « idéologie » dans *L'Idéologie allemande*), pour la réaliser dans le domaine de la science[1]. Macherey commente la formule ainsi :

> Ramener la philosophie du ciel sur la terre, c'est donc, très concrètement, s'intéresser à la manière dont les gens mangent, boivent et s'habillent, de manière à en tirer des enseignements généraux, ce qui résume assez bien le programme d'une anthropologie de la vie quotidienne. Cette anthropologie est "empirique" dans la mesure où elle doit s'appuyer sur la considération des faits, et non leur substituer des constructions idéelles posées *a priori* ; elle doit donc prendre la forme d'une enquête[2].

On pense bien évidemment aux articles sur le vol de bois et la situation des paysans de Moselle, publiés par Marx dans la *Rheinische Zeitung* entre le 25 octobre et le 3 novembre 1842. Et le différend qui se creuse entre Marx et Bauer apparaît clairement dans la critique que celui-là fait de celui-ci, d'abord dans *La Sainte famille* en 1845, puis dans *L'idéologie allemande* en 1846. Le titre exact du premier livre, dirigé contre les Jeunes hégéliens (« Contre Bruno Bauer et consorts », dit le sous-titre), est le suivant : *La Sainte famille ou Critique de la critique critique* – et l'on sait d'ailleurs que « la critique » était précisément le surnom que Marx et Engels donnaient à Bauer[3]. Dans *L'Idéologie allemande*, c'est la deuxième partie, « Saint Bruno » qui, après celle consacrée à Feuerbach et avant celle consacrée à Stirner, porte sur Bauer. Dans les deux cas, le but est le même. Partageant la conviction initiée par Bauer que la théorie doit devenir pratique, Marx cherche à montrer que la voie bauérienne aboutit au contraire de ce qu'elle prétend, dans la mesure où l'entreprise critique conduit à la spéculation la plus vide et la plus vaine qui soit.

Comme le résume le titre du premier ouvrage, Marx accuse Bauer d'être dans un discours qui, alors qu'il prétend être pratique, s'autosatisfait dans une surthéorisation qui tourne en rond et n'a aucun rapport à la réalité. L'idée d'une « critique critique », donc d'une critique qui soit véritablement critique n'a aucun sens, elle part mal dès le début, dans la mesure où la coupure avec la réalité est bien marquée par l'idée que la critique peut toujours être plus critique pour rejoindre le réel et avoir une efficacité, de sorte qu'il pourra toujours y avoir une critique de la critique

1. Voir K. Marx, *L'Idéologie allemande*, dans *Philosophie*, *op. cit.*, p. 309.

2. P. Macherey, « Marx et la réalisation de la philosophie », *op. cit.*, p. 144.

3. Voir p.ex. la lettre de Marx à Engels du 14 décembre 1855, *Collected Works*, Lawrence & Wishart, 2010, vol. 39, lettre 293.

critique, et ainsi de suite à l'infini. Il faut donc pour Marx procéder différemment.

On soulignera seulement deux points à propos de l'objection marxienne, afin de mettre en évidence sa mauvaise foi – et sa mauvaise foi est d'autant plus éclatante que, dans les années 1844-1845, on est à une époque de la vie de Marx où, si celui-ci a rompu avec Bruno Bauer, l'influence extrêmement profonde que Bauer a eu dans sa formation apparaît dans son vocabulaire, dans la manière de poser les problèmes et dans le réseau conceptuel qu'il utilise pour les traiter. Rosen évoque « (…) le fait que Marx éprouvait le besoin de s'engager dans d'inlassables polémiques dirigées contre Bauer, afin de se détacher d'idées qu'il avait lui-même soutenues pendant de longues années », ajoutant : « Personne ne savait mieux que Marx à quel point les idées bauériennes étaient attrayantes pour les intellectuels allemands seulement trois ans auparavant »[1].

Le premier point, c'est l'accusation selon laquelle une surthéorisation du discours produit un éloignement d'avec la pratique. Bauer, en 1844, précise la notion de « critique » dans l'article « Was ist jetzt der Gegenstand der Kritik ? » [« Quel est désormais l'objet de la critique »], où la question est d'abord de savoir pourquoi la critique, jusqu'à présent, a raté son but, comme en témoignent le peu d'effet qu'elle a eu et les mésinterprétations dont elle a été l'objet[2]. Bauer souligne ici la dimension autoréférentielle de la critique : tout en analysant des objets qui sont différents d'elle (par exemple la « masse », on y reviendra), elle a en même temps une dimension d'autoanalyse qui seule lui permet de s'approfondir, de se rectifier et de se perfectionner, pour produire une critique juste et exacte de son objet. C'est sur cette dimension autoréférentielle qu'ironise Marx avec l'expression de « critique critique ». Mais l'ironie est de mauvais aloi pour autant que le travail d'écriture, d'élucidation et d'explicitation est toujours un travail théorique qui, à ce titre, ne peut pas ne pas renfermer, en même temps qu'une dimension qui le porte sur l'objet qu'il théorise, une dimension corrélative qui le renvoie à lui-même et qui n'est autre que la question inéliminable de la méthode qui justifie et précise l'approche théorique. Le discours sur la chose n'est pas la chose, précisément parce qu'il la construit – et, ainsi que le souligne Bauer, la négation de cette dimension équivaut à l'abstraction d'autant plus grande et dogmatique

1. Z. Rosen, *Bruno Bauer and Karl Marx*, *op. cit.*, p. 5.

2. B. Bauer, « Was ist jetzt der Gegenstand der Kritik ? », *Allgemeine Literatur-Zeitung*, VIII, Juillet 1844 ; rééd., *Feldzüge der reinen Kritik*, *op. cit.*, p. 203.

qu'elle s'ignore comme telle[1]. L'idée que la critique, du coup, doit toujours s'épurer ou se purifier par un mouvement de retour sur soi, est constitutive de l'idée de construction : puisque les faits sont toujours construits par le discours, celui-ci doit incorporer la conscience de sa construction afin de rectifier celle-ci si nécessaire, sans croire naïvement que ce qu'il décrit se donne à lui et qu'il serait passif. Cette idée d'une « critique pure », Bauer la développe dans les deux journaux qu'il édite à cette époque, *Allgemeine Literatur-Zeitung* et *Norddeutsche Blätter für Kritik, Literatur und Unterhaltung*[2].

Le second point qu'il faut souligner est le suivant. L'entreprise critique, chez Bauer, renferme une double direction. Car il y a tout un champ d'investigation qui, chez Bauer, correspond aux articles de Marx sur le vol de bois et la situation des paysans en Moselle. À la direction philosophique ou spéculative dénoncée comme abstraite par Marx s'ajoute, à partir de 1842, tout un travail d'histoire politique et sociale. On a donc une investigation avec deux pôles qui renvoient l'un à l'autre et qui sont indissociables, l'un davantage tourné vers des problèmes conceptuels et abstraits, l'autre surtout dirigé sur des questions historiques et concrètes.

La direction historique apparaît dans de nombreux articles publiés dans la *Rheinische Zeitung* dès 1842[3]. Et, « en 1843, Bauer commence une critique du XVIIIe siècle, de la révolution et du radicalisme politique d'obédience bourgeoise et socialiste »[4]. Cette direction historique du travail critique de Bauer culmine, après les nombreux textes sur la Révolution française et ses conséquences, non seulement dans la France mais dans l'Europe du XIXe siècle, dans les deux livres qu'il consacre aux révolutions allemandes de 1848, ainsi que dans le livre sur Bismarck en

1. Sur cette idée, qu'on voie le texte de Hegel, « Qui pense abstraitement ? » (1807), et son commentaire par M. Heidegger, *Schelling*, trad. fr. J.-Fr. Courtine, Paris, Gallimard, 1977, p. 141.

2. Voir W. Essbach, *Die Junghegelianer*, *op. cit.*, p. 70.

3. B. Bauer, « Die Parteien im jetzigen Frankreich », *Rheinische Zeitung* 23, 23 janvier 1842 ; « Die Rheingrenze », *Rheinische Zeitung* 30, 30 janvier 1842 ; *Rheinische Zeitung* 37, « Die Zersplitterung der Parteien in Frankreich », 10 février 1842 ; « Die deutschen "Nationalen" », *Rheinische Zeitung* 69, 10 mars 1842 : « Joseph II. und die Belgische Revolution », *Rheinische Zeitung* 72, 13 mars 1842 ; « Die Kollisionen in den konstitutionellen Staaten », *Rheinische Zeitung* 86, 27 mars 1842 ; « Kirche und Staats-Gouvernement », *Rheinische Zeitung* 87, 29 mars 1842 ; « Wie Lüttich dem deutschen Reich verloren ging », *Rheinische Zeitung* 88, 3 avril 1842 ; « Rezension : Preussen, seine Verfassung, seine Verwaltung, sein Verhältnis zu Deutschland. Von Bülow-Cummerow. Berlin 1842 », *Rheinische Zeitung* 97, 7 avril 1842 ; « Louis Philippe und die Juli-Regierung », *Rheinische Zeitung* 170, 172, 174, 19-21-23 juin 1842.

4. W. Essbach, *Die Junghegelianer*, *op. cit.*, p. 70.

1880[1]. Bref, la direction d'une analyse sociale et historique a toujours été présente dans le travail de Bauer, d'autant plus qu'on la trouve, de façon certes ponctuelle, dans les écrits à dominante abstraite et théorique dès les premiers écrits sous forme de remarques ou de développements ponctuels. Certes, on remarque une inversion du mouvement dans la production littéraire de Bauer après 1844 : alors qu'auparavant ce sont les textes à dominante conceptuelle et abstraite qui prévalent, il n'écrit plus ensuite que des textes portant sur des questions historiques et sociales.

Nous avons mis au jour deux sens dans lesquels, pour Bauer, la théorie est pratique. Mais il y en a un troisième et dernier, qui est encore d'ordre politique et social (et pour cette raison lié au deuxième).

Dans *Die gute Sache*, Bauer distingue deux types d'attitude langagière, c'est-à-dire théorique[2]. D'un côté, on peut utiliser le langage pour construire un raisonnement, réfuter et/ou établir une thèse en produisant des arguments et en définissant soigneusement les concepts qu'on emploie. C'est, dit Bauer, un usage théorique du langage, c'est-à-dire de la théorie. Mais il souligne qu'on peut en faire un autre usage, prenant l'exemple des théologiens et donc des discours suscités par sa critique des textes religieux. Bauer analyse la manière dont les représentants de la religion se servent du langage, et donc de la théorie, d'une manière qui n'est pas théorique, mais pratique : ils utilisent la parole pour intimider, menacer, interdire et censurer. Toute l'utilisation de la parole et donc de la théorie, chez ces hommes, est tournée vers un unique but : proscrire toute investigation théorique, c'est-à-dire scientifique, sur la religion. Elle vise à paralyser toute analyse des présupposés sur lesquels repose la religion. Lorsque ces hommes n'arrivent pas à empêcher l'investigation théorique de se manifester dans sa liberté (ce qui est aujourd'hui le cas avec la critique, dit Bauer), ils ne cherchent pas à répondre aux arguments par des contre-arguments, mais ils accusent, crient à l'injustice, pleurent et se plaignent de la prétendue intolérance de l'adversaire et de sa violence. S'adressant à eux, Bauer écrit : « chacune des tournures que vous utilisez contre la critique est pratique »[3].

Ce type d'analyse est exactement ce qu'on trouvera dans la Théorie critique chez un auteur comme Marcuse, lorsqu'il montre une certaine utilisation du langage qui, prétendant seulement décrire une réalité

1. B. Bauer, *Zur Orientierung über die Bismarck'sche Ära*, Chemnitz, E. Schmeitzner, 1882.

2. B. Bauer, *Die gute Sache*, *op. cit.*, p. 207 ; voir aussi « Gegenstand der Kritik », *op. cit.*, p. 202.

3. *Ibid.*, p. 208.

de manière objective, la produit, parce qu'elle n'existe pas avant son énonciation, et, surtout, la produit à son avantage. Se référant à la sociologie du travail, Marcuse donne cet exemple. Alors que l'employé se plaint à sa direction de la saleté des toilettes, dues aux mesures de réduction du personnel de nettoyage, par l'entreprise, afin de faire des économies, celle-ci reformule la plainte de l'employé, en demandant aux autres employés de veiller à laisser les toilettes dans l'état où ils les trouvent[1]. Bref, le fait tout nu, ce n'est plus l'entreprise qui fait des économies et qui laisse les toilettes à l'abandon, mais ce sont les ouvriers qui se comportent mal et ne tirent pas la chasse.

Ce que découvre Bauer, c'est donc la manière dont l'individu social, dès qu'il verbalise la situation dans laquelle il est, donc la réalité sociale et politique dans laquelle il vit et travaille, construit cette réalité, et la construit en fonction de ses intérêts. Cela posé, tous les intérêts ne se valent pas.

Voilà donc le troisième sens du constructivisme bauérien. Parler, théoriser à propos du monde qui nous entoure, c'est agir. En ce sens, il faut opposer à un usage proprement théorique de la parole (de la théorie) son mésusage, à savoir un usage pratique. L'usage théorique de la théorie, c'est celui qui vise la valeur universelle qu'est la vérité, sans être mû souterrainement par aucun intérêt particulier lié à la position sociale de celui qui parle. On voit que, en 1842, une telle distinction est encore possible pour Bauer – c'est-à-dire que tout discours n'est pas un discours social lié à des positions de pouvoir. Autrement dit, le discours n'est pas réductible à des processus de domination sociale qui s'exercent par-delà ou en deçà de l'intention affichée d'une prétention au vrai. Même s'il va y avoir une sérieuse inflexion dans cette affirmation, comme on le verra, il n'en reste pas moins qu'on reste dans le cadre d'une pensée, sinon hégélienne, du moins philosophique et de philosophie sociale au sens qu'on retrouve ensuite dans toute la Théorie critique : à savoir l'idée d'une légitimité de la prétention du discours – et donc aussi de celui du chercheur qui analyse l'organisation sociale et politique – dans sa quête de l'universel et donc de la vérité.

Au bout du compte, la théorie est bien pratique en trois sens différents qui sont complémentaires. Dire cela n'implique nullement qu'on considère que la pratique soit un domaine rationnel, c'est-à-dire réductible à la théorie. Que la théorie soit la plus forte des pratiques, comme le dit Bauer

1. H. Marcuse, *L'Homme unidimensionnel*, trad. fr. M. Wittig, Paris, Minuit, 1968, p. 134.

à Marx, est simplement lié au fait qu'elle est la condition nécessaire, mais pas suffisante de toute action – ne serait-ce que parce que tout changement, toute révolte, toute insurrection ne naît qu'à partir du sentiment et d'une représentation de l'injustice. Que le but de la critique bauérienne soit l'action, la transformation de ce qui est, c'est une chose. Mais ce but est simplement visé au sens où il est espéré, sans nulle prétention à déduire le réel de la théorie qui doit rester à sa place, comme nous l'avons souligné. Cette conscience proprement critique apparaît très fortement chez Bauer, puisqu'on trouve chez lui, ainsi qu'on le verra, toute une investigation qui est en somme l'équivalent de la Typique dans la *Critique de la raison pratique*, mais appliquée à la sphère politique. Toute la question, on le montrera, est toujours, quand on défend des idéaux qu'on veut universels, de savoir comment convaincre les autres et donc comment l'individu peut s'élever du particulier à l'universel. Marx, à l'époque où il écrit sa thèse, est complètement bauérien, comme en témoigne cette note qui résume ce que nous avons développé : « mais la *praxis* de la philosophie est elle-même *théorique* ; c'est la *critique* qui mesure l'existence individuelle à l'aune de l'essence, la réalité particulière à l'aune de l'idée »[1].

Il n'en reste pas moins que la philosophie, entendue comme critique, c'est-à-dire comme réalisation ou application de la philosophie au réel, au moyen de la socialisation et de la politisation des problèmes, est bien une pratique en un certain sens : l'éviction de Bauer de l'université de Bonn en est la preuve. L'athéisme et le républicanisme qu'il proclame déplaisent et surtout gênent le pouvoir en place. Il occupe vis-à-vis du pouvoir exactement la place que le théologien piétiste de *Die Posaune* attribue à Hegel ! Comme l'écrit à nouveau Marx dans une note de la même époque, après que « la philosophie a abouti à un monde achevé, total » (c'est-à-dire Hegel), s'opère « sa transformation en un rapport pratique à la réalité », et alors, « telle une personne pratique, la philosophie noue des intrigues avec le monde et, quittant le royaume transparent de l'*Amenti*, se jette dans les bras de la sirène du monde »[2].

Bauer fait clairement la différence entre la *praxis* du travail critique, c'est-à-dire du travail théorique, et l'action politique. Il écrit à Ruge le 27 octobre 1842 : « Je pense donc qu'on ne doit pas attendre de la critique qu'elle fournisse du nouveau. Cette tâche sera accomplie par l'histoire. *Un simple individu* peut assurément critiquer une constitution particulière,

1. K. Marx, *Œuvres*, III. Philosophie, *op. cit.*, p. 85.
2. *Ibid.*, p. 843.

mais il ne peut la construire *a priori*[1] ». On ne peut pas être plus clair. Il faut bien distinguer la tâche de l'intellectuel solitaire, qui peut bien et qui doit même faire une critique du présent (car là est aujourd'hui sa tâche), de l'action politique, qui n'est jamais celle d'un homme solitaire, mais de forces, c'est-à-dire de groupes qui proposent, qui s'opposent et s'affrontent, qui construisent et rectifient leurs positions en fonction de l'évolution d'une situation. Mine de rien, la différence marquée dans la lettre entre l'individu et le groupe n'est pas anodine et rejoint la différence entre l'analyse et la critique sociale et politique, d'un côté, et l'action politique de l'autre. Si la critique sociale et politique, c'est toujours *moi* qui la fais, l'action politique relève en revanche toujours d'un *nous*.

À notre sens, il y a là l'influence de Ciezkowski[2]. D'un point de vue tel celui de Bauer, non seulement il faut souligner que la critique sociale est une *praxis*, mais il faut surtout, afin d'éviter les méprises, bien distinguer des formes de *praxis*, et souligner que la *praxis* politique, si elle est bien aussi en un sens une forme de pensée, puisqu'il n'y a pas d'action et *a fortiori* d'action politique sans pensée qui l'encadre et lui donne sens, est toutefois indissociable du contexte de l'action politique : autrement dit, la pensée en situation de l'action politique se coule sur le mode de l'action en train de se faire, de sorte qu'elle n'est pas figée mais se modifie par contrecoup en situation, d'une part, et, d'autre part, cette pensée politique est, comme l'action qui en est indissociable, toujours celle d'un individu en relation avec d'autres individus, dans un groupe qui forme une force, qui fait des coalitions avec d'autres et qui s'oppose à d'autres, de sorte qu'elle est collective et relève ainsi qu'on l'a dit d'un *nous*.

KANT, HEGEL ET LA CRITIQUE

Le terme de « critique » trouve un sens en philosophie avec Kant. C'est Kant qui fonde la philosophie critique, celle-ci étant constituée de trois ouvrages critiques et d'opuscules qui gravitent autour.

Lorsqu'on prend les passages des textes des Jeunes hégéliens qui définissent la « critique », les harmoniques qui renvoient aux développements kantiens sont manifestes. Le propre de la critique est de s'opposer à tout dogmatisme, exactement comme chez Kant : Bauer dans,

1. Lettre de B. Bauer à A. Ruge, Manuscript, Dresden h 46 I n° 25, citée par H.-M. Sass, *Untersuchungen zur Religionsphilosophie in der Hegelschule 1830-1850*, Ph. D. Dissertation, Westfälischen Wilhelms-Universität zu Münster-Westfahlen (1963), p. 259-260. C'est nous qui soulignons.

2. Sur Ciezkowski, voir H. Stuke, *Philosophie der Tat*, *op. cit.*

Die gute Sache, écrit que « la critique ne connaît plus aucune forme de dogmatisme »[1] (on trouve déjà l'opposition chez Strauss[2]). La critique, encore comme chez Kant, relève d'une autoréflexion par laquelle la pensée s'interroge sur ce qu'elle affirme, se posant donc la question de son étendue et de ses limites : par opposition, le dogmatisme est précisément l'attitude de celui qui affirme quelque chose sans se demander si ce qu'il affirme ne dépasse pas les limites de ce qu'il peut légitimement dire, bref, sans faire ce travail d'autoréflexion qui caractérise précisément la critique. Cette dimension, dans la pensée de Bauer, apparaît dans la notion de « conscience de soi ». Davantage, la critique, toujours comme chez Kant, est assimilée à un tribunal devant lequel un accusé doit rendre compte de ses prétentions et montrer qu'elles sont légitimes : « Devant quel tribunal vais-je conduire mon affaire ? (…) Le juge naturel (…), c'est la science et son histoire »[3]. Il y a toutefois, par opposition à Kant, une historicisation de la critique chez les Jeunes hégéliens, et la médiation se trouve dans le passage des *Principes de la philosophie du droit* sur l'histoire mondiale comme tribunal[4].

Comme chez Kant, toute critique est critique d'un fait, d'un donné. Bauer insiste sur ce point dès le début. « La philosophie est donc critique de l'existant », écrit-il dans *Die Posaune*[5]. Et *Die gute Sache* insiste également sur le donné, le fait brut ininterrogé que la critique soumet à sa question[6].

Ruge, dans ce sens, thématise la différence entre la critique et la métaphysique ou spéculation dans un texte de 1841, « Über das Verhältnis von Philosophie, Politik und Religion » [« Sur le rapport entre la philosophie, la politique et la religion »][7]. Il est certain que, dès qu'on pense l'État, on part des faits, du donné, donc de ce que l'histoire révèle comme États ou encore de la manière dont l'Esprit s'est historiquement manifesté. Mais on peut très bien ne pas s'intéresser aux différents États dans leur singularité et ne porter son attention que sur l'essence universelle ou la forme de l'État en général. Voilà ce qui caractérise la métaphysique, qui produit des catégories logiques, faisant abstraction de l'existence dans

1. B. Bauer, *Die gute Sache*, *op. cit.*, p. 204.
2. Voir p.ex. D. Strauss, *Vie de Jésus*, *op. cit.*, p. 3.
3. B. Bauer, *Die gute Sache*, *op. cit.*, p. 107 ; voir aussi p. 46.
4. G.W.F. Hegel, *Principes de la philosophie du droit*, édition et trad. fr. J.-F. Kervégan, Paris, Puf, 2013, § 340, p. 430.
5. B. Bauer, *Die Posaune*, *op. cit.*, p. 82.
6. B. Bauer, *Die gute Sache*, *op. cit.*, p. 71.
7. A. Ruge, « Über das Verhältnis von Philosophie, Politik und Religion », 1841, in *Gesammelte Schriften*, Dritter Teil, Mannheim, J.P. Grohe, 1846, p. 276-282.

sa singularité et ne retenant que les caractéristiques communes. En ce sens, la spéculation métaphysique a le même rapport au singulier que la science physique, et elle n'y voit qu'une variable sans intérêt et interchangeable qui a simplement pour fonction de particulariser l'élément relevant de la pensée. En ce sens encore, on dira que la spéculation ou logique est une discipline qui relève de la pensée pure, c'est-à-dire de la pensée seule. Ce n'est pas le cas de la critique, qui produit des catégories historiques, impliquant que la pensée s'y mêle à son autre, donc s'applique à un élément donné, inanticipable par la pensée et indéductible de celle-ci. Ici, la pensée ne trouve son sens que par et dans son application au donné sensible grâce auquel elle trouve un remplissement. Et, davantage, le sensible, s'il est ce qui permet la particularisation d'une pensée qui sinon se meut nécessairement dans l'universel, se révèle n'être pas un élément interchangeable, mais ce qui, à chaque fois, confère un sens totalement différent à un universel qui sinon reste vide. « Avec le surgissement de l'histoire dans le domaine de la science, c'est l'existence qui devient l'intérêt »[1]. Et ce que l'histoire fournit, c'est-à-dire ce que le singulier apporte, « ce sont des configurations toujours nouvelles »[2], de sorte que l'élément singulier qui relève d'une donation ne consiste pas seulement dans la simple particularisation de l'élément général au sein duquel se meut la pensée, puisqu'il modifie complètement le sens de celle-ci, raison pour laquelle la forme, ici, étant dépendante de son contenu et modifiée par lui, est si indissociablement liée à lui que le contenu est aussi et en même temps la forme.

Pour cette raison, dit Ruge, la spéculation peut bien dire ce qu'est, au niveau de l'État, le sens d'une constitution en général et réfléchir sur ses « déterminations logiques ou métaphysiques »[3], mais elle ne peut absolument pas développer ce qu'est une constitution en particulier, c'est-à-dire inventer une constitution singulière. Une constitution singulière ne peut jamais qu'être donnée à la pensée sans pouvoir être inventée par elle[4]. Lorsque Ruge résume sa pensée en écrivant que « sans critique il n'y a pas de concept et sans concept il n'y a pas de rapport du concept à l'existence, pas de critique »[5], on a là un équivalent de la proposition kantienne, dans la première Critique, selon laquelle « une intuition sans

1. A. Ruge, « Über das Verhältnis von Philosophie, Politik und Religion », 1841, *op. cit.*, p. 277.
2. *Ibid.*
3. *Ibid.*, p. 280.
4. *Ibid.*, p. 278.
5. *Ibid.*, p. 281.

concept est aveugle et un concept sans intuition est vide »[1], puisque la pensée spéculative de la métaphysique trouve toujours comme point d'appui, c'est-à-dire comme point de départ, la concrétisation de la pensée dans des configurations historiques déterminées.

Cette idée est liée à cette autre, qu'on développera plus loin, selon laquelle la critique a seulement pour but de juger le présent, certainement pas de construire un futur inanticipable. On remarque aussi que cette distinction entre deux types de singulier anticipe ce qu'on va trouver, bien après les Jeunes hégéliens, chez les néokantiens de l'école de Heidelberg (et même s'il manque la notion de valeur comme dimension individualisante dans l'histoire)[2].

Cela posé, il reste un point, absolument essentiel, sur lequel les Jeunes hégéliens ne sont pas kantiens – et ce point, d'ordre méthodologique, est précisément ce qui fait que les Jeunes hégéliens sont … hégéliens !

Qu'est-ce que la critique au sens kantien ? Certes, le premier moment de la critique est de partir d'un fait, qu'il s'agisse du fait de la science, de celui de la loi morale ou de l'existence d'une appréciation esthétique. Il s'agit de partir d'un fait culturel, comme le résume le néokantien marbourgeois Paul Natorp dans « Kant et l'école de Marbourg » lorsqu'il présente la méthode kantienne qui est aussi celle des marbourgeois et qu'il nomme « méthode transcendantale »[3]. Mais le second moment de la critique consiste à montrer comment ce fait est bien fondé. Il consiste à mettre au jour les éléments *a priori* ou conditions de possibilité qui fondent ce fait. Ce mouvement qui s'élève du fait jusqu'à la possibilité du fait est ce qui établit la légitimité de celui-ci. Autrement dit, la critique kantienne est une entreprise de fondation du fait[4].

C'est sur ce point que la critique, au sens des Jeunes hégéliens, s'oppose radicalement à la critique kantienne. Leur notion de critique vient de Hegel.

Rappelons les deux usages qu'a fait Hegel du mot « critique ». Le mot est évidemment utilisé dans les *Jahrbücher für wissenschaftliche Kritik*, l'organe de publication de l'école hégélienne, dirigé par Von Henning qui est aussi le directeur de la « Société de critique scientifique », fondée par Hegel lui-même. La *Revue germanique*, au moment de la parution du

1. E. Kant, *Critique de la raison pure*, B, p. 75.

2. Voir É. Dufour, *Les Néokantiens*, *op. cit.*

3. Voir P. Natorp, « Kant et l'école de Marbourg », trad. fr. Thomas, dans *L'École de Marbourg*, Paris, Le Cerf, 1998, p. 39-66.

4. Voir É. Dufour, *Paul Natorp : de la « Psychologie générale » à la « Systématique philosophique »*, *op. cit.*

premier numéro, en 1827, s'étonne ironiquement de ce lieu critique où un aréopage dont les membres se sont autoproclamés décide d'une manière souveraine et définitive de ce qui a une valeur scientifique dans le champ de la science et de la littérature[1].

Plus intéressant est l'usage du mot chez le jeune Hegel, lorsqu'il fonde et dirige avec Schelling le *Kritisches Journal der Philosophie [Journal critique de philosophie]*, entre 1802 et 1803. C'est là qu'il publie l'article « De l'essence de la critique philosophique en général et de son rapport avec l'état présent de la philosophie en particulier »[2]. À cette époque, pour Hegel, la philosophie est critique, et la critique consiste en un examen de la philosophie afin de distinguer la philosophie fausse de la philosophie vraie. Cela posé, l'entreprise critique, si elle veut échapper au relativisme qui oppose une subjectivité à une autre, doit bien disposer d'un absolu, à savoir de l'Idée de la philosophie qu'il faut développer dans sa rationalité, pour autant qu'elle seule permet d'opérer le partage et de faire valoir une figure de la philosophie contre une autre. De là, comme le développe Bourgeois, la poursuite de cette conception dans l'article « Différence des systèmes fichtéen et schellingien de la philosophie », où la volonté de construire une histoire de la philosophie dans laquelle apparaît un progrès qui mène à l'absolu propose une « genèse de l'absolu », mais où celui-ci « n'est encore saisi que comme ce qui a le savoir de lui-même et non pas comme ce qui est un tel savoir »[3]. L'entreprise culmine dans les derniers articles publiés dans la revue, « Foi et savoir »[4] et surtout l'ultime article pour la revue, « Des manières de traiter scientifiquement le droit naturel »[5], où Hegel se trouve enfin. Si, désormais, la philosophie est un absolu qui est le savoir de lui-même, c'est parce que les moments de son développement ne sont plus rejetés hors de lui, mais réincorporés en lui comme étant déjà sa manifestation. Le faux n'est plus l'autre du vrai, mais un moment du vrai, et l'absolu n'existe pas en dehors des manifestations qui constituent son déploiement – comme en témoigne le simple fait que ce sont ces manifestations imparfaites qui conduisent à leur dépassement. Mais, désormais, comme le note encore Bourgeois, la critique n'est plus une posture extérieure, à la manière dont elle était

1. *Revue germanique* 13, t. III, 1827, p. 93 *sq*.

2. G.W.F. Hegel, *« La relation du scepticisme avec la philosophie », suivi de « L'essence de la critique philosophique »*, trad. fr. B. Fauquet, Paris, Vrin, 1986.

3. B. Bourgeois, *Le Droit naturel de Hegel*, Paris, Vrin, 2003, p. 10-11.

4. G.W.F. Hegel, *Foi et savoir*, trad. fr. C. Lecouteux et A. Philonenko, Paris, Vrin, 1988.

5. G.W.F. Hegel, *Des manières de traiter scientifiquement le droit naturel*, trad. fr. B. Bourgeois, Paris, Vrin, 1972.

conçue dans le projet et l'accomplissement du *Kritisches Journal der Philosophie*, puisqu'elle est « autocritique (par l'absolu) de lui-même »[1]. Bourgeois écrit à propos de l'article sur le droit naturel qu'il « marque le moment crucial où l'entreprise proprement critique (…) bascule (…) dans un discours spéculatif (…) : le discours critique, au cours même de l'article sur le droit naturel, se nie comme tel en déployant comme son contenu même l'Idée spéculative, dont, en tant que critique, il faisait seulement son fondement »[2].

Apparaît clairement une différence entre la critique kantienne et la critique bauérienne (et par extension celle des Jeunes hégéliens). Car Kant ne thématise pas la position critique, qui reste complètement extérieure à ce qu'elle examine et sur quoi elle rend un jugement. Jamais Kant ne thématise le point de vue à partir duquel s'opère la critique[3]. La question de l'autoréférence ne se pose pas. C'est avec Hegel qu'elle surgit et c'est ce qui fait basculer la critique dans la spéculation. Bauer est hégélien en ce qu'il prend acte du fait qu'il faut penser le statut de l'énonciation qui produit un discours critique. Chez Bauer, la critique est partie prenante dans ce qu'elle examine et sur quoi elle prononce un jugement, elle n'occupe aucune position privilégiée et n'est nullement extérieure à ce qu'elle critique. C'est aussi pour cela qu'il faut préciser une remarque faite plus haut. Certes, Bauer utilise l'image du tribunal. Mais, comme le souligne P. Clochec[4] renvoyant à Koselleck[5], la critique est d'abord et avant tout pour les Jeunes hégéliens une guerre et un instrument de lutte[6], parce que justement elle est partie prenante dans ce qu'elle critique. Marx écrit : « La critique n'est pas un scalpel anatomique, mais une arme »[7]. Nous avons cherché à montrer que la critique de Bauer et des Jeunes hégéliens est de l'ordre d'une lutte ou d'un combat, où il s'agit de développer des stratégies et des tactiques – et nous avons insisté, encore à la différence de Kant, sur l'importance des formes

1. B. Bourgeois, *Le Droit naturel de Hegel*, *op. cit.*, p. 16.

2. *Ibid.*, p. 7.

3. C'est justement un thème des néokantiens face à l'accusation suivante : la critique kantienne dit-elle ce qu'elle fait et fait-elle ce qu'elle dit ? C'est-à-dire : quel est en elle le rapport entre le contenu énoncé et l'acte d'énonciation ? Nous avons particulièrement développé ce point dans *Paul Natorp. De la « Psychologie générale » à la « Systématique philosophique »*, *op. cit.*

4. P. Clochec, *Marx jeune hégélien*, *op. cit.*, p. 122-124.

5. R. Koselleck, *Le Règne de la critique*, trad. fr. H. Hildenbrand, Paris, Minuit, 1979.

6. P. Clochec, *Marx jeune hégélien*, *op. cit.*, , p. 122.

7. K. Marx, « Pour une critique de la philosophie de Hegel » (Introduction de 1843-1844), *op. cit.*, p. 385.

d'énonciation et du « pathétique », comme dit Marx[1]. De là l'importance de l'invective, de l'indignation, de la dénonciation, de l'humour et de la parodie. N'oublions pas que la parodie est justement l'arme critique des dominés contre les dominants, lorsqu'on veut critiquer mais qu'en même temps la conscience des rapports de pouvoir interdit qu'on puisse le faire frontalement. À nouveau, cette conception de la critique équivaut à une dé-théorisation de la critique qui devient pratique, action.

Mais comment Bauer et les Jeunes hégéliens peuvent-ils parler de critique là où Hegel substitue à ce terme, du fait de l'extériorité de l'instance critique relativement à ce qu'elle critique, le terme de « spéculation », afin précisément de désigner que les deux termes du rapport relèvent de l'auto-différenciation de l'absolu ?

Comme on le sait, contre Kant, il s'agit pour Hegel, d'une manière systématique, de s'opposer à la scission entre l'être et le devoir être. Dès qu'on pose cette scission, elle rend impossible de comprendre les choses. C'est ce surmontement hégélien de Kant que reprennent les Jeunes hégéliens – et ils le reprennent, non pas *in abstracto* ou du point de vue de la théorie de la connaissance, mais du point de vue de la politique et du rapport de la philosophie à la politique.

Voilà ce qu'il faut désormais expliquer.

Ruge résume le rapport à Hegel qu'entretiennent les Jeunes hégéliens. « L'État est pour Hegel l'objectivité et l'effectivité de l'esprit, l'autoeffectuation de la liberté »[2]. À la différence de Kant, pour Hegel la liberté de l'homme n'est pas quelque chose d'abstrait dans un double sens du terme : la liberté n'est pas un concept moral, elle relève, non pas d'un arrière-monde intelligible (celui de l'intention libre), mais du monde qui se donne et apparaît ici et maintenant, ce qui signifie, très concrètement, qu'il n'y a de liberté que sociale, c'est-à-dire dans le cadre d'une société politique organisée qui permet ou non à l'individu de se réaliser – c'est-à-dire encore à travers un ensemble d'institutions, comme la famille ou le marché régulé par l'État qui permettent à l'individu d'effectuer sa liberté. Les *Principes de la philosophie du droit* développent ce point. Non seulement la liberté peut se réaliser et se réalise effectivement, mais le cadre idéal dans lequel elle peut se réaliser pleinement est celui qu'offre la Prusse contemporaine de Hegel, à savoir la monarchie de Frédéric-Guillaume III. L'Idée (c'est-à-dire l'idéal) est effective pour Hegel.

1. K. Marx, « Pour une critique de la philosophie de Hegel » (Introduction de 1843-1844), *op. cit.*, p. 385.

2. A. Ruge, « Über das Verhältnis », *op. cit.*, p. 284.

Comme l'écrit Ruge : « Pour Hegel le but final est toujours présent, le rationnel est toujours effectif et le but immanent est toujours atteint. (...) L'Idée hégélienne est (...) "la réalité effective conceptualisée" ou "l'effectivité du concept" »[1].

Certes, il y a tout de même une petite différence entre la monarchie prussienne et celle décrite par Hegel, puisque celle-ci est constitutionnelle alors que celle-là est absolue. La différence constitue toutefois un léger écart entre l'idéal décrit par la philosophie hégélienne et la réalité – c'est-à-dire le fait que la réalité ne colle pas complètement avec la philosophie, ou bien, pour le dire autrement, le fait que les *Principes de la philosophie du droit* décrivent un « idéal » et non pas proprement un fait. Mais, comme le souligne Kervégan, Hegel pense offrir la théorisation de quelque chose qui est en train de se produire, pour autant que c'est le sens du mouvement de réforme de la Prusse initié par le baron von Stein et ensuite le prince chancelier Hardenberg[2]. Au moment où Hegel arrive à Berlin, en 1818, « la Prusse semble en passe d'instaurer ce régime constitutionnel qui est pour Hegel (...) l'expression de ce "droit éternel de la raison" dont la Révolution française a, pour l'humanité entière, proclamé les principes »[3]. Les *Principes de la philosophie du droit* en sont l'expression, ils sont « le pôle de résistance des "idées françaises" (...) face aux pulsions réactionnaires (...) »[4].

Il suffit de prendre cette petite différence, qui équivaut à la différence hégélienne entre effectivité (*Wirklichkeit*) et réalité (*Realität*)[5], et de faire fond dessus pour obtenir les deux camps qui vont se scinder au moment de l'émergence du Jeune hégélianisme et qui sont préfigurés par l'opposition entre les hégéliens de gauche et les hégéliens de droite. *Die evangelische Landeskirche* distingue dans l'hégélianisme deux camps :

1. A. Ruge, « Der Liberalismus und die Philosophie. Noch ein Wort über Florencourt », 1840, in *Gesammelte Schriften*, Vierter Teil, Mannheim, J.P. Grohe, 1846, p. 288-289.

2. Voir J.-F. Kervégan, Présentation de G.W.F. Hegel, *Principes de la philosophie du droit*, *op. cit.*, p. 8-9. Certes, les années 1820 constituent un démenti des promesses qui apparaissent auparavant dans la Prusse des années 1810, symbolisées par l'engagement de Frédéric-Guillaume III de donner une constitution à la nation.

3. J.-F. Kervégan, Présentation à G.W.F. Hegel, *Principes de la philosophie du droit*, *op. cit.*, p. 8. Kervégan rappelle que, dans le cadre de la monarchie constitutionnelle qu'il propose, Hegel « prévoit un système de représentation à trois niveaux, qui repose non sur une égalité formelle mais sur les "divisions réelles" de la société, donc sur une représentation des intérêts » (p. 9).

4. *Ibid.*, p. 9.

5. G.W.F. Hegel, *Principes de la philosophie du droit*, *op. cit.*, Préface, p. 104 (voir aussi la note 1 de Kervégan).

celui de la spéculation et celui de la critique[1]. Les vieux hégéliens, c'est le camp en accord avec les réactionnaires du point de vue politique, qui minore le rapport entre le réel et l'idéal, de sorte que l'idéal est déjà réalisé et requiert simplement un ou deux aménagements de détail : c'est donc l'affirmation de l'État prussien existant. Les Jeunes hégéliens, c'est en revanche le camp qui majore la distance entre le réel et l'idéal, celui du changement et qui se fédère, au moins négativement, dans la volonté de transformer l'État prussien existant, au nom d'un certain idéal. L'unité minimale du mouvement se trouve non seulement dans l'affirmation que cet idéal est indiqué par le progrès de l'histoire elle-même, mais dans l'attribution de cette conception à Hegel lui-même.

Chez Bauer et les Jeunes hégéliens, l'usage qui est fait de Hegel est celui qui majore son souci de donner une représentation à la nation, dans la mesure où l'État en est l'expression organique. Comme dit Droz, il s'agit d'une démocratisation de Hegel, qui va essaimer, et d'après laquelle « l'État, s'il veut répondre aux exigences du monde moderne et faire sa part au développement de l'industrie et des échanges, doit admettre que l'ensemble des citoyens, même ceux qui appartiennent aux classes inférieures, doivent être représentés »[2].

Dans « Bekenntnisse », Bauer écrit contre ceux qui s'appuient sur Hegel pour justifier l'État chrétien et la monarchie : « Il est impossible que ce Hegel-là, duquel les Jeunes hégéliens ont appris l'athéisme, les révolutions, la République, soit le Hegel authentique. Et pourtant c'est le Hegel authentique »[3] (qu'on voie aussi *Hegels Lehre von der Religion und Kunst*, où il souligne, comme dans *Die Posaune*, l'affinité de Hegel pour la Révolution française[4]). Bauer distingue donc dans la philosophie hégélienne un Hegel exotérique et un Hegel ésotérique, « la différence résidant en ce que Hegel disait ou semblait dire et la vraie nature de son système »[5]. Les Jeunes hégéliens reprennent cette idée. Que chez Hegel l'Idée soit effective sans qu'il n'y ait aucun devoir-être, « c'est ce que savent les vieux hégéliens aussi bien que les jeunes hégéliens, les *Hegelingen* aussi bien que les *Hegeliter*. Cependant, les *Hegelingen*,

1. B. Bauer, *Die evangelische Landeskirche*, *op. cit.*, p. 3.

2. J. Droz, « L'origine de la loi des trois classes en Prusse », dans *Bibliothèque de la révolution de 1848. Réaction et suffrage universel en France et en Allemagne (1848-1850)*, t. 22, 1963, p. 18.

3. *BesS*, p. 86.

4. B. Bauer, *Hegels Lehre*, *op. cit.*, p. 69 ; voir D. Moggach, *The Philosophy and Politics of Bruno Bauer*, *op. cit.*, p. 36.

5. D. McLellan, *Les Jeunes hégéliens et Karl Marx*, *op. cit.*, p. 82 ; voir aussi p. 35.

s'ils ne veulent pas couper la tête à l'histoire et la laisser tourner en rond comme une poule qui meurt, sont contraints de protester en partie contre l'humilité de Hegel (....) »[1]. En effet, « il est de notoriété publique qu'il n'y avait rien de plus insupportable pour Hegel que d'être en bisbille avec l'autorité de l'Église ou de l'État »[2]. On peut le dire avec moins d'égards, comme le fera Horkheimer plus tard :

> Hegel (...) était si éloigné de quelque rejet récriminateur de conditions spécifiques que le roi de Prusse l'appela à Berlin pour inculquer aux étudiants la véritable loyauté et les immuniser contre l'opposition politique. Hegel fit de son mieux dans cette direction et il déclara que l'État de Prusse était l'incarnation de l'idée divine sur la terre[3].

Du coup, s'il est impossible de tirer le véritable Hegel du côté de l'opposition, on dira que c'est l'esprit de la philosophie hégélienne, le sens qui en est immanent et que Hegel n'a pas su dégager, qui y mène. Il en va du rapport des Jeunes hégéliens avec Hegel exactement comme il en ira, plus tard, du rapport du fondateur du néokantisme marbourgeois, Hermann Cohen, à Kant, résumé dans l'assertion cohénienne dans *La Théorie kantienne de l'expérience* selon laquelle nous, aujourd'hui, sommes plus kantiens que Kant, parce que nous comprenons Kant mieux que lui-même s'est compris[4].

Les Jeunes hégéliens, donc, comprennent Hegel mieux que celui-ci s'est compris. Ruge souligne que Hegel présente comme un idéal, c'est-à-dire comme purement logique ou spéculative une forme très déterminée d'État qui n'a aucune nécessité, qui est un moment historique condamné à être dépassé. Hegel, donc, a cherché à faire passer une détermination historique pour une détermination logique. Ruge écrit dans « Über das Verhältnis » : « La philosophie du droit hégélienne, pour se faire valoir comme théorie absolue et donc ne pas laisser place à la "critique", élève les existences ou les déterminités historiques au rang de déterminités logiques »[5].

Or, comme le dit Ruge, l'idéal qui est inscrit dans la réalité et qui n'est pas encore réalisé, étant par là présent à titre de promesse nous

1. A. Ruge, « Der Liberalismus », *op. cit.*, p. 289.

2. *Ibid.*, p. 290.

3. M. Horkheimer, « La fonction sociale de la philosophie », trad. fr. N. Gabriel, G. Muhlmann, dans *Tumultes* 17-18, 2001/2, p. 359-360.

4. Voir H. Cohen, *La Théorie kantienne de l'expérience*, trad. fr. É. Dufour, J. Servois, Paris, Le Cerf, 2001.

5. A. Ruge, « Über das Verhältnis », *op. cit.*, p. 281 ; voir plus largement p. 281-287. Voir aussi A. Ruge, « Der Liberalismus », *op. cit.*, p. 288-290.

conduisant à nier le présent dans son effectivité, voilà qui nous mène à transformer la pensée hégélienne pour en déterminer la vérité comme critique. Le concept de « critique » n'est pas hégélien, au sens où, comme on l'a rappelé, Hegel ne conquiert sa pensée propre qu'au moment où la critique se dépasse dans la spéculation : « la science n'est pas pour lui [*sc.* Hegel] critique »[1] ; mais c'est la pensée de Hegel qui, bien comprise, nous conduit à la critique. Contre Hegel, il s'agit, non pas de prétendre construire un quelconque État idéal dans lequel se réaliserait la liberté, en empruntant à des modèles passés, souligne Ruge[2], et essentiellement aux « institutions désuètes de la vieille Angleterre »[3], « mais de critiquer l'État qui existe dans le présent »[4].

On voit donc comment la critique des Jeunes hégéliens s'oppose radicalement à la critique kantienne : il ne s'agit pas ici de fonder au sens de justifier et de légitimer un fait, mais au contraire de mettre au jour les dysfonctionnements que ce fait renferme et donc en somme de le dé-légitimer (on reviendra plus tard sur cette dimension fondamentalement négative de la critique).

Bruno Bauer est à l'origine du concept de « critique immanente », base méthodologique des représentants de la Théorie critique tels Axel Honneth ou Rahel Jaeggi[5]. Certes, il ne pense pas la distinction secondaire entre critique immanente et critique interne[6], mais il produit, pour la première fois, la distinction entre critique immanente et critique transcendante. Le terme « immanent » pour désigner la manière de procéder (et bien que l'expression de « critique immanente » ne se trouve pas telle quelle chez notre auteur) apparaît dès *Kritik der Geschichte der Offenbarung*, pour désigner la manière dont la conscience subjective, une fois qu'elle découvre qu'elle est phénoménalisation de l'absolu, échappe au statut phénoménal qu'elle possède ici et maintenant, pour se nier et se surmonter, non pas dans une quelconque coïncidence immédiate avec un absolu niant toute phénoménalité, mais dans un itinéraire où chaque étape du développement phénoménal est un progrès de l'absolu qui conduit à nier l'étape précédente[7].

1. A. Ruge, « Über das Verhältnis », *op. cit.*, p. 285.
2. A. Ruge, « Der Liberalismus », *op. cit.*, p. 289.
3. *Ibid.*, p. 288.
4. *Ibid.*, p. 289.
5. Voir notre *Qu'est-ce que la critique sociale ?*, Paris, Vrin, 2022.
6. Voir R. Jaeggi, *Kritik von Lebensformen*, Berlin, Suhrkamp Verlag, 2014, Troisième partie.
7. Voir p.ex. *KGO*, vol. 1, p. XCV.

De même que la conscience de soi, comme nous l'avons dit, trouve son sens véritable à partir de *Die evangelische Landeskirche*, c'est aussi le cas de l'immanence comme méthode critique – et cela apparaît dans des textes que nous avons déjà eu l'occasion de citer, par exemple dans la critique de l'idée d'un royaume de Dieu entendu comme celui de la vérité et de la justice, comme si le monde d'ici-bas (= le monde de l'État) était le monde du non-vrai et de l'injuste, et alors que les théologiens qui produisent un tel discours ne peuvent bâtir leur idéal de vérité et de justice qu'à partir de ce qui est pensable dans les limites de l'éthicité de ce monde d'ici-bas[1]. Par là, Bauer reconduit la transcendance, c'est-à-dire la posture du penseur qui prétend se situer à l'extérieur de l'État qu'il critique, à l'immanence, c'est-à-dire à une critique qui est faite de l'intérieur et rendue possible par cet État lui-même, parce qu'elle est opérée à partir du matériel spirituel et intellectuel produit par la vie de cet État, mais qui renferme justement la possibilité de dépasser le donné actuel (la réalité) vers un but inscrit à titre de potentialité ou de puissance de ce fait lui-même (l'effectivité). La première idée forte d'une critique immanente, c'est qu'on ne peut pas prétendre se situer à l'extérieur de la société et de l'État qu'on critique et auxquels on appartient. C'est en ce sens que toute critique, dès qu'elle se reconnaît comme telle, est toujours une autocritique, c'est-à-dire une critique du système par lui-même.

Dès *Die evangelische Landeskirche*, la critique immanente se déploie dans les deux dimensions qui vont caractériser l'apport de Bauer et fédérer autour de lui le groupe de ceux qu'on nomme les Jeunes hégéliens[2]. D'un côté, il faut réduire la religion, contre sa prétention à la transcendance, à une expression de forces sociales et politiques qui sont celles de l'État : la politisation et socialisation du religieux ne sont pas autre chose que son immanentisation. De l'autre côté, il faut produire une critique de l'État existant et de la société existante au nom des puissances et des potentialités non encore réalisées qui sont inscrites dans l'existant, de sorte que c'est bien l'existant qui renferme ce qui conduit à le nier, c'est-à-dire à le dépasser dans une étape supérieure où, dans le réel, c'est l'effectif, c'est-à-dire la rationalité qui se réalise[3]. Certes, ce modèle de critique est déjà renfermé chez Hegel, pour autant que, dans l'Introduction de la *Phénoménologie de l'esprit*, c'est bien ce modèle qui

1. B. Bauer, *Die evangelische Landeskirche*, *op. cit.*, p. 81.

2. Voir p.ex. chez Ruge, où ce concept d'« immanent » apparaît dès 1840 dans « Der Liberalismus », p. 288-289.

3. Voir p.ex. B. Bauer, *Die evangelische Landeskirche*, *op. cit.*, p. 97, 160-161.

apparaît : mais le terme de « critique » n'est pas employé (et cela pour les raisons qu'on a vues) et, en outre, on reste dans le domaine de la théorie de la connaissance[1].

Cependant, il faut être encore plus précis sur deux points que, même si on ne peut pas encore les résoudre complètement, il faut au moins énoncer sous forme de problèmes qui vont guider la poursuite de notre travail.

Le premier est de savoir où exactement se trouvent ces puissances qui permettent la critique politique sociale. Dans *Die evangelische Landeskirche*, l'analyse porte sur la structure de l'État et de la société, comme si justement l'idéal était une sorte de condition de possibilité transcendantale inscrite en eux. C'est comme si les structures de l'État et de la société renfermaient des potentialités qui se réalisent progressivement sans qu'il y ait besoin de l'action humaine pour ce faire. Moggach, qui distingue deux moments dans la pensée politique de Bruno Bauer, écrit que, à partir de « Der christliche Staat », l'orientation devient différente, car ce qui désormais intéresse Bauer, c'est la manière dont l'individu s'émancipe par et dans l'action politique, comment il sort de la sphère limitée de ses intérêts particuliers pour s'élever jusqu'à l'universel ou l'intérêt général, et comment les forces des individus peuvent se fédérer pour produire un changement. Il écrit : « D'abord, en 1840, Bauer désigne l'État comme l'agent historique de l'émancipation et des lumières. Ensuite, en 1841, il examine le processus d'émancipation dans les activités du citoyen individuel, mettant consciemment en œuvre des intérêts universels et répudiant les attachements et les identités traditionnels »[2]. Nous reviendrons sur le fait que les choses sont plus complexes que ce qu'écrit Moggach et que la seconde orientation existe déjà dans *Die evangelische Landeskirche*; mais, simplement, elle prend ensuite plus d'importance pour devenir quasiment la seule et unique dimension de la philosophie politique de Bauer. Peu importe ici, car ce qui est fondamental dans la question qui nous intéresse, c'est que l'idéal devient quelque chose qui est immanent aux actions des sujets politiques et sociaux, c'est-à-dire qu'il devient le monde normatif inscrit dans leurs pratiques. L'investigation de Bauer, pour ainsi dire, se concrétise. Un idéal inscrit dans l'État et la société en général, cela reste abstrait, même s'il s'agit de l'État chrétien et plus précisément encore de l'État

1. G.W.F. Hegel, *La Phénoménologie de l'esprit*, trad. fr. B. Bourgeois, Paris, Vrin, 2006, p. 126-127.

2. D. Moggach, « German Republicans and Socialists in the Prelude of 1848 », *in* D. Moggach et G. Stedman Jones, *The 1848 Revolutions and European Political Thought*, Cambridge, Cambridge University Press, 2018, p. 218.

prussien. Mais c'est aussi et encore le cas lorsqu'on pense le sujet social et politique idéalement, qu'il soit citoyen prussien ou plus largement citoyen européen. Dans *Die bürgerliche Revolution*, l'idéal n'est plus inscrit dans les pratiques des sujets sociaux et politiques en général, mais dans les attentes et les réactions des ouvriers révolutionnaires de 1848. Cela posé, ces trois orientations ne sont pas exclusives les unes des autres. Car c'est dans le combat révolutionnaire des ouvriers en 1848 que l'idéal qui est pourtant immanent aux pratiques de tous les citoyens comme leur norme implicite s'exprime de la manière la plus évidente, d'une part ; et, d'autre part, cet idéal est aussi une structure qui est constitutive du fonctionnement même d'un État – comme sa condition suprême, car fondatrice.

Dans tous les cas, ce qui caractérise le mouvement de l'histoire est le progrès, dans la mesure où l'on va d'un état de choses inférieur à un état de choses relativement supérieur puisque, à chaque fois, et dans un mouvement infini, l'idéal prend corps. Cela posé, il y a une différence de taille entre la première orientation et les deux dernières. Car, dans la première, on dirait qu'un mouvement se produit qui dépasse l'action des hommes, de sorte que le progrès se fera sans eux et même contre eux, comme un mouvement inhérent à l'histoire humaine dans sa globalité mais sur lequel les hommes n'ont pas prise. En revanche, les deux dernières orientations mettent l'accent sur la nécessaire action de l'homme pour que l'idéal advienne – et la troisième, en concrétisant ces hommes ou citoyens abstraits dans des classes sociales, met l'accent sur la lutte émancipatrice de certaines classes (les ouvriers), sur la division entre les différentes classes et les processus de domination qui s'exercent, donc sur les tensions et les forces d'inertie qui empêchent l'idéal de se réaliser.

Le second problème est celui de la définition de l'idéal. La critique immanente, nous l'avons dit, est celle de la société et de l'État qui est produite de l'intérieur même de cette société et de cet État. Autrement dit, la critique de l'objet s'effectue nécessairement en fonction d'éléments positifs, qui fondent la critique, mais qui sont empruntés à l'état de choses même qu'on critique. Le cadre de la critique, qui la rend méthodologiquement possible et est constitué d'un ensemble de présupposés axiologiques, ne peut qu'être emprunté au monde social et politique qu'on critique. Outre qu'on retrouve ici le thème de la « critique critique » dont se moquait Marx, la thèse a pour conséquence que le cadre bouge tout le temps dans la mesure où il est emprunté au moment historique dans lequel s'effectue la critique.

Bauer écrit dans *Die Posaune* ;

> Telle est donc la rupture que la philosophie introduit en affirmant que, dans ce savoir, ce n'est pas seulement une nouvelle forme mais, dans cette forme, un nouveau contenu qui naît. Le substantiel, qui était auparavant au fondement, a régné sans équivoque et son règne s'exprimait dans des statuts extérieurs, de sorte que l'esprit était encore fondamentalement non libre. Mais le savoir est libre, il libère l'esprit et ses déterminations transforment le contenu antérieur en une nouvelle forme, à savoir en lois de la liberté et de la conscience de soi. La philosophie est par conséquent critique de l'existant : "par le savoir, l'esprit pose une distinction entre le savoir et ce qui est". Ce qui est et ce qui doit être sont distingués. Cependant, seul le devoir est ce qui est vrai et légitime, et doit être reconnu dans sa validité, sa maîtrise et son pouvoir[1].

La critique est explicitement dialectique[2], parce qu'il y a un co-conditionnement entre forme et contenu. Certes, le contenu est toujours appréhendé comme tel, c'est-à-dire objectivé au moyen d'une certaine forme, mais l'objectivation de ce contenu fait bouger la forme et la transforme en retour, ce qui fait qu'à son tour elle modifie le contenu. Bref, il y a une causalité réciproque entre ces deux plans (mais aussi, corrélativement, entre fait et idéal ou norme) qui a pour conséquence que chacun des deux fait varier l'autre et le transforme, dans un mouvement incessant. C'est là, à notre sens, la grande différence avec la pensée kantienne et néokantienne dans laquelle on trouve une certaine rigidité de la forme et du contenu : même si le contenu peut se dissoudre relativement (chez Natorp) ou absolument (chez Cohen), et même si la forme peut varier (elle se développe au cours d'un processus), il n'en demeure pas moins qu'ils n'échangent pas leur rôle et que jamais la forme ne peut devenir contenu.

C'est en ce sens que la conscience de soi n'est absolument pas l'absolu, mais seulement un mouvement infini. Le fait que la conscience de soi progresse sans cesse en se reprenant a seulement la conséquence suivante : « Pour la conscience de soi, il n'y a plus à l'extérieur d'elle un quelconque absolu – et il lui répugne complètement de se proclamer l'absolu, (…). (…) elle n'est pas l'absolu, car il lui est impossible d'être immobilisée (…) »[3]. On pourrait le dire autrement que Bauer, en

1. B. Bauer, *Die Posaune*, *op. cit.*, p. 82.

2. Voir déjà *KGO*, t. 1, p. XCVIII.

3. B. Bauer, « Rezension : *Die christliche Glaubenslehre in ihrer geschichtlichen Entwicklung und im Kampf mit der modernen Wissenschaft.* von D. F. Strauss, 2 Bde, 1840-1841 », *Deutsche Jahrbücher* 21-24, 25–28, 25–28 janvier 1843, p. 83. Bauer insiste dans ce texte sur le fait que, si la conscience de soi n'est pas l'absolu, c'est parce qu'elle se dissout dans un tissu de relations qui se transforment sans cesse, sans pouvoir être substantialisée.

distinguant une conception substantielle de l'absolu d'une conception fonctionnelle qui fait que, si la conscience de soi est, en un sens, absolue (c'est-à-dire relation, et donc procès sans terme), elle n'est pas l'absolu (puisqu'elle est un mouvement qu'on ne saurait réifier). Mais on voit bien que, pour Bauer, l'idée est que, dès qu'on sort d'une conception substantielle on ne peut plus parler d'absolu.

Du coup, c'est aussi l'idéal lui-même qui ne peut pas être proprement défini, puisque cela supposerait qu'on puisse sortir de la relativité du cadre à partir duquel s'effectue la critique. L'idéal, de ce fait, ne peut que s'esquisser sans jamais pouvoir être pleinement et véritablement déterminé, d'autant plus que, comme on l'a vu, l'autoréflexion, c'est-à-dire la critique de la critique, a pour conséquence de bien délimiter le champ de la critique (le règne du « je ») par opposition à celui de l'action politique (le règne du « nous »). Ici, le thème qui point est celui, ressassé par les interprètes, selon lequel l'idéal de Bauer est complètement indéterminé. McLellan écrit :

> Mais il est difficile, en lisant Bauer, de se faire une image exacte de ce que serait un État où la conscience de soi aurait été intégrée. Ce que veut Bauer est "que les hommes reconnaissent tous l'essence qui leur est commune" (*Der christliche Staat*). À cette fin, l'État doit autoriser une libre recherche dans tous les domaines. Tous les hommes doivent prendre part à la politique. Il n'y a pas nécessairement de contradiction entre l'intérêt général et l'intérêt individuel[1].

Moggach fait le même constat :

> (…) un commentateur remarque que la critique par Bauer du constitutionnalisme est fondée sur ses convictions républicaines, mais celles-ci demeurent vagues et informulées. Cependant, comme Marx par la suite, des principes méthodologiques empêchent Bauer de déterminer une structure institutionnelle précise d'une société républicaine à venir. Prétendre le faire équivaudrait à interrompre le mouvement historique en une forme positive, déterminée, et nier les droits qu'a la conscience de soi d'évoluer constamment[2].

1. D. McLellan, *Les Jeunes hégéliens et Karl Marx*, *op. cit.*, p. 103.

2. B. Bauer, *The Philosophy and Politics of Bruno Bauer*, *op. cit.*, p. 126. Moggach renvoie en note à D. Hertz-Eichenrode, *Der Junghegelianer Bruno Bauer im Vormärz*. Inauguraldissertation, Berlin, Freie Universität, 1959 ; et H.-M. Sass, « Bruno Bauers Idee der *Rheinische Zeitung* », *Zeitschrift für Religions- und Geistesgeschichte* 19, 1967, p. 221-276. Voir aussi p. 10 où Moggach écrit : « Le divorce de la religion et de la philosophie au sein de l'esprit absolu, chez Bauer, a souvent été étudié par les commentateurs, bien que ses motivations politiques n'étaient pas claires et son républicanisme obscur ».

Mais toute la question est déjà de savoir s'il faut un quelconque idéal pour produire une critique. Nous avons cité la lettre de Bauer à Ruge du 27 octobre 1842 : « Je pense donc qu'on ne doit pas attendre de la critique qu'elle fournisse du nouveau. Cette tâche sera accomplie par l'histoire. *Un simple individu* peut assurément critiquer une constitution particulière, mais il ne peut pas la construire *a priori* »[1]. Comme le dit plus violemment son frère Edgar : « (…) notre tâche n'est pas de construire. Ainsi s'énonce notre *pronunciamento*, et il est négatif, l'histoire en écrira l'affirmation »[2].

Qu'attend-on de la critique ? Qu'elle nous fournisse le plan d'une société idéale ? Absolument pas, souligne Bauer. Nous avons exposé la justification de cette thèse avec Ruge, lorsqu'il distingue la critique de la métaphysique (ou spéculation). On ne peut nullement préjuger de la configuration concrète que prendra l'État de demain (Ruge dit : on ne peut en déduire *a priori* la constitution). Ce n'est d'ailleurs pas le rôle de la pensée philosophique, et donc de la critique qui en est la forme ou la méthode. Ce qui suffit pour mouvoir la critique, c'est l'idéal tout indéterminé de l'ouverture vers un ailleurs lié à la conscience de situations qui sont injustes et pathologiques. Pour produire la critique, on n'a pas besoin d'autre chose. Soulignons que nous trouvons ici une quatrième orientation de la critique immanente, selon laquelle ce qui la meut et la fonde n'est rien d'autre que la dénonciation de formes d'injustices politiques et sociales effectivement vécues par les sujets. Dès lors, ce qui motive cette dénonciation, c'est simplement une ouverture vers un ailleurs, pour autant que les conditions politiques et sociales de vie n'ont rien de naturel ni de nécessaire, et qu'elles peuvent tout à fait légitimement, dès qu'elles sont ressenties comme invivables, être transformées. La critique, dès lors, n'est que la conséquence du constructivisme provenant de Kant, mais appliqué chez Bauer aux dimensions politiques et sociales.

Voilà encore un thème qui va passer de Bauer à Marx. Comme le résume Sobel : « Il convient de (…) rappeler que Marx s'est toujours, suivant l'expression célèbre, refusé à “faire bouillir les marmites de l'histoire” et que, s'il n'en dit pas plus, c'est qu'il ne saurait y avoir plus à dire de la façon, par définition ouverte, dont s'organisera dans l'avenir un collectif d'hommes libres »[3].

1. Lettre de Bauer à Ruge, Manuscript, Dresden h 46 I n° 25, citée par H.-M. Sass, *Untersuchungen zur Religionsphilosophie in der Hegelschule 1830-1850*, *op. cit.*, p. 259-260. C'est nous qui soulignons.

2. E. Bauer, *Der Streit der Kritik*, *op. cit.*, p. 264.

3. R. Sobel, « Travail, liberté et nécessité dans l'utopie communiste : André Gorz lecteur de Marx », *Actuel Marx* 46, 2009/2, p. 166.

Cette quatrième orientation de la critique immanente est parfaitement exprimée, aujourd'hui, par Damasio, lorsqu'il déclare dans un entretien :

> Toute lutte, il me semble, part d'une perception viscérale brute : quelque chose est perçu, vécu comme intolérable et nous met "hors de nous", nous projette au-dehors pour le changer, le renverser, l'abattre. Seulement ce mouvement d'éjection a souvent besoin d'une fenêtre entrouverte par où passer qui trace devant nous la ligne de fuite, la rend enviable. Et ça c'est l'affaire de l'imagination. Un univers littéraire peut jouer ce rôle, peut tracer cette ligne et donc soutenir une lutte en montrant un lieu enviable, un mode de vie, de socialisation enviable, vers où tendre[1].

Le cadre bouge tout le temps – avons-nous dit. Mais on ne sombre nullement dans un relativisme, pour autant que la critique immanente repose sur un ultime présupposé, celui selon lequel on peut tout de même, malgré l'historicité du point de vue critique, atteindre par le discours quelque chose qui est de l'ordre du rationnel. Bauer est l'initiateur de cette conception de la critique immanente que, à l'autre bout de la chaîne, on retrouve aujourd'hui chez Honneth :

> Ce point de départ est ici la prémisse jeune hégélienne selon laquelle la reproduction sociale s'effectue par les formes d'une pratique où se matérialisent des opérations de la raison humaine. De ces opérations de la raison on suppose en outre qu'elles se développent suivant les progrès accomplis dans le contexte de l'agir social, à travers un certain nombre de processus d'apprentissage. À chaque nouveau degré de la reproduction sociale, la rationalité prend une forme plus développée, de sorte qu'on peut en définitive parler de l'histoire comme d'un processus de réalisation de la raison. Or cette hypothèse de base, qui aujourd'hui encore conserve quelque plausibilité, etc[2].

La critique immanente, parce qu'elle est rationnelle, permet donc « d'accéder à la chose même », pour reprendre une formule de Hegel[3]. Bauer déclare dans la « Verteidigungsrede » (et il faut désormais citer ce passage déjà évoqué et commenté en entier) :

> La critique n'est rien d'autre que l'usage effectif des yeux – c'est le fait de voir effectivement, qui n'est pas empêché, qui n'est pas entravé par des représentations ou des intérêts étrangers à l'objet que je veux voir, qui n'est pas troublé par des souhaits, des espoirs, des craintes que les

1. Entretien avec A. Damasio, dans *Constellations. Trajectoires révolutionnaires du jeune XXIe siècle*, Paris, Éditions de l'éclat, 2017, p. 307.

2. A. Honneth, *Ce que social veut dire*, II, trad. fr. P. Rusch, Paris, Gallimard, 2015, p. 90.

3. G.W.F. Hegel, *Phénoménologie de l'esprit*, *op. cit.*, Introduction, p. 117.

> différents partis traînent avec eux et qui font souvent violence à l'objet. Les intérêts des corporations et du gouvernement ne veulent pas accepter que l'objet soit vu tel qu'il est – la critique détruit cette volonté, cet intérêt, et elle délivre l'objet d'une pression qui le rétrécit ou l'élargit de force, – elle redonne à l'objet le droit d'être ce qu'il prétend être selon sa nature, elle lui redonne sa liberté et le laisse porter son jugement et décider lui-même à son propos.

Bauer ajoute :

> Les partis sont souvent empêchés par leurs souhaits et leurs craintes de voir les circonstances telles qu'elles sont : la critique mesure désormais ces espoirs à l'aune des circonstances effectives, elle montre si et à quel point ils sont fondés dans celles-ci – elle amène donc la réalité effective à sa reconnaissance, – elle corrige les craintes et les espoirs des partis eu égard à la réalité effective – elle dissout la lourdeur étouffante provoquée par la friction sourde et souvent peu claire des intérêts des partis – elle ouvre les fenêtres et laisse entrer l'air pur et frais dans la salle où il est devenu sourd et lourd à cause des querelles d'intérêts, où la moiteur des phrases a rendu l'atmosphère étouffante – elle ouvre de nouvelles perspectives pour l'avenir – elle fonde sur la connaissance du présent les décisions qui nous conduisent vers un avenir assuré…

Et il conclut :

> Avec la critique, je combats les chimères et je construis à partir du présent les contours du futur. La critique est ce qui seul dissout les illusions et pose le problème que, certes, les partis cernent avec leur faiblesse et leur incertitude, mais qu'ils ne peuvent définitivement résoudre[1].

On se croirait dans *Invasion Los Angeles* (J. Carpenter, 1988), lorsque John Nada trouve ces curieuses lunettes qui lui permettent de voir la réalité telle qu'elle est, bref, d'accéder à la chose même telle qu'on la découvre une fois qu'on est sorti des processus d'aliénation engendrés par le mode de production capitaliste[2]. La différence entre *Invasion Los Angeles* et la « Verteidigungsrede », c'est que, si dans le premier cas c'est par hasard qu'on découvre les lunettes et qu'on accède à la chose même, dans le second cas c'est au prix d'un effort sur soi résumé dans un concept sur lequel on reviendra, à savoir celui d'« émancipation ». À ce propos, Bauer, un peu plus loin dans le même texte, souligne la chose suivante :

> La critique est le moyen qui est le mien pour clarifier les difficultés historiques que les partis peuvent certes dissimuler, mais pas surmonter.

1. B. Bauer, « Verteidigungsrede », *op. cit.*
2. Voir sur ce film F. Fischbach, *La Critique sociale au cinéma*, Paris, Vrin, 2012.

> Je ne me jette pas sans prévention dans le monde, mais je pèse les circonstances dans leur réalité effective, j'examine nos *conditions de vie (Lebensbedingungen)* et, après les avoir pesées, je cherche à en tirer les conclusions qui s'imposent[1].

Autrement dit, le point de vue qu'on a sur la réalité est conditionné par notre situation sociale, par « nos conditions de vie ». Pour pratiquer la critique et accéder à la chose même, il faut créer les conditions de vie qui en sont le réquisit. Ce qu'on voit dans la société dépend de la vie qu'on a. Encore une fois, la théorie est pratique – mais elle l'est ici au sens où elle trouve son origine dans la pratique, dans la vie effective de l'individu, dans son immersion sociale qui constitue ses différentes appartenances, et qui fait qu'il a telles valeurs et qu'il interprète les événements sociaux et politiques de telle ou telle manière. Ce que Bauer, ici, met en évidence, c'est précisément l'analyse sociologique qui reconduit les positions intellectuelles et les valeurs d'un individu à son incarnation sociale.

En fin de compte, la socialisation et la politisation du discours théorique s'effectuent par la mise en évidence du fait que celui-ci est intrinsèquement lié à la pratique, c'est-à-dire à la vie sociale et politique, à deux niveaux, en amont et en aval. Il est lié à la pratique en aval parce qu'il a toujours un impact et des conséquences sur les rapports sociaux et politiques, qu'il conteste l'ordre existant ou bien que, au contraire, il contribue à le justifier et à le légitimer. Lorsque Ruge distingue critique et logique, il souligne que la prise de conscience de cette distinction amène à conclure que le discours philosophique rentre dans l'histoire, devient action, puisqu'il devient une forme de la vie sociale qui, à ce titre, participe au maintien ou à la contestation de l'ordre politique et social existant. Il est lié à la pratique en amont, puisqu'il n'est rien d'autre que l'expression des intérêts des différents groupes auxquels appartient le sujet qui produit le discours. L'analyse par Bauer de la manière dont les théologiens prétendent réfuter sa critique de la religion, qu'on a examinée plus haut, ajoute un troisième niveau dans lequel se synthétisent les deux niveaux précédents, à savoir la dimension performative qui relève, sous couvert de prétention à la rationalité, des rapports de domination sociaux qui instituent une réalité n'existant pas ailleurs et en dehors de son énonciation.

Dans un compte rendu du *Bismarck* dans la *Revue des deux mondes* l'année de la publication du livre, G. Valbert souligne que Bauer « se range lui-même dans la classe de ceux qu'il appelle "les isolés", *die Isolirten*, qui se tiennent à l'écart, sans se soucier d'être à la tête ou à la queue d'un

1. B. Bauer, « Verteidigungsrede », *op. cit.* (c'est nous qui soulignons).

parti »[1] – de ceux qui voient d'autant plus impartialement, objectivement la réalité que, de fait, par leurs conditions de vie, ils ne participent à aucun intérêt et ne peuvent pas être soupçonnés de chercher à faire valoir, pour un mobile quelconque, telle perspective plutôt que telle autre : du point de vue social, leur position même atteste de leur désintéressement. C'est exactement le cas de Bauer, dont l'exclusion de l'université, comme on l'a vu, est un choix véritable et non quelque chose de subi. Cette marginalité, qu'il a voulue, Bauer n'y dérogera pas pendant tout le reste de sa vie, où il vit pauvrement, à Berlin, des maigres ressources qu'il gagne en écrivant dans des journaux, se surnommant lui-même « l'ermite de Rixdorf »[2], le quartier où il habite. Comme le notent Boltanski et Chiapello :

> L'existence d'un sacrifice est en quelque sorte l'épreuve à laquelle se mesure la validité de la critique. La critique a toujours un coût et ceux qui l'accomplissent connaissent souvent le destin des martyrs. On leur impute des motifs bas, intéressés ; (...). Une critique sans coût aucun ou même une critique qui semble apporter des profits à celui qui l'accomplit, non seulement des profits monétaires mais aussi, par exemple, des profits en termes d'honneurs officiels (positions institutionnelles, prix littéraires ou scientifiques...) ou de notoriété médiatique, est peu crédible et facilement dénonçable. On peut la soupçonner de n'être qu'une critique en parole, verbale, mais sans conséquences dans l'ordre de l'action[3].

La marginalité du critique est donc un critère qui fonde la légitimité et, partant, la rationalité de son discours. Cela posé, c'est une condition, certes nécessaire, mais nullement suffisante. À ce critère externe doit s'ajouter un critère interne que nous développerons plus tard, et qui consiste dans le dialogue et la discussion, c'est-à-dire l'épreuve que doit subir tout discours prétendant à la scientificité.

1. G. Valbert, « L'Allemagne nouvelle jugée par un allemand », *Revue des deux mondes*, 3e période, t. 41, 1880, p. 692.

2. C. Dannenmann, *Bruno Bauer. Eine monographische Untersuchung*, Nürnberger Inaugural-Dissertation, Friedrich-Alexander-Universität, Erlangen-Nürnberg, 1969, p. 21.

3. L. Boltanski et È. Chiapello, *Le Nouvel esprit du capitalisme*, Paris, Tel-Gallimard, 2011, p. 881.

CHAPITRE III

CRITIQUE SOCIALE ET POLITIQUE

LA SOCIÉTÉ INDUSTRIELLE ET MARCHANDE

Il est patent que la critique bauérienne est d'abord une critique de la religion. La question de savoir si elle est ensuite une critique sociale ou une critique politique, c'est-à-dire celle de savoir s'il y a une priorité d'un des deux domaines chez Bauer, n'est pas une question légitime. Car elle présuppose une alternative exclusive là où, au contraire, il y a une complémentarité. La critique est politique aussitôt qu'elle est sociale et vice versa.

On peut en revanche se demander quand cette double critique commence chez Bauer. Comme nous l'avons déjà annoncé, cette critique est patente dès *Die evangelische Landeskirche* (1840) pour la question politique, et dès 1841 pour la question sociale avec « Der christliche Staat » et « Theologische Schamlosigkeiten ».

De même que, dès 1840, le lieu de la critique politique de Bauer et la norme politique sont très clairs et cohérents par rapport à son travail ultérieur, c'est aussi le cas pour la question sociale. Et c'est d'autant plus le cas pour celle-ci que, par opposition à la question politique, elle est seulement l'objet de développements secondaires dans le travail de Bauer (aucun texte ne lui est proprement consacré), d'une part, et que, d'autre part, si elle est récurrente dans les textes des années 1840, elle disparaît après les deux textes sur les révolutions allemandes de 1848.

La critique sociale, chez Bauer, c'est uniquement la question de l'organisation du travail, c'est-à-dire celle du fonctionnement de la société industrielle et marchande.

On comprend bien d'où naît l'intérêt pour la question sociale. C'est la critique de la religion qui, reconduisant les idéaux à leur création humaine, donc inversant le mouvement, *via* le concept de « conscience de soi », devient la question de savoir à qui profite la religion dans les rapports interhumains et les conditions concrètes d'existence. Dans *Die Judenfrage*, la critique de la religion conduit à dénoncer l'opposition « entre la pauvreté et la richesse, entre le dénuement et le superflu »[1]. Bref, la critique de la religion, qui n'est pas la critique des Évangiles, est le moment où la critique s'incarne et se concrétise – en un mot : celui où elle se socialise. Marx, dans sa réponse au texte de Bauer intitulé *Die Judenfrage*, accuse Bauer, une fois qu'il a rompu avec lui, de ne faire la critique que de l'État chrétien et non de l'État en général : « (...) il [*sc.* Bauer] commet à notre avis l'erreur de soumettre à la critique l'"État chrétien" seulement, et non l'"État tout court" (...) »[2]. Or, contrairement au préjugé dont Marx est l'origine, ce n'est pas parce qu'elle est chrétienne que la question de la société et celle de l'État intéressent Bauer dans *Die Judenfrage*, car c'est inversement parce que la religion a une dimension sociale et politique qu'elle est pour Bauer un terrain d'investigation intéressant. Autrement dit : avant d'être intéressé par la chose religieuse, c'est la chose sociale et politique qui constitue sa préoccupation.

L'organisation du travail de la société marchande et industrielle résulte de la révolution industrielle en Europe – mais elle remonte au milieu du Moyen Âge, où commence proprement la révolution moderne, lorsque le bourgeois, par le moyen du commerce, se soustrait à la tutelle de l'aristocratie[3]. La révolution industrielle, donc, constitue l'achèvement d'un mouvement initié bien auparavant : « la révolution des découvertes industrielles (...) mit le pouvoir moderne de l'argent dans les mains de la bourgeoisie et poussa l'aristocratie à trouver son ultime recours dans l'industrie ou bien à disparaître »[4]. La révolution industrielle accomplit la libération du travail en autonomisant celui-ci de la tutelle de l'État[5]. En Europe, « Le non-politique est la condition générale, le nivellement la loi générale »[6] : « La propriété et le travail n'ont plus rien à voir avec la politique, ils relèvent d'eux-mêmes – des intérêts liés à des ordres ne peuvent plus leur prescrire leur loi – ils sont souverains et produisent eux-mêmes leur loi »[7]. C'est la « société libérée »[8].

1. *Jud.*, p. 8.
2. K. Marx, *À propos de la question juive*, dans *Philosophie*, *op. cit.*, p. 52-53.
3. B. Bauer, *Russland*, *op. cit.*, p. 94.
4. *Ibid.*, p. 79.
5. *Ibid.*, p. 76-77 (le texte est cité par K Löwith, *De Kant à Hegel*, *op. cit.*, p. 141).
6. *Ibid.*, p. 80.
7. *Ibid.*
8. *Ibid.*, p. 82.

Mais la libération du travail a deux conséquences qui sont liées. Premièrement, l'organisation du travail, laissée à elle-même, « aboutit à une plus forte centralisation »[1] qui oppose aux travailleurs, tous égaux et mis sur le même plan, le petit nombre de ceux qui leur donnent du travail, sans que cette confrontation soit soumise à une règle, de sorte que les premiers « sont jetés dans cette centralisation avec une main de fer et contraints de s'y soumettre ou de périr »[2]. Deuxièmement, cette centralisation aboutit à l'atomisation des individus, « l'isolement des existences, qui autrefois goûtaient le bonheur et la quiétude de leur vie »[3]. La centralisation n'est pas seulement l'opposition de deux mondes, le cercle restreint des patrons et celui des innombrables travailleurs : elle produit un déchirement qui isole et oppose les travailleurs les uns aux autres, en détruisant le lien social de l'organisation économique de l'Ancien Régime, c'est-à-dire les différentes strates soudées les unes aux autres par une complémentarité et la décentralisation du pouvoir.

La question de l'individualisme est une question centrale chez Bauer. Moggach souligne qu'elle surgit dès *Die evangelische Landeskirche*[4], première apparition de la thèse selon laquelle l'individualisme qui se développe au sein de l'organisation sociale a son origine dans la religion. McLellan souligne combien Marx reprendra cette conception de la société : « Ce que Marx admirait et reprit dans la pensée de Bauer sur l'État chrétien, c'était d'abord son image de la société civile contemporaine comme une juxtaposition d'individus atomisés sans aucun lien commun ainsi que l'association de cette société avec l'influence "égoïste" du Christ[5] ».

Il faut préciser la nature de cet individualisme. Il trouve certes son origine dans les *Principes de la philosophie du droit* de Hegel où la société civile est le règne de l'individu mû par son intérêt propre : « c'est le sujet économique, selon la conception qui en a été progressivement élaborée au XVIIe et au XVIIIe siècles, principalement en Angleterre, à travers les théories de l'"individualisme possessif", pour reprendre l'expression de l'historien MacPherson »[6]. Mais elle prend chez Bauer une coloration spécifique.

1. *Ibid.*, 76-77 (ce texte est cité par K. Löwith, *De Kant à Hegel*, *op. cit.*, p. 141).
2. *Ibid.* (ce texte est cité par K. Löwith, *De Kant à Hegel*, *op. cit.*, p. 141).
3. *Ibid.* (ce texte est cité par K. Löwith, *De Kant à Hegel*, *op. cit.*, p. 141).
4. D. Moggach, *The Philosophy and Politics of Bruno Bauer*, *op. cit.*, p. 86.
5. D. McLellan, *Les Jeunes hégéliens et Karl Marx*, *op. cit.*, p. 112.
6. J.-P. Lefebvre, P. Macherey, *Hegel et la société*, Paris, Puf, 1984, p. 24.

Avec la nouvelle organisation du travail, les individus sont réduits à de « purs atomes »[1], parce que tous les liens qui caractérisaient l'ancien ordre social sont dissous[2] : « nous avons dissous tous les "liens humano-sociaux" »[3]. Les seuls liens, désormais, relèvent d'une convergence d'« intérêts individuels »[4] qui sont d'ordre économique, valeur suprême et unique de la société industrielle et marchande. Comme Hegel, Bauer insiste sur la dissolution des liens, c'est-à-dire des communautés (la famille, le village, le travail) qui, jusqu'ici, fondaient non seulement une affiliation de l'individu, pour reprendre une expression de Robert Castel, et surtout, pour Bauer, un type d'affiliation basé sur des valeurs et non pas sur un simple intérêt économique.

Dans une société où l'organisation du travail se fonde sur la séparation de chacun, pour ainsi dire la « singularisation » de chaque individu comme constituant une sphère étanche[5], et où la liberté est uniquement rapportée à la propriété et au travail entendu comme satisfaction des besoins[6], l'individu n'est mû que par ses intérêts égoïstes et matériels : « Notre religion, notre organisation religieuse comme notre éthicité ont pour unique fondement : "manger, boire et se laver" »[7]. Par extension, ce qui importe pour chacun est l'accroissement du pouvoir économique, de la propriété. L'idée est résumée dans ce passage qu'on trouve dans *De la dictature occidentale* à propos de la France de la Deuxième République : « Il [*sc.* le peuple français] veut qu'on le gouverne; il veut qu'on le décharge d'une souveraineté qui lui est onéreuse; il lui faut un maître, assez fort pour se faire craindre; il veut qu'on le laisse faire ses affaires et avant tout qu'on ne l'empêche pas de s'enrichir »[8]. On parvient ici au concept bauérien de « masse », qui trouve évidemment sa formulation exemplaire dans l'article « Die Gattung und die Masse » [« Le genre et la masse »], mais qui apparaît déjà dans « Neue Schriften über die Judenfrage » [« Nouveaux écrits sur la question juive »][9]. La masse, ce

1. B. Bauer, *Russland*, *op. cit.*, p. 69.

2. *Ibid.*

3. *BesS*, p. 76.

4. B. Bauer, *Russland*, *op. cit.*, p. 69.

5. B. Bauer, dans « Die Gattung und die Masse », insiste sur ce caractère de production continuelle de la singularité au moyen du participe présent *vereinzelnd* (*Allgemeine Literatur-Zeitung*, X, septembre 1844, p. 42-48; rééd, *Feldzüge der reinen Kritik*, *op. cit.*, p. 213, 214, 220).

6. B. Bauer, *Russland*, *op. cit.*, p. 80.

7. *BesS*, p. 76.

8. *DO*, p. 18.

9. B. Bauer, « Neue Schriften über die Judenfrage », *Allgemeine Literatur-Zeitung*, 1er décembre 1843, republié dans *Streit der Kritik mit den modernen Gegensätzen*, Charlottenburg, E. Bauer, 1847, Heft 1., p. 3.

ne sont pas seulement les ouvriers, ce sont aussi les bourgeois. La masse, c'est le peuple et, plus précisément, c'est une dégénérescence du peuple, liée à une certaine façon que chacun, du fait des conditions de travail et de vie du monde moderne et, plus précisément, de la place qu'il occupe dans cette organisation du travail et de la vie, a de vivre et de concevoir sa propre vie – c'est donc une certaine façon d'organiser sa vie et de voir le monde qui est liée aux « conditions de vie », pour autant que ce sont celles-ci qui produisent celle-là. En un mot, la masse, c'est l'individu uniquement préoccupé par les soucis matériels, replié sur lui-même et considérant les autres comme des ennemis avec qui il est en compétition.

Le concept de masse, ainsi qu'on le lit dans « Was ist jetzt der Gegenstand der Kritik ? », « est le produit le plus significatif de la révolution – c'est le concentré qui surgit de la neutralisation des contradictions du système féodal »[1]. Car la Révolution française a promu deux choses. Elle promeut l'autonomisation de la sphère économique, à savoir la libération du travail, et, corrélativement, elle fait valoir l'égalité de tous. L'égalité dans la sphère économique, c'est précisément une société d'hommes libres et égaux, où il n'y a plus de privilèges liés aux ordres (*Stände*) et où on sort enfin d'une hiérarchisation sociale héritée de la féodalité, dit Bauer : « Sur quoi se fonde au contraire la liberté du mouvement propre à chacun ? Seulement sur le fait qu'il n'est plus entravé par des privilèges politiques, par des prérogatives liées aux classes politiques et à la propriété »[2]. Le maître mot de la société industrielle et marchande ou « société bourgeoise »[3], c'est la concurrence, érigée en valeur absolue. Hegel, s'il en soulignait l'aspect positif, pour autant qu'elle permet à chacun de satisfaire ses intérêts individuels sur le marché libre du travail, en notait déjà le côté négatif, dans la mesure où elle déchire les liens interindividuels.

En outre, l'égalité, dans la sphère économique, n'est qu'apparente. Car la dissolution des privilèges liés à la naissance et au statut politique a fait place à une inégalité liée à l'argent, qui finit, telle celle liée à la naissance, par créer un immobilisme social dans un système de reproduction où, malgré une liberté toute théorique, chacun ne peut accéder qu'à ce qui lui est permis en fonction du milieu dont il provient. Au fond – et c'est un *leitmotiv* des écrits de Bauer –, les privilèges n'ont fait que se modifier, en passant de l'aristocratie à la bourgeoisie, de sorte que règne désormais

1. B. Bauer, « Was ist jetzt der Gegenstand der Kritik ? », *op. cit.*, p. 211.

2. B. Bauer, *Russland*, *op. cit.*, p. 80. Voir aussi *Jud.*, p. 94 : « Le temps est passé de la division en castes, de la séparation entre des privilégiés et des non-privilégiés, des prérogatives particulières accordées à certains ».

3. *Jud.*, p. 8.

une nouvelle aristocratie, celle de l'argent. Bref, les privilèges demeurent et, comme on le dirait aujourd'hui, ne sont pas seulement liés au capital économique, mais à tout ce qui va avec, c'est-à-dire particulièrement le capital social.

Cet état de choses est renforcé par l'État chrétien. Avec la réforme protestante, la société se trouve libérée de toute hiérarchie et l'État apparemment autonomisé, puisque la religion se trouve déliée de tout rapport à une institution extérieure[1]. Elle trouve son fondement dans le « principe de justification par la foi »[2], c'est-à-dire dans le rapport singulier que chaque individu entretient avec Dieu, idée qui est « la source de l'opposition contre la hiérarchie et la source de la liberté »[3] : la religion devient une « affaire privée »[4]. Cela posé, ce n'est qu'une nouvelle figure de l'État chrétien, d'une part, puisque la religion prend sur elle toute la force spirituelle d'organisation des rapports interhumains dont l'État s'est exempté, à savoir l'éthicité[5] ; et, d'autre part, cette nouvelle conception de la religion fait de l'individu la valeur suprême et promeut une démocratie chrétienne en faisant valoir l'égalité de tous devant Dieu[6]. Mais il ne s'agit que d'une égalité interne, car à l'extérieur ce sont les mêmes privilèges qui règnent, mais désormais justifiés par cet arrière-monde qui produit une égalité tout abstraite[7].

Bauer produit une critique qu'on retrouvera sous la plume de Marx, résumée dans l'idée que le contrat de travail entre le patron et l'ouvrier n'est pas libre. En effet, de fait, ceux-ci ne sont pas dans la même temporalité et n'ont pas les mêmes possibilités, parce que le temps dont dispose le patron qui propose un travail dont le salaire et les conditions ne sont pas optimaux n'a rien de commun avec l'urgence liée au besoin dans laquelle se trouve le salarié, de sorte que celui-ci est condamné à accepter, pour survivre, les conditions proposées par celui-là[8].

De là l'une des critiques à l'encontre du libéralisme constitutionnel, pour autant que celui-ci promeut, outre la liberté politique (la représentation du peuple *via* la constitution), l'autonomie de la société par rapport à l'État et donc la liberté économique (libération du travail). Les

1. B. Bauer, *Die evangelische Landeskirche*, *op. cit.*, p. 131 ; voir aussi p. 123.
2. Voir B. Bauer, *Die evangelische Landeskirche*, *op. cit.*, p. 15.
3. B. Bauer, *Russland*, *op. cit.*, p. 59.
4. B. Bauer, *Die evangelische Landeskirche*, *op. cit.*, p. 13.
5. B. Bauer, « Der christliche Staat », *op. cit.*, p. 13-14.
6. B. Bauer, *Russland*, *op. cit.*, p. 59 (Luther est l'inventeur de la démocratie chrétienne).
7. Voir B. Bauer, « Der christliche Staat », *op. cit.*, p. 19-20.
8. *Ibid.* Voir R. Castel, *Les Métamorphoses de la question sociale*, Paris, Fayard, 1995 ; rééd., Folio-Gallimard, 1999, p. 335.

Jeunes hégéliens – nous l'avons déjà évoqué et nous y reviendrons – se caractérisent par leur engagement, contre l'État prussien, en faveur d'un libéralisme constitutionnel : c'est par exemple le cas de Ruge et de Marx à cette époque. Mais ce n'est absolument pas le cas de Bauer, dès 1840, et nous avons souligné comment son intervention au banquet Welcker est la source de son renvoi de l'université.

La société, laissée à elle-même, c'est la sphère de l'inégalité et des « privilèges de classes »[1]. Le passage de la société d'Ancien Régime à un tel modèle de société peut, pour Bauer, être résumé par la phrase du prince Salina, dans *Le Guépard*, le livre de Lampedusa adapté au cinéma par Visconti en 1963 : « que tout change pour que rien ne change ».

« Le libéralisme constitutionnel est le système des privilèges, de la liberté limitée et guidée par l'intérêt. Son fondement est encore le préjugé, et son essence encore religieuse », écrit Bauer dans *Die Judenfrage*[2]. Moggach commente, en élargissant aux textes ultérieurs : « Bauer déclare que les droits, tel que le libéralisme les interprète, sont des privilèges ou des exemptions qui ne sont pas, en substance, différents des immunités féodales. (…) Bauer considère les droits libéraux comme des droits pour immuniser certaines parties du monde objectif de l'examen rationnel et du changement »[3]. Il ajoute un peu plus loin : « Derrière le masque de la liberté et de l'égalité, le libéralisme légitime donc le monopole et le privilège de ceux qui ont amassé des richesses; sa doctrine des droits produit autant d'exclusion et est aussi anti historique que le système féodal des rangs »[4]. Tout cela, Edgar Bauer, le frère de Bruno, le dira d'une manière encore plus directe et frontale dans *Der Streit der Kritik mit Kirche und Staat*, lorsqu'il affirme que le droit est au service des puissants, *i.e.* les propriétaires, et qu'il équivaut en fait, derrière les apparences, à un véritable état de non droit[5].

La société bourgeoise produit deux types d'instrumentalisation qu'il faut bien distinguer. Il y a d'une part l'instrumentalisation des travailleurs par l'aristocratie de l'argent, que Bauer, dans « Der christliche Staat », compare à l'asservissement des Hilotes par les Spartiates :

> La dernière chose, mais à vrai dire la plus difficile, qui incombe encore sous ce rapport à l'État, c'est la libération des Hilotes de la société civile, qui doivent lutter quotidiennement avec la matière et qui combattent

1. B Bauer, *Russland*, *op. cit.*, p. 45.
2. *Jud.*, p. 101.
3. D. Moggach, *The Philosophy and Politics of Bruno Bauer*, *op. cit.*, p. 159.
4. *Ibid.*, p. 160.
5. E. Bauer, *Der Streit der Kritik mit Kirche und Staat*, *op. cit.*, p. 116.

> le sensible pour le général, sans que, dans ce combat du général qu'ils servent, ils parviennent pour eux-mêmes à une véritable conscience de soi. C'est l'État, pas l'Église qui a pu surmonter le servage, de sorte que ce n'est pas l'Église qui peut libérer ces Hilotes, elle peut seulement leur donner de temps en temps une élévation vers l'infini et elle les fait nécessairement, après cette échappée hors de cette vie, d'autant plus tomber dans la lutte avec la matière[1].

On est bien loin du monde idyllique dans lequel se meuvent, à cette époque, Marx, Ruge et plus largement le cercle des Jeunes hégéliens partisans du libéralisme, c'est-à-dire de la liberté d'échange et de la libre entreprise, et réclamant plus d'égalité abstraite. Dans une recension parue en 1840, Ruge prétend que, par l'industrie, il y a une « participation immédiate des plus pauvres à la construction élargie du monde », et que « l'industrie n'a pas d'autre signification que celle du travail de l'esprit en général, son but n'est nullement ce qui est matériel et son principe n'est autre que celui de l'idéalisme lui-même »[2]. Pour Bauer, en revanche, la chose est claire : le travail ouvrier, dans ses conditions effectives d'exercice, ressemble davantage à une aliénation qu'à une libération, et le travailleur est placé dans des conditions d'impossibilité pour arriver à la conscience de soi, c'est-à-dire à l'esprit. La comparaison des travailleurs avec les Hilotes n'est pas anodine, dans la mesure où elle anticipe quelque chose qu'on trouvera bien plus tard chez Marx. Car l'Hilote n'est pas proprement un esclave, mais simplement un paysan dépendant et contraint de satisfaire les besoins matériels de ceux qui l'ont asservi[3]. Il est important de noter que, pour Bauer, le travailleur n'est donc pas assimilable à un esclave : il a une apparence de liberté (pour les Hilotes une marge d'indépendance). Mais ce qu'on lui confisque, c'est le fruit de son travail, puisque tout ce qu'il accomplit ne l'est qu'au bénéfice de celui pour lequel il travaille (l'extorsion de la plus-value chez Marx par laquelle l'ouvrier est dépossédé de son propre travail). L'envers de la critique est évidemment l'idéal, clairement énoncé comme tel – et sur lequel nous reviendrons plus tard –, selon lequel la libération véritable du travail, pour Bauer, ne peut se produire que grâce à l'État, mais certainement pas grâce à un État libéral, c'est-à-dire avec l'avènement d'un constitutionnalisme qui ne change rien à l'organisation du travail et à ce qui en résulte.

1. E. Bauer, *Der Streit der Kritik mit Kirche und Staat*, *op. cit.*, p. 33.

2. A. Ruge, « *Errinerungen aus dem äusseren Leben*, von Ernst Moritz Arndt », *in* H. und I. Pepperle (ed.), *Die Hegelsche Linke*, *op. cit.*, p. 183.

3. Voir E. Levy, *Sparte. Histoire politique et sociale jusqu'à la conquête romaine*, Paris, Seuil, 2003, p. 45.

Comme le résume Moggach : « L'État, qui est potentiellement l'agent de la transformation historique (...), devient pour le libéralisme le gardien du *statu quo*, de la distribution existante des biens »[1].

Bauer souligne le paupérisme engendré par la nouvelle organisation du travail, insistant sur la vie quasi animale des travailleurs : « Nous sommes allés si loin que nous avons fait de l'"animal" l'idéal de l'homme : "nous avons à tout le moins abaissé la totalité du développement humain à un minimum qui nous donnerait sur l'animal un triste privilège, bientôt disparu" »[2]. À ce tableau, *Die bürgerliche Revolution*, qui fait le bilan des révolutions de 1848 en Allemagne, ajoute un nouvel élément, à savoir le mépris dans lequel le pouvoir politique et la bourgeoisie tiennent ceux qu'ils instrumentalisent et dont pour ainsi dire ils sucent la vie : « Ces rejetés, qui saignaient à mort sur les barricades, luttaient contre des conditions d'existence en général qui se contentaient de leur imposer le devoir de privation et, en outre, les récompensaient pour l'exercice de ce devoir avec le mépris »[3].

Le deuxième type d'instrumentalisation est énoncé dans *Die Judenfrage* ; « Le besoin est le puissant moteur qui met en mouvement la société civile. Chacun utilise l'autre afin de satisfaire son besoin et est derechef utilisé par celui-ci dans le même but. Le tailleur utilise mon besoin pour se nourrir et nourrir sa famille ; je l'utilise, afin de satisfaire mon besoin »[4].

Le premier élément important est que la société bourgeoise se caractérise d'abord par une certaine manière d'organiser les rapports de travail et, plus largement, les rapports interhumains, qui engendre dans la tête des individus y participant un certain état d'esprit, à savoir une éthicité. Certes, cet ordre économique a bien été mis en place par les hommes, mais on dirait qu'il s'est autonomisé, de sorte que les hommes en sont désormais le jouet. L'organisation du travail constitue une structure ou un système qui détermine les buts des individus qui y entrent, et dont la valeur suprême, nous l'avons souligné, est l'argent. La place de chacun y est prédéfinie, au niveau de ses possibilités d'action, par la situation économique dans laquelle il naît (le capital économique et social). Cette dimension de la pensée de Bauer est extrêmement intéressante, on la retrouve jusque dans la « Verteidigungsrede » où elle est synthétisée dans l'expression de « conditions de vie ». Ce sont les « conditions de vie »

1. D. Moggach, *The Philosophy and Politics of Bruno Bauer*, *op. cit.*, p. 160.
2. *BesS*, p. 77.
3. B. Bauer, *Die bürgerliche Revolution*, *op. cit.*, p. 193-194.
4. *Jud.*, p. 8.

qui produisent un certain horizon de pensée, qui engendrent un réseau conceptuel de possibilités liées à la position qu'on a et aux horizons qui sont ouverts en vertu de cette position (exactement comme dans un jeu vidéo), mais qui produisent aussi un ensemble de valeurs qui sont précisément liées à cette place qu'on occupe[1].

En outre, le simple fait qu'on soit pris dans le système économique de la société marchande et industrielle fait qu'on incorpore tous, quelle que soit la place qu'on occupe, un ensemble de présupposés axiologiques sur lesquels repose ce système. Celui-ci nous conduit nécessairement à nous replier sur notre *ego*, à considérer l'autre comme une altérité radicale avec qui on entre en compétition, de sorte qu'on retrouve ici l'anthropologie hobbesienne par laquelle *Léviathan* caractérise l'état de nature – fierté, méfiance, rivalité – et qui conduit chacun à instrumentaliser chacun. Même si Bauer ne reprend pas littéralement l'expression hobbesienne, la société bourgeoise est bien pour lui caractérisée comme la guerre de tous contre tous, et, du moins pour la majorité, comme une vie précaire et quasi animale, comme un état dans lequel *homo homini lupus*. P. Clochec rappelle qu'on trouve l'expression hobbesienne dans l'article de Marx, « Sur la question juive », et qu'elle était déjà chez Fourier (*Le Nouveau monde industriel et sociétaire*)[2].

La société bourgeoise est donc d'abord un mode d'organisation des rapports interhumains où tout le monde instrumentalise tout le monde. L'autre, simple moyen de satisfaire les intérêts privés du même, y est donc réduit à sa valeur d'échange : en quoi peut-il m'être utile ? Que peut-il m'apporter ? Quel est son intérêt pour moi ? À quoi me sert-il ? Cette société produit bien un mode de fonctionnement intellectuel, un type de rationalité, mais il s'agit uniquement, pour reprendre l'expression de l'école de Francfort, d'une rationalité instrumentale : voilà l'éthicité propre à la société bourgeoise. Comme on l'a souligné, cette éthicité est incorporée par l'individu du fait même qu'il participe à cette société, de sorte que personne ne peut prétendre s'en exclure et être au-delà. Il y a chez Bauer des passages qui anticipent complètement l'analyse marcusienne de la « culture de masse », montrant comment même le travail spirituel est restreint à sa valeur marchande. Dans *Russland und das Germanentum*, Bauer déplore le fait que même le travail scientifique est aujourd'hui

1. C'est le sens du passage très difficile dans « Die Gattung und die Masse », *op. cit.*, p. 220-221, écrit dans un style hégélien relativement abscons.

2. P. Clochec, *Marx jeune hégélien*, *op. cit.*, p. 617.

abandonné aux lois du travail privé[1], donc aux lois de la concurrence et de la rentabilité. Le développement de la société bourgeoise a pour corollaire un appauvrissement intellectuel, lié à la désertion des universités, dans lesquelles les professeurs n'inventent par ailleurs plus la moindre idée, au profit des écoles supérieures de techniciens[2]. La culture générale est abandonnée. Il faut être efficace, rentabiliser le temps, de sorte que plus personne n'a la patience d'écouter les débats des philosophes sur l'espace et le temps[3]. La « masse » est l'ennemi de l'esprit, du *Geist*, écrivait déjà Bauer en 1843 (et il faudrait plutôt dire : du *Geist* véritable)[4]. De là le refus de la complexité conceptuelle, et même l'impossibilité pour la masse d'y accéder, pour autant qu'il faut de la patience, c'est-à-dire du temps : « La masse veut des concepts simples, afin de ne pas avoir à se frotter au problème – elle veut des *schiboleths*, afin d'en finir avec n'importe quoi dès qu'elle commence – elle veut des slogans, afin, grâce à eux, de nier la critique »[5]. Bref, la pensée, pour la masse, n'est qu'un alibi esthétique, ou, pour le mieux dire, social (les idées et valeurs comme signes de reconnaissance qui fondent l'affiliation dans un groupe et, partant, du côté des dominants, les idées et valeurs comme capital culturel qui prend place à côté du capital économique et du capital social)

On comprend mieux désormais pourquoi la « masse », chez Bauer, ne renvoie pas à une classe particulière, par exemple aux travailleurs, puisque le concept sert à penser un certain type de relation sociale et à condenser la conception de l'individu dans la société bourgeoise, quelle que soit sa place dans cette société et même si les positions occupées ne sont pas les mêmes. Par moments, Bauer emploie le terme en un sens plus précis, désignant, comme on le voit contextuellement, la position de ceux qui, comme le dit Edgar la même année dans *Der Streit der Kritik*, n'ont « pour capital que leur corps »[6] : « (…) et la masse, qui ne connaît rien de plus haut que son existence sensible – hésitera-t-elle à se soumettre au

1. B. Bauer, *Russland*, *op. cit.*, p. 55.
2. *Ibid.*, p. 45-46.
3. *Ibid.*
4. B. Bauer, « Neue Schriften über die Judenfrage », *op. cit.*, Heft 1, p. 3.
5. B. Bauer, « Rezension : Hinrichs *Politische Vorlesungen*, Band 2 », *op. cit.*, p. 197-198. À propos du mot *schiboleth* ; en faisant prononcer ce terme, les Israélites pouvaient reconnaître à leur mauvaise prononciation (*siboleth*) leurs ennemis éphraïmites (Jg 12, 6). Notons que Cohen l'utilise dans le même sens de baudruche ou terme vide (*La Théorie kantienne de l'expérience*, *op. cit.*, p. 78).
6. E. Bauer, *Der Streit der Kritik*, *op. cit.*, p. 286.

capital qui lui garantit son emploi et sa vie ? »[1] Le caractère insupportable des conditions de vie des travailleurs n'est même pas dangereux pour le système, dans la mesure où le simple fait d'y être jeté sans pouvoir faire autre chose que d'y vivre ou plus exactement d'y survivre a pour conséquence que « la masse, complètement dénervée par le combat que la concurrence lui fait mener contre elle-même, n'a même plus la force de s'aider »[2].

Russland und das Germanentum montre un changement sur un point chez Bauer. Dans *Die evangelische Landeskirche*, la science est l'alliée de l'État contre la religion. Il y a une dimension véritablement hégélienne, pour autant que l'État effectif (mais pas réel), c'est l'État rationnel, et que la science est la dimension de la conscience de soi de l'État qui permet à celui-ci d'aller plus avant. D'une certaine façon, il y a quelque chose du « philosophe roi » dans la conception défendue par Bauer à cette époque, pour autant que la vérité de l'État est dans la science qui a une longueur d'avance (la science dépasse l'État dont pourtant elle provient) et guide celui-ci[3].

Comme nous l'avons développé, ce discours irénique cesse avec les difficultés qui vont apparaître dans les rapports de Bauer et plus largement des Jeunes hégéliens avec l'État prussien. *Die gute Sache* en est l'illustration – mais plus encore *Russland und das Germanentum* qui produit, dans le cadre de la théorie de l'instrumentalisation qu'on vient d'esquisser, une théorie de la domination. La pensée critique, c'est-à-dire la pensée libre, c'est-à-dire la science, « est étrangère au gouvernement ou regardée par lui avec méfiance et exclue des universités et des académies »[4] (on ne peut pas s'empêcher ici de penser à l'expérience universitaire de Bauer). Il y a, sur ce point, un changement par rapport au siècle dernier où l'esprit scientifique était « à la pointe du développement spirituel » lorsque « les gouvernements fondèrent les académies et [que] les princes rivalisaient pour protéger les métaphysiciens »[5]. Tout a changé avec la transformation des universités prussiennes après les guerres napoléoniennes, où la recherche scientifique cesse d'être directement soumise à la tutelle de l'État, particulièrement au niveau des buts qui

1. B. Bauer, « Die Gattung und die Masse », *op. cit.*, p. 221. Nous avons cherché à montrer dans les analyses qui précèdent que les expressions de Bauer ne sont pas à entendre ici au sens d'un jugement de valeur et donc d'un mépris de classe.

2. B. Bauer, « Die Gattung und die Masse », *op. cit.*, p. 221.

3. B. Bauer, *Die evangelische Landeskirche*, *op. cit.*, p. 105 ; voir aussi p. 18.

4. B. Bauer, *Russland*, *op. cit.*, p. 54.

5. *Ibid.*, p. 55.

lui sont assignés et qui consistaient essentiellement à former les cadres de la nation[1]. C'est en ce sens que Bauer écrit qu'elle relève désormais du « travail privé »[2]. Cependant, alors que, d'un côté, on peut croire qu'ainsi c'est « la liberté et l'autonomie future de la recherche »[3] qui sont reconnues, il apparaît ce résultat incroyable et monstrueux[4] : à savoir que la recherche scientifique est encore plus soumise à l'État et que celui-ci est beaucoup plus autoritaire qu'avant, mais aussi que l'université, à titre de forme de la vie sociale et de la société bourgeoise, a désormais incorporé le mode de fonctionnement de celle-ci. Partant, le souci de la vérité, c'est-à-dire l'esprit scientifique, se trouve profondément affecté.

Le fonctionnement de la société bourgeoise repose sur l'idée que « le monde ne reçoit jamais un service sans le payer » : c'est cette marchandisation du savoir qui conduit le savant à devenir un homme de pouvoir, et à entrer dans la compromission en subordonnant le souci du vrai à celui du pouvoir et de l'argent[4]. Derrière chaque discours qui prétend être jugé de façon pour ainsi dire abstraite, purement scientifique, à l'aune de la valeur suprême que serait la vérité, se cache en vérité un processus d'assujettissement aux pouvoirs en place et de domination des subalternes et des rivaux. Bauer, tardivement, avoue désormais son admiration pour Machiavel[6]. Dans la société bourgeoise, tous les rapports humains sont des rapports de force. Cet examen en termes de rapports de force se trouvait déjà dans *Die gute Sache*, à propos de la défense de théologiens (c'était le troisième sens dans lequel la théorie est pratique), ou bien, dans *Die Judenfrage*, lorsque Bauer explique qu'une injustice dénoncée par une minorité peut ne pas être objectivée comme telle, et rester invisible, à partir du moment où la majorité partage tacitement certaines valeurs du fait de son appartenance religieuse et, partant, exerce une domination à son insu[7]. C'est encore le cas, mais d'une manière encore plus patente, dans *Die bürgerliche Revolution*. La question n'est pas (ou plus) de justifier la rationalité du suffrage universel, mais elle devient uniquement celle des rapports de force, dans l'Allemagne de 1848 : qui a intérêt à faire triompher le suffrage universel ? Qui n'y a pas intérêt, et pourquoi ?

1. Voir G. Krebs, « Universités, professeurs et étudiants en Allemagne dans la première moitié du XIXe siècle », *op. cit.*, p. 106-126.
2. B. Bauer, *Russland*, *op. cit.*, p. 55.
3. *Ibid.*, p. 56.
4. *Ibid.*, p. 55.
4. Voir B. Bauer, *Russland*, *op. cit.*, p. 53.
6. Voir B. Bauer, *Bismarck*, *op. cit.*, p. 5-8.
7. *Jud.*, p. 73.

On voit également la proximité avec Nietzsche, à cette différence qu'ici il ne s'agit nullement d'une analyse des rapports interhumains pensés pour ainsi dire métaphysiquement, anhistoriquement, à l'aune d'une conception de la vie comme volonté de puissance[1]. Car c'est ici d'une analyse historique qu'il s'agit, où les rapports humains sont pensés à l'aune des mécanismes qui régissent la société industrielle et marchande dans laquelle la production du savoir trouve sa place – et se trouve, comme n'importe quel produit, réduite à sa valeur d'échange. Autrement dit, on est bien dans une pensée sociale, puisque Bauer s'oppose à toute naturalisation des rapports interhumains qui, de droit, pourraient être totalement différents de ce qu'ils sont de fait (contre toute conception qui pose que « *there is no alternative* »).

Macherey affirme à propos de l'article que Hess écrit en 1843 mais qui ne paraît qu'en 1845, « L'essence de l'argent » :

> (...) se dégage une intuition que Hess est sans doute le premier en Allemagne à avoir eue, d'après laquelle le rapport conflictuel du capital et du travail salarié constitue la clé de l'analyse de la réalité économique, dans la forme que la société bourgeoise lui donne, en l'abandonnant complètement aux mécanismes de l'échange qui engendrent un monde où tout est à vendre, en présupposant que ces mécanismes sont seuls créateurs de "valeur", à tous les sens du terme[2].

Or il nous semble que c'est Bauer qui, le premier, a cette intuition, dès les textes de 1841. Hess, dont on verra qu'il devient pour Bauer, à côté de la figure de l'État chrétien, le représentant d'une autre figure de l'État tout aussi dangereuse (la « démocratie extrême »), a d'abord été, pendant la courte période du Jeune hégélianisme, sous l'influence de Bauer, puisqu'il est sous celle de Marx auquel il voue une profonde admiration lorsqu'il le rencontre en 1841.

Bauer pense ce qu'on nommera plus tard, avec Weber et Simmel, le « capitalisme ». Déjà, il montre comment le capitalisme est caractérisé par :

1) la libération du travail produite par la révolution industrielle, c'est-à-dire l'égalité qui, de droit du moins, permet à chacun d'accéder à n'importe quelle profession ;

2) la concurrence, comme moyen qui est non seulement censé rendre les produits les plus accessibles pour l'acheteur, mais qui permet à chacun de se réaliser selon son talent et sa pugnacité dans un monde où tout est

1. Voir sur ce point nos *Leçons sur Nietzsche. Critique de Kant*, Paris, Ellipses, 2015.
2. P. Macherey, « Marx et la réalisation de la philosophe », *op. cit.*, p. 134.

possible pour autant qu'on se donne les moyens d'y arriver. La croyance fondamentale de la société marchande et industrielle est que la société, libérée de la tutelle de l'État, c'est-à-dire du politique, va s'organiser toute seule par le jeu de la concurrence[1] ;

3) le salariat, la division et même « la concurrence entre le capital et le travail », comme écrit Bauer dans « Die Gattung und die Masse »[2]. Dans le même texte, il souligne que « la concurrence conduit à l'accumulation unilatérale du capital »[3], soulignant comment ce que nous nommons aujourd'hui « capitalisme » implique une exigence d'accumulation illimitée du capital. Boltanski et Chiapello, qui insistent eux aussi sur cette caractéristique[4] et celles qui précèdent dans leur détermination des piliers du capitalisme[5], ajoutent, dans la lignée de Weber, « l'idée selon laquelle les personnes ont besoin de puissantes raisons morales pour se rallier au capitalisme »[6]. Sur ce point encore, Bauer est un initiateur : pour lui, la société bourgeoise n'est pas une simple organisation du travail, puisque celle-ci engendre dans l'esprit de ceux qui y participent une éthicité la justifiant (et même s'il s'agit pour Bauer d'une éthicité à l'envers et d'une pseudo-justification).

L'ÉTAT COMME FIGURE SUPRÊME DE LA CONSCIENCE DE SOI QU'EST-CE QUE LA SOUVERAINETÉ ?

L'État, pour Bauer, est la réalité suprême. Le point est développé dans *Die evangelische Landeskirche*, où ce n'est pas seulement la religion qui devient une forme de la vie politique, mais tout ce qui est. Ce livre est donc le geste inaugural du Bauer philosophe politique puisque, désormais, tout est politique. L'État est « la réalité juridique qui comprend tout »[7] : l'art, la religion, la science, et évidemment l'homme. Il est « l'unique forme dans laquelle existe l'infinité de la raison, de la liberté (…) »[8].

Le terme de « conscience de soi », appliqué à l'État, a deux sens. Premièrement, parler de conscience de soi de l'État permet d'insister sur la différence entre la réalité et l'effectivité, c'est-à-dire de souligner que

1. Voir B. Bauer, *Russland*, *op. cit.*, p. 72-74.
2. B. Bauer, « Die Gattung und die Masse », *op. cit.*, p. 220-221.
3. *Ibid.*
4. L. Boltanski et E. Chiapello, *Le Nouvel esprit du capitalisme*, *op. cit.*, p. 35.
5. *Ibid.*, p. 48-50.
6. *Ibid.*, p. 43.
7. B. Bauer, *Die evangelische Landeskirche*, *op. cit.*, p. 101.
8. *Ibid.*, p. 104.

la figure empirique de l'État n'est qu'un moment d'un développement qui reste à faire, et qu'il ne faut donc pas identifier la ou les figure(s) réalisée(s) historiquement de l'État avec un idéal immanent qui la (les) dépasse et vers lequel elle(s) tend(ent)[1]. La conscience de soi de l'État, c'est donc moins l'État existant que l'Idée vers laquelle il tend, et relativement à laquelle, parce qu'elle apparaît en creux en lui, il est en manque.

Deuxièmement, la conscience de soi dont l'État est la manifestation est, comme on l'a vu, celle de l'humanité. Le terme de « conscience de soi » permet d'abord de penser le lien entre les différentes manifestations ou productions de l'humanité, ainsi que la manière dont elles sont articulées et hiérarchisées les unes par rapport aux autres. Mais il permet ensuite de mettre en évidence le sens de la politique, c'est-à-dire de l'État. Car, certes, l'État est la réalité suprême qui englobe tout, mais il ne l'est que pour autant qu'il est la manifestation suprême de l'humanité et qu'il en est en même temps le lieu de réalisation ultime. Ce n'est pas l'homme qui est subordonné à l'État, mais, inversement, l'État qui est subordonné à l'homme. L'État n'a de sens que dans la mesure où il permet aux hommes de réaliser leur liberté : c'est le sens de la citation donnée plus haut[2]. On lit dans « Der christliche Staat » : « Même dans sa figure la plus grossière, l'État laisse nécessairement percer le fait qu'il est le phénomène de la liberté et l'action de la conscience de soi universelle »[3].

La fin de l'État, ce sont les hommes, mais ceux-ci sont aussi le fondement de l'État, sa base et son origine. Bauer écrit dans *Die evangelische Landeskirche* ; « elles [*sc.* les déterminations politiques fondamentales] sont produites à titre de tâche nécessaire par la spécificité de la vie du peuple et celle de l'État dans leur totalité, aussi bien que par le développement historique et souvent par le développement de plusieurs siècles »[4]. Les déterminations politiques fondamentales – expression par laquelle il faut entendre les règles qui régissent l'organisation de la vie politique – proviennent de l'histoire d'un peuple et, plus précisément, de la vie de ce peuple dans son déroulement historique et toutes ses composantes. L'expression de *Staatsleben*, très présente dans les textes de Bauer de 1840 à 1844[5], se retrouve chez son élève, le jeune Marx[6]. Les formules de Bauer sont certes très imprécises. Qu'entend-il par « la

1. B. Bauer, *Die evangelische Landeskirche*, *op. cit.*, p. 104.
2. *Ibid.*
3. B. Bauer, « Der christliche Staat », *op. cit.*, p. 7.
4. B. Bauer, *Die evangelische Landeskirche*, *op. cit.*, p. 78.
5. On trouve 11 occurrences de l'expression dans le recueil *Feldzüge*, *op. cit.*
6. P. Clochec, *Marx jeune hégélien*, *op. cit.*, p. 398.

vie du peuple et celle de l'État dans leur totalité »? La « vie de l'État », dans « Der christliche Staat », est identifiée à toutes les objectivations de la vie du peuple, par exemple la science, l'art, les techniques et aussi les mœurs[1].

Bref, il y a une fondation de l'État dans le peuple, dans la vie du peuple. Un autre passage du même texte éclaire la pensée de Bauer :

> La question portant sur la constitution de l'Église dépasse la limite de cette configuration particulière que prend l'Église, puisqu'elle concerne le rapport de cette configuration particulière de la vie de l'État avec toutes les autres déterminations de l'État, et elle ne peut pour cette raison trouver de solution qu'à l'intérieur de la conscience qui englobe l'organisme qu'est l'État tout entier et dans laquelle les limites des moments particuliers de l'État sont posées idéellement. Si dans un État tous les différents ordres (*Stände*) existent et prennent part au pouvoir législatif, toutes les questions qui touchent la constitution de l'Église entrent alors aussi dans le champ de leur discussion et décision, mais seulement parce que la conscience de l'universel trouve en eux sa représentation[2].

On comprend mieux le sens de notre proposition selon laquelle l'État trouve son fondement dans la vie du peuple : c'est que tous les ordres « prennent part au pouvoir législatif ». Certes, la proposition n'énonce pas un fait, mais un droit, c'est-à-dire un idéal (« Si dans un État.... »). Ce qu'elle décrit est exactement ce que Droz attribue à une certaine conception qui va se diffuser dans l'Allemagne du XIXe siècle, dont il dit qu'elle provient des Jeunes hégéliens, et dont on trouve l'origine dans ce texte de Bauer de 1840. C'est-à-dire que l'État n'est pas « constitué par la somme des individus unis par un contrat », car il est « l'expression organique de toutes les forces de la nation parvenue à un certain degré de culture. (...) Dans les milieux intellectuels qui avaient été affectés par l'hégélianisme de gauche » (on retrouve ici l'identification entre « hégélianisme de gauche » et « Jeune hégélianisme » dont il fut question plus haut), « la pensée politique de Hegel était restée vivante, mais elle s'était démocratisée; et l'on était venu à penser que l'État, s'il voulait répondre aux exigences du monde moderne et faire sa part au développement de l'industrie et des échanges, devait admettre que l'ensemble des citoyens, même ceux qui appartenaient aux classes inférieures, devaient être représentés »[3].

1. B. Bauer, « Der christliche Staat », *op. cit.*, p. 35.
2. B. Bauer, *Die evangelische Landeskirche*, *op. cit.*, p. 103.
3. J. Droz, « L'origine de la loi des trois classes en Prusse », *op. cit.*, p. 18.

La notion d'organisme, qui est seulement une comparaison qu'il faut entendre comme telle et qui, partant, a des limites, indique d'abord la chose suivante. C'est que l'État, en tout cas idéalement, n'est pas quelque chose d'abstrait et de désincarné, mais pour ainsi dire colle avec la vie du peuple (de là l'apparente tautologie selon laquelle l'État est fondé dans « la vie de l'État »). Il s'agit pour Bauer de penser, non pas l'État ou bien même le social et la société, mais le rapport de l'un avec l'autre, et de penser l'interaction des deux. Avec Bauer, nous sommes dans une pensée anti-substantialiste. De même que l'individu n'existe pas en dehors des relations qu'il tisse avec les autres, et qui le font être ce qu'il est, la société n'est pas quelque chose qui existerait indépendamment de ses liens avec l'ordre politique, de même que celui-ci ne peut pas être isolé et considéré indépendamment de celle-là.

Bauer se situe dans la tradition hégélienne, à savoir une ligne de pensée qui s'oppose au contractualisme, comme en témoignent ne serait-ce que les expressions « la vie du peuple et celle de l'État dans leur totalité, aussi bien que (…) le développement historique ».

Mais il faut davantage préciser ce lien « organique » entre le peuple et la vie du peuple, d'un côté, et l'État, de l'autre. Droz parle de « représentation », mais le texte de Bauer est plus précis, même si le philosophe lâche un mot essentiel sur lequel il ne fait pas fond, pour les raisons qu'on a développées (le contexte de 1840). L'État cesse d'être une abstraction dans laquelle il y a une autonomisation des deux plans (l'ordre social *vs.* l'ordre politique) et ne réalise l'idéal, donc la réconciliation, et, par là même, la justice, que si tous les ordres participent à la législation.

C'est là qu'on en arrive à ce que les commentateurs nomment « l'idéal républicain » de Bauer, à la manière de Moggach qui rappelle quels furent, avant lui, les commentateurs qui ont propagé un tel slogan[1]. Il est clair que le slogan n'est pas faux, mais qu'il est seulement imprécis. Rosen est beaucoup plus précis lorsqu'il parle de « sa position démocrate-révolutionnaire »[2], alors que la question de la démocratie n'apparaît quasiment pas, sinon sous forme d'allusions, dans *The Philosophy and Politics of Bruno Bauer*. Moggach remarque certes que la question de Bauer est celle de la souveraineté populaire, mais il ne va pas plus avant[3].

Or la question de la souveraineté populaire est essentielle et elle est posée dès le texte de 1840 d'une manière qui ne va pas varier pendant

1. D. Moggach, « German Republicans and Socialists in the Prelude to 1848 », *op. cit.*, p. 217 ; voir aussi D. Moggach, *The Philosophy and Politics of Bruno Bauer*, *op. cit.*, p. 180, mais aussi p. 1-2, 5, 8-9, 10-11-14, etc.

2. S. Rosen, *Bruno Bauer and Karl Marx*, *op. cit.*, p. 122.

3. D. Moggach, *The Philosophy and Politics of Bruno Bauer*, *op. cit.*, p. 1, 160.

toute la vie de Bauer. La question de la souveraineté est celle du peuple législateur. C'est en somme le problème de l'autonomie, pensé de la manière dont le formulait Rousseau dans *Du contrat social* sur un point précis. De droit, c'est-à-dire du point de vue de l'idéal ou bien encore du point de vue de la rationalité, l'État est celui dans lequel le peuple n'est pas seulement assujetti aux lois, mais dans lequel il se donne lui-même les lois auxquelles il se soumet. C'est l'autonomie politique, donc la liberté, contre l'hétéronomie. Moggach souligne à plusieurs reprises la différence entre la conception bauérienne de l'État et celle de Hegel, qui n'est nullement républicaine pour autant qu'elle ne reconnaît pas la souveraineté populaire comme le fondement de l'État[1]. Au tout début de *Russland*, c'est, dans l'horizon de la philosophie allemande, à Kant que Bauer attribue l'origine de cette idée[2] : cet acte de violence herméneutique s'explique, outre par la rupture avec Hegel et les Jeunes hégéliens, par une interprétation politique de la notion kantienne d'autonomie, qu'on retrouvera par ailleurs sur un autre point commenté par Moggach.

Ce dernier rappelle que, « avec son frère Edgar, Bauer a fondé la Société Démocratique de Charlottenburg en 1848, et il s'est présenté sans succès aux élections à l'Assemblée nationale prussienne sur une liste prônant la souveraineté populaire »[3]. Bauer présente quatre fois[4] sa candidature à l'assemblée prussienne entre le 8 mai 1848 et le 1er mars 1849[5], mais il essuie à chaque fois un échec. Essbach note en outre qu'« il est agressé par un groupe de réactionnaires à Charlottenburg le 20 août (1848) »[6].

Dans la « Erste Wahlrede » [« Premier discours électoral »], Bauer reprend l'idée d'autolégislation – mais le discours comme le contexte dans lequel l'idée est développée lui confèrent une précision qui n'était pas encore dans le texte de 1840 : « La question est de savoir si le peuple a le droit et le privilège de se donner sa propre loi, ou s'il doit supporter calmement ou pas qu'un pouvoir gouvernemental, qui peut toujours être un pouvoir absolu, lui prescrive sa constitution »[7]. Dans *De la dictature*

1. *Ibid.*, p. 9, 83.

2. B. Bauer, *Russland*, *op. cit.*, p. 1.

3. D. Moggach, Bruno Bauer, *Stanford Encyclopedia of Philosophy*, https://plato.stanford.edu/entries/bauer/. Voir aussi *The Philosophy and Politics of Bruno Bauer*, *op. cit.*, p. 173.

4. Voir H.-P. Erberlein, *Bruno Bauer*, *op. cit.*, p. 154.

5. Pour ces deux dates, voir *Magdeburgische Zeitung* 111, den 10. Mai 1848, et *Der Orient. Berichte, Studien und Kritiken für jüdische Geschichte und Literatur* 11, Zehnter Jahrgang, Leipzig, den 17. März 1849, ainsi que la *Bayreuther Zeitung* 64, 5. März 1849.

6. W. Essbach, *Die Junghegelianer*, *op. cit.*, p. 70.

7. E. Barnikol, *Bruno Bauer : Studien und Materialen*, *op. cit.*, p. 525 ; voir aussi H.-P. Eberlein, *Bruno Bauer*, p. 155.

occidentale, il est dit que cette question est celle de la Révolution française, et qu'elle trouve son issue, après tous les atermoiements de la fin du XVIIIe siècle et de la première moitié du XIXe siècle, dans l'avènement du suffrage universel[1].

Dans la monarchie, le pouvoir politique prétend à la même chose que ce à quoi prétend Dieu dans la religion, à savoir être l'expression d'un au-delà inconnaissable et, en somme, être fondé sur une transcendance *sui generis*. Dès *Die evangelische Landeskirche*, Bauer conteste que la légitimité de l'État puisse être fondée sur une quelconque transcendance, car elle ne peut être fondée que par en bas, que sur « la spécificité de la vie du peuple et celle de l'État dans leur totalité ».

Dans *Bismarck*, donc en 1880, il écrit : « Sans une démocratie et son appel à l'égalité universelle des droits, il n'y a pas de souveraineté (*Kaisertum*) puissante, comme dans le système impérial classique »[2]. Bauer donne comme exemple la dynastie de Saxe, les Ottoniens, qui, pour fonder leur autorité politique et se prémunir contre toute contestation et tout renversement, « ont dû (…) recourir à la monarchie théocratique de Charlemagne et se tourner vers l'organisation démocratique de leur temps, qui se trouvait au-dessus des distinctions d'ordre et de provenance, à savoir l'Église, et chercher une alliance avec elle »[3].

Le premier pas vers la démocratie apparaît donc dans l'Église chrétienne, avec l'idée d'une égalité des hommes devant Dieu – et même s'il s'agit d'une égalité toute théorique. Le second pas est fait par la réforme luthérienne, avec la doctrine de la justification par la foi qui parfait cette égalité, pour autant qu'elle s'oppose à toute hiérarchie et à tout ordre religieux en promouvant la liberté totale de l'homme devant Dieu[4]. Mais il s'agit d'un approfondissement d'une liberté tout intérieure, tournée vers un ailleurs ou un au-delà qui justifie du coup les inégalités et les injustices les plus grandes ici-bas. La fameuse formule marxienne selon laquelle la religion est « l'opium du peuple », qu'on trouve dans l'article de 1844 sur Hegel[5], trouve son origine chez Bauer :

1. *DO*, p. 10. On soulignera que, pour Bauer, l'expression de « suffrage universel » correspond au suffrage universel masculin. Bauer n'évoque jamais la question du sexe ou du genre dans son travail, si l'on excepte le chapitre de *Russland* intitulé « Das Reaction und das Weib » (p. 103), où ses propos sur la femme relèvent du sexisme le plus convenu.

2. B. Bauer, *Bismarck*, *op. cit.*, p. 54. Nous nous expliquons plus loin sur notre traduction de *Kaisertum* par « souveraineté ».

3. *Ibid.*, p. 54-55.

4. B. Bauer, *Russland*, *op. cit.*, p. 59.

5. K. Marx, « Pour une critique de la philosophie du droit de Hegel » (Introduction de 1843-1844), *op. cit.*, p. 383.

> L'État totalement chrétien est celui dans lequel règne une constitution théologique. Celle-ci conquiert une domination effective, voire même une domination absolue, c'est-à-dire qu'elle peut, avec son influence analogue à l'opium, parvenir au point où elle ne trouve plus aucune trace de résistance et où toutes les pulsions de l'humanité libre se sont endormies – ou bien, si elles se réveillent de temps en temps, elles équivalent à un crime commis dans une somnolence stupide et face auquel frémit l'humanité qui n'a pas encore atteint ce degré de chrétienté ou qui l'a déjà perdu[1].

Car il n'y a de pouvoir politique légitime que celui qui est reconnu comme tel par ceux qui le subissent et qui devraient en être les sujets au double sens du terme : non pas seulement y être asservis, mais en être les auteurs et le décider comme tel. Politiser et socialiser la religion, donc la considérer dans ses effets sensibles, grâce à la méthode qu'est la conscience de soi, voilà qui conduit à interpréter la religion comme instrument d'oppression et d'aliénation, pour autant qu'elle justifie le fonctionnement d'un État qui ne peut qu'être qualifié d'État chrétien puisqu'il a besoin de la religion chrétienne pour fonder sa prétendue légitimité.

La souveraineté populaire, c'est le peuple autolégislateur. Le suffrage universel, donc, est la première exigence de la démocratie, c'est-à-dire d'un État rationnel ou de l'idéal de l'État.

De là la lutte de Bauer contre le libéralisme constitutionnel, qui commence avec *Die evangelische Landeskirche*, mais de manière discrète et indirecte, puisqu'il n'ose pas encore affronter l'État prussien, mais qui s'affirme dans les articles publiés dans la *Rheinische Zeitung* – et déjà au banquet en l'honneur de Welcker le 28 septembre 1841. Bauer, à propos de ce banquet, évoque dans une lettre à son frère de décembre 1841 « le toast (…) que j'ai porté à Hegel, en particulier à sa conception de l'État, sur laquelle il y a encore tant de représentations erronées dans le sud de l'Allemagne, afin d'expliquer que et comment cette conception dépasse de loin ces représentations par son courage, sa libéralité et sa détermination »[2].

Bauer évoque dans *Bismarck* la façon dont le libéralisme, après la Révolution française, s'est développé en Allemagne, conduisant certains États du sud à adopter suite au Congrès de Vienne de 1814-1815 une

1. B. Bauer, « Der christliche Staat », *op. cit.*, p. 9.

2. Lettre de B. Bauer à E. Bauer du 9 décembre 1841, *Briefwechsel*, *op. cit.*, p. 163. Engels (dans l'article « Nord- und süddeutscher Liberalismus », *Rheinische Zeitung* 102, 12 avril 1842) et E. Bauer (« Das *Juste-Milieu* », *Rheinische Zeitung* 156, 228, 230, 233, 255, juin et août 1842) reprendront la thèse et la question des États du sud : voir P. Clochec, « Le libéralisme de Marx », *Actuel Marx* 56, 2014/2, p. 109-123.

constitution[1]. Ce mouvement libéral se caractérise d'abord par une revendication constitutionnelle qui permet au peuple d'avoir une certaine représentation politique. Il s'agit de revendiquer le suffrage censitaire, et cela dans le cadre d'une monarchie constitutionnelle : selon la formule du chancelier Hardenberg, la volonté est « d'introduire des principes démocratiques dans un État monarchique »[2]. Outre que ce mouvement se caractérise par un souci d'unification de l'Allemagne, il défend la liberté de la presse et de l'opinion ainsi que la laïcité.

Le libéralisme se définit enfin par une volonté d'autonomiser la vie économique de toute tutelle politique, exigeant « un État qui respecte les droits du non-politique et du non-étatique »[3]. Bauer, on le sait, souligne combien le libéralisme constitutionnel favorise les privilèges de classes[4]. Nous avons vu plus haut comment la libération du travail et son autonomisation produisent une société atomisée, fondée sur des privilèges d'argent, où l'injustice est justifiée par toute une dimension d'éthicité qui a une base religieuse. Le libéralisme est religieux, parce qu'il justifie la scission entre la société civile et l'État comme fondée sur la scission entre le monde terrestre et le monde céleste – légitimant par là même les inégalités qui existent dans le monde terrestre. Il dissimule la misère, le paupérisme et l'instrumentalisation, donc l'inégalité concrète entre les individus, en faisant valoir une égalité tout abstraite entre les citoyens – de même que la religion fait valoir leur égalité toute théorique devant Dieu.

Dans les articles publiés dans la *Rheinische Zeitung* en 1842, Bauer se demande pourquoi la Prusse devrait suivre le modèle constitutionnel, puisque celui-ci a déjà été tenté, en France, et l'on voit où cela a mené. Il n'y a aucun intérêt à répéter les mêmes tentatives quand on peut établir par le fait qu'elles sont infructueuses[5]. Depuis l'instauration de la charte constitutionnelle de 1830, qu'il faut distinguer de la charte de 1814, simple concession du roi aux libéraux, on se bat pour savoir « si Louis-Philippe s'en tenait vraiment à la charte ou bien s'il n'a utilisé

1. B. Bauer, *Bismarck*, *op. cit.*, p. 238.

2. Cité dans J. Droz, *Histoire de l'Allemagne*, *op. cit.*, p. 16.

3. J.-F. Kervégan, « Société civile et droit privé entre Hobbes et Hegel », dans P.-F. Moreau (dir.), *Architectures de la raison*, Lyon, ENS Éditions, 1996, p. 147.

4. B. Bauer, *Russland*, *op. cit.*, p. 44-45.

5. B. Bauer, « Die Zersplitterung der Parteien in Frankreich », *Rheinische Zeitung* 41, 10 février 1842 ; voir aussi « Die Parteien im jetzigen Frankreich », *Rheinische Zeitung* 23, 23 janvier 1842.

son pouvoir (…) que pour faire de la constitution une illusion »[1]. Bauer parle de la « contradiction dans l'expérience française »[2], et il explique : « La contradiction de cette constitution et sa difficulté, mortelle pour elle, se trouvent dans le fait que les pouvoirs législatif et exécutif doivent constamment, à chaque moment où ils s'exercent, nécessairement entrer en collision l'un avec l'autre »[3] – problème résumé par la phrase de Thiers que cite Bauer dans *De la dictature occidentale*, « le roi règne, mais ne gouverne pas »[4], et bien que le machiavélique Louis-Philippe[5] arrive à paralyser toute action en promouvant l'éclatement des partis et la lutte infinie entre eux[6], de sorte que cela mène à un débat sans fin[7]. *Russland* consacre un long développement à la monarchie parlementaire anglaise et à « la paralysie générale qui fut la conséquence du constitutionnalisme dans le pays »[8].

Entre 1840 et 1842, le moment où Bauer est exclu de l'université, sa pensée est non seulement originale et fondatrice, mais il est très seul. Les hégéliens de gauche puis les Jeunes hégéliens sont des libéraux. Ruge défend le libéralisme jusqu'au texte qui marque sa conversion au démocratisme, « Eine Selbstkritik des Liberalismus » [« Autocritique du libéralisme »], publié en janvier 1843[9]. Dans son libéralisme soi-disant oppositionnel[10] exposé dans l'Avant-propos des *Hallische Jahrbücher* en 1841[11], quelles que soient les petites différences qu'il cherche à faire valoir[12], Ruge n'en admet pas moins les deux piliers qui fondent l'unité du

1. B. Bauer, « Louis-Philippe und die Juli-Regierung », *Rheinische Zeitung* 170, 16 juin 1842.

2. B. Bauer, « Die deutschen Sympathien für Frankreich », *Rheinische Zeitung* 37, 6 évrier 1842.

3. B. Bauer, « Die Parteien im jetzigen Frankreich », *op. cit.*

4. *DO*, p. 11.

5. B. Bauer, « Louis-Philippe und die Juli-Regierung », *op. cit.*

6. *Ibid.*

7. Voir aussi *DO*, p. 80.

8. B. Bauer, *Russland*, *op. cit.*, p. 91.

9. A. Ruge, « Eine Selbstkritik des Liberalismus », *op. cit.*

10. Voir W. Essbach, *Die Junghegelianer*, *op. cit.*, p. 185.

11. A. Ruge, Vorwort, *Hallische Jahrbücher für deutsche Wissenschaft und Kunst* 1, janvier 1841.

12. *Ibid.* On lit : « (…) ces structures que sont la représentation, la publicité, la liberté de la presse, les tribunaux publics, la représentation nationale, etc., introduites ou reprises par le libéralisme, ne sont pas des productions contingentes, mais des productions de la liberté ou de l'esprit libre fondées spirituellement » (voir aussi l'article dans lequel Hess tient des propos analogues : M. Hess, « Die Regierungsform des kommunistischen Prinzips », *Philosophische und sozialistische Schriften*, hrsg. von W. Mönke, Berlin, Akademie Verlag, 1961, rééd, 1980, p. 194).

libéralisme et que Bauer critique : à savoir la monarchie constitutionnelle, qu'il oppose aux « abstractions des républicains »[1], d'une part, et, d'autre part, l'autonomie de la société civile par rapport à l'État (promotion du marché libre et de la concurrence non faussée : on a vu ce qu'il écrit à cette époque sur le travail). On est loin de l'exigence du texte de 1843, celle de « la dissolution du libéralisme en démocratisme »[2].

Quant à Marx, il défend lui aussi une position libérale. La conversion au démocratisme apparaît dans ce qu'on nomme le manuscrit de Kreuznach (1843). N'oublions pas en tout cas que l'affaire des *Freien* (été-automne 1842), origine de la rupture entre Bauer, d'un côté, et, de l'autre, Ruge et Marx, trouve sa source dans la radicalité de la critique bauérienne – radicalité que Ruge et Marx vont pourtant bientôt rejoindre !

Le conflit du libéralisme constitutionnel entre deux pouvoirs, le pouvoir législatif et le pouvoir exécutif, qui aboutit à leur paralysie totale, est plus profondément le conflit entre deux types de souveraineté, puisqu'il est un « compromis entre la royauté féodale et la démocratie »[3]. Dans *Bismarck*, Bauer cite le mot de Philippe II d'Espagne : « je comprends tout, le républicanisme et le monarchisme, mais la seule chose que je ne comprends pas, c'est le constitutionnalisme »[4]. En France, c'est ce compromis « qui fit la révolution de 89 manquer son but et échouer entièrement »[5], mais il finit par trouver sa solution et atteindre son but. Quel est-il ? Bauer le dit explicitement : c'est le suffrage universel[6].

Il faut toutefois préciser le sens de ce suffrage universel.

Premièrement, Bauer fait valoir le suffrage universel contre le suffrage censitaire : c'est déjà le sous-texte de *Die evangelische Landeskirche*, où il est bien dit que tous les ordres existants doivent participer au pouvoir législatif[7]. C'est pour cela que, comme on le lit dans *Die Judenfrage*, l'État est l'affaire de tous[8]. Dans « Theologische Schamlosigkeiten », en 1841, Bauer critique Heinrich Leo, qui ironise sur les idéaux républicains, la liberté politique et la participation de tous à la vie de l'État, en soulignant

1. A. Ruge, Vorwort, *Hallische Jahrbücher für deutsche Wissenschaft und Kunst* 1, *op. cit.*

2. A. Ruge, « Eine Selbstkritik des Liberalismus », trad. fr. *op. cit.*, p. 268.

3. *DO*, p. 10.

4. B. Bauer, *Bismarck*, *op. cit.*, p. 174.

5. *DO*, p. 10.

6. *Ibid.*, p. 10.

7. B. Bauer, *Die evangelische Landeskirche*, *op. cit.*, p. 103.

8. *Jud.*, p. 88.

que ces railleries sont le fait de gens bien nés dont les privilèges, justement, devraient être des droits pour tous[1].

Deuxièmement, dire, pour Bauer, que le peuple est souverain, c'est dire qu'il a tous les pouvoirs, le pouvoir législatif comme le pouvoir exécutif. C'est sur cette question que Bauer rencontre Montesquieu. Lorsqu'il évoque la thèse relative à la séparation des pouvoirs développée dans *L'Esprit des lois*, il l'assimile à la promotion de la monarchie constitutionnelle contre la monarchie absolue. Dans *Russland*, il écrit en ce sens que la séparation des pouvoirs est une « illusion »[2], ajoutant qu'il n'y a qu'à regarder l'Angleterre pour se rendre compte que, de fait, « les pouvoirs législatif et exécutif sont en Angleterre une seule et même chose et siègent indivis au parlement », « le roi n'étant qu'un fantôme »[3]. Montesquieu consacre justement à l'Angleterre le chapitre 6 du livre XI de *L'Esprit des lois*. Et s'il est vrai qu'il la qualifie de « république qui se cache sous la forme de la monarchie » et que beaucoup de circonstances « ont contribué à y affaiblir le gouvernement monarchique »[4], il n'en affirme pas moins que, « dans la monarchie, le prince est la source de tout pouvoir politique et civil »[5]. Si, pour Montesquieu, l'Angleterre demeure une monarchie, souligne Bacot, « il faut encore, semble-t-il, que celui-ci [*sc.* le prince] conserve une véritable maîtrise des pouvoirs qu'il délègue »[6]. On retombe sur la difficulté de concilier « la souveraineté et la gestion des différents pouvoirs »[7].

Bref, pour Bauer, la souveraineté politique, qui est celle du peuple, est indivisible. Il n'y a pas pour lui, dans l'État idéal, de différence entre le fondement du pouvoir et l'exercice du pouvoir. Mais cela ne veut pas dire qu'il ne défend pas l'idée d'une constitution – mais d'une constitution proprement républicaine – et donc d'une séparation et déconcentration des pouvoirs – mais dans le cadre d'une démocratie. En témoigne sa référence systématiquement élogieuse aux États-Unis, avec leur doctrine des *checks and balances* qui partage les compétences entre organes fédéraux et États fédérés.

1. B. Bauer, « Theologische Schamlosigkeiten » *Deutsche Jahrbücher für Wissenschaft und Kunst*, 15-18 novembre 1841, rééd, *Feldzüge der reinen Kritik*, *op. cit.*, p. 55-56.

2. B. Bauer, *Russland*, *op. cit.*, p. 91.

3. *Ibid.*

4. Montesquieu, *L'Esprit des lois*, *Œuvres*, t. II, « Bibliothèque de la Pléiade », Paris, Gallimard, 1951, L. V, chap. 9, p. 304 et L. XX, chap. 21, p. 598.

5. *Ibid.*, L. II, chap. 4, p. 247.

6. G. Bacot, « Montesquieu et la question de la nature monarchique de la constitution anglaise », *Revue française d'histoire des idées politiques* 25, 2007/1, p. 25.

7. *Ibid.*, p. 26.

Dans les articles publiés dans la *Rheinische Zeitung*, la critique de la monarchie constitutionnelle se double de la référence à un modèle positif, à savoir les États-Unis[1]. *Disraeli's romantischer und Bismarck's socialistischer Imperialismus [L'impérialisme romantique de Disraeli et l'impérialisme socialiste de Bismarck]*, rappelle que, avant la Révolution française, il y a eu la révolution en Amérique[2]. Rosen souligne que les États-Unis « sont pour Bauer l'idéal d'une structure républicaine fédérative et démocratique »[3], renvoyant au compte rendu de Rohmer où Bauer écrit :

> L'auteur ne mentionne pas les États-Unis, qui représentent un plan véritable et développé de la république moderne. Les États-Unis sont la véritable renaissance, c'est-à-dire la transplantation améliorée de la forme de l'État grec, la république des grands États, la république de la fédération, la république que les Girondins en France ont fondée prématurément. Quelqu'un qui pense l'avenir de l'Europe et de l'Allemagne ne peut pas se permettre d'ignorer les États-Unis[4].

Aucun des travaux les plus intéressants sur Bauer politique (Rosen, Moggach) ne cite Tocqueville, dont les deux tomes de *De la démocratie en Amérique* paraissent respectivement en 1835 et 1840. Il est vrai que la référence explicite à cet auteur est très rare – mais elle existe, et elle montre que Bauer le connaît. En outre, toutes ses analyses sur la nécessité de la déconcentration et décentralisation dans un régime démocratique – et sur les dangers d'une centralisation qui finit par produire le contraire de ce qu'elle visait, c'est-à-dire, comme l'écrit Bauer lorsqu'il se réfère à Tocqueville, un despotisme qui est propre à la démocratie[5]–, tout cela montre que Tocqueville est surprésent dans la pensée politique de Bauer et plus exactement dans la détermination de l'idéal politique qu'il fait valoir. La masse produite par la Révolution française, où le suffrage universel aboutit à un délaissement des affaires politiques, parce que chacun « veut qu'on le laisse faire ses affaires et avant tout qu'on ne l'empêche pas

1. Voir B. Bauer, « Rezension : *Deutschlands Beruf in Gegenwart und Zukunft*, von Th. Rohmer. Zürich und Winterthur, 1841 », *Rheinische Zeitung* 158, 7 juin 1842 ; « Die deutschen Sympathien für Frankreich », *op. cit.* ; « Die Kollisionen in den konstitutionellen Staaten », *Rheinische Zeitung* 86, 27 mars 1842.

2. B. Bauer, *Disraeli's romantischer und Bismarck's socialistischer Imperialismus*, Chemnitz, E. Schmeitzner, 1882, p. 153.

3. S. Rosen, *Bruno Bauer und Karl Marx*, *op. cit.*, p. 121.

4. B. Bauer, « Rezension : *Deutschlands Beruf in Gegenwart und Zukunft*, von Th. Rohmer. Zürich und Winterthur, 1841 », *op. cit.*

5. Voir B. Bauer, *Disraeli's*, *op. cit.*, p. 246.

de s'enrichir » (nous avons cité le texte en entier plus haut), tout cela fait penser à Tocqueville. Bauer écrit : « Dans le tableau inquiétant qu'il brosse d'un nivellement césarien, Tocqueville fait dépendre des nations elles-mêmes la question de savoir si l'égalité, à laquelle elles aspirent, doit conduire à la servitude ou à la liberté, aux lumières ou à la barbarie »[1].

La *Königlich privilegirte Berlinische Zeitung von Staats- und gelehrten Sachen [Journal berlinois de questions politiques et savantes avec privilège royal]* du 2 août 1848 souligne, à propos de la campagne que fait Bauer en vue d'être élu : « Kirchmann et Bruno Bauer ont parlé d'une chambre et d'un suffrage direct ; (...). (...) Bauer a parlé d'un État fédéral allemand avec un président responsable »[2] (donc une structure analogue à la doctrine des *checks and balances*).

Nous avons vu que la première condition de la démocratie, pour Bauer, c'est la souveraineté populaire une et indivisible qui s'exerce dans le suffrage universel. Quant à la deuxième condition, il s'agit de la décentralisation du pouvoir. C'est un thème récurrent, tocquevillien, qui revient depuis les écrits de 1842 qu'on a cités jusque dans les derniers textes.

Bismarck oppose « la liberté démocratique et l'autorité de la centralisation royale »[3]. La liberté démocratique est liée à un système décentralisateur où, au sein d'un État, les différents États et, à l'intérieur, les différentes régions et les différentes villes, conquièrent un pouvoir politique véritable, comme autant d'entités relativement autonomes.

Il y a quelque chose qui peut paraître paradoxal et sur quoi il faut s'arrêter. D'un côté, Bauer établit donc un lien essentiel entre démocratie et décentralisation. Néanmoins, il écrit dans *De la dictature occidentale* que, avant la Révolution française, il y avait une autorité politique distribuée dans les différents points du pays – et c'est une dimension qui disparaît avec « les commotions révolutionnaires » : « les autorités intermédiaires sont rabaissées au niveau de tous les citoyens qui, jouissant de droits égaux, sont également impuissants vis-à-vis de l'autorité qui a concentré en elle-même, au nom de l'État, toutes les forces gouvernementales et s'est élevée au-dessus de toute concurrence »[4].

Il ne suffit pas ici de distinguer le plan du fait et le plan du droit – comme si la démocratie s'était seulement perdue de façon contingente

1. *Ibid.*
2. *Königlich privilegirte Berlinische Zeitung Von Staats- und gelehrten Sachen* 177, den 2. August 1848.
3. B. Bauer, *Bismarck*, *op. cit.*, p. 8.
4. *DO*, p. III.

dans son autre, ce qui est en outre le cas, puisque « C'est l'envie démocratique qui sera le support le plus fort de son absolutisme »[1]. Toutes les tentatives pour fonder une démocratie n'ont abouti jusqu'ici qu'à renforcer une nouvelle forme de dictature, écrit Bauer, donnant l'exemple des révolutions de 1848 qui ont conduit au triomphe de « toutes les forces de la réaction et de la centralisation », et il ajoute, faisant référence à Louis Napoléon Bonaparte :

> (...) le rêve de l'égalité démocratique se dissipa dans la reconnaissance forcée d'une discipline bien plus sévère que celle dont on avait brisé les faibles liens; les peuples qui, comme les Français après la chute de l'aristocratie et de la royauté, se virent subjugués par un maître absolu (...), furent contraints à se soumettre à une centralisation que tout le monde avait crue impossible jusqu'alors[2].

En effet, la centralisation est un moment nécessaire, de droit, dans l'avènement de la démocratie. Elle en est somme toute le premier moment, duquel on ne peut se passer[3]. Le problème est toutefois que ce premier moment doit être dépassé, qu'il devrait être dépassé dans un second moment où la démocratie devrait, logiquement (c'est-à-dire rationnellement, du point de vue de l'idéal), s'accomplir dans un système décentralisateur.

Mais pourquoi ce premier moment est-il nécessaire ?

L'avènement de la démocratie moderne, dans l'Europe du XIXe siècle, est quelque chose d'absolument inédit. C'est une nouvelle forme de pouvoir qui est d'une essence totalement différente de ce qui a existé auparavant. Car, avant la démocratie moderne, l'autorité ou le pouvoir politique sont identifiés avec celui qui le porte. Il n'y a, dans la monarchie, nulle différence entre la fonction et l'individu, comme si celle-là collait à celui-ci et en était une propriété. La démocratie, c'est-à-dire l'avènement de la souveraineté populaire, c'est le moment où, par opposition, l'autorité se dissocie de toute adhérence à un individu dans sa singularité. La souveraineté, l'autorité se désincarnent. C'est un changement radical, c'est-à-dire un changement de nature. Dès « Der christliche Staat », Bauer

1. *DO*, p. III.
2. *DO*, p. III-IV.
3. Voir B. Bauer *Bismarck*, *op. cit.*, p. 56 : « Au contraire, l'État national est l'étape que les peuples n'atteignent qu'au dernier moment avant l'entrée dans la centralisation césarienne, et la condition préliminaire en est le soulèvement démocratique contre la structure corporative de l'ancien État de droit. L'Allemagne n'a pas elle-même produit cette condition préliminaire, mais elle l'a assimilée, par importation, de la révolution et de la domination des Français ».

écrit qu'avec « la Révolution [française], les Lumières et la philosophie » se produit la « libération des atomes limités jusqu'ici par leur propre droit »[1]. Ce n'est pas de la libération sociale, celle du travail, dont il s'agit ici, mais de la libération politique, par laquelle les atomes, c'est-à-dire les individus, s'instituent comme peuple souverain. La conséquence en est la suivante : « Le droit immédiat de la personne royale perd son immédiateté implacable, et le souverain devient "le premier serviteur de l'État" »[2].

La Révolution française, les Lumières et la philosophie ont pour conséquence la prise de conscience par le peuple de sa propre souveraineté et le changement du statut de l'État. La souveraineté politique, qui se manifeste dans l'État, conquiert désormais une transcendance qui fonde son irréductibilité à celui qui l'occupe : le prince, dit Bauer, devient le serviteur de l'État qui trouve sa signification véritable, c'est-à-dire rationnelle, comme république, volonté générale ou bien encore souveraineté populaire. C'est la prise de conscience par laquelle le peuple devient « sujet » au double sens du terme.

De là la tendance à concentrer le pouvoir, à concentrer l'autorité, qui est une tendance spontanée de la pensée, au sens où le peuple souverain produit une instance une et, partant, centralisatrice, dans laquelle il s'aliène afin de pouvoir s'affirmer, à savoir le *Rechtsstaat* dans sa figure moderne et sa figure véritable. C'est pourquoi Bauer assimile, de ce point de vue, la démocratie à la centralisation. Bauer emploie parfois le terme de *Kaisertum* (littéralement « impérialisme » ou « pouvoir impérial », mais qu'on traduit ici par souveraineté) afin d'indiquer cette unité de l'autorité politique qui caractérise la démocratie. Lorsqu'il souligne que la souveraineté populaire et le *Kaisertum* sont indissociablement liés[3], c'est, contextuellement, pour souligner deux éléments.

Le premier est que la démocratie, comme type d'organisation politique, ne peut advenir sans unification du multiple, donc sans un ordre qui discipline le divers des individus sous un principe un, mais qui n'est plus un individu particulier, puisqu'il n'y a pas de *Kaiser*, mais seulement un *Kaisertum*, c'est-à-dire un principe, une fonction, une place vide. Le mouvement de l'histoire, comme en témoigne la France avec l'avènement du suffrage universel, « sonne le glas du *Königstum* et inaugure le *Kaisertum* »[4]. On a déjà cité la phrase de *Bismarck* ; « Sans

1. B. Bauer, « Der christliche Staat », *op. cit.*, p. 26.
2. *Ibid.*
3. B. Bauer, *Russland*, *op. cit.*, p. 80 ; voir aussi toute l'introduction de ce chapitre (« Das moderne Kaisertum ») à partir de la p. 76.
4. *Ibid.*, p. 89.

une démocratie et son appel à l'égalité universelle des droits, il n'y a pas de souveraineté (*Kaisertum*) puissante, comme dans le système impérial classique »[1]. Ce qui veut dire : la seule souveraineté politique légitime est la souveraineté populaire.

Le deuxième élément qu'il faut souligner, c'est la critique des hypothèses socialistes, communistes et anarchistes. Voilà quelque chose qui surgit en 1844 avec « Die Gattung und die Masse » où il est question du communisme (mais sans que personne ne soit nommé). Le texte qu'on a cité où Bauer identifie démocratie et *Kaisertum*, dans *Russland*, est une réponse à Proudhon qui voit une alternative exclusive entre l'anarchie, « terme par lequel il entend la conséquence la plus extrême de la démocratie », et le *Cäsarenthum* (ou *Kaisertum*)[2]. Outre les remarques ponctuelles qu'on trouve çà et là, les deux textes les plus importants sur la question sont le deuxième volume de *Vollständige Geschichte der Partheikämpfe in Deutschland während der Jahre 1842-1846* qui s'intitule *Die ersten Anfänge des deutschen Socialismus und Communismus [Les premiers commencements du socialisme et du communisme allemands]*[3] ; et le chapitre de *Die bürgerliche Revolution in Deutschland* intitulé « Der deutsche Socialismus und Communismus » [« Le socialisme et le communisme allemands »]. Dans ces deux textes, une des références principales de Bauer est Hess, dans les textes de jeunesse duquel, au moment où il était Jeune hégélien, on trouvait une forte imprégnation des thèses bauériennes, comme on l'a déjà souligné. Hess incarne pour Bauer la pensée communiste et socialiste, deux courants qu'il assimile, faisant fond sur la thèse exprimée par Hess, dans l'article « Socialismus und Communismus » [« Socialisme et communisme »][4], qui voit une ligne continue et progressive qui mène du socialisme au communisme plus englobant, puis à l'anarchisme (Proudhon est sur ce point la référence de l'article), lequel est le communisme bien compris et radicalisé.

Certes, Bauer remarque que dès le début de 1843 « le mot "communisme" était déjà devenu un slogan tellement répandu » que

1. B. Bauer, *Bismarck*, *op. cit.*, p. 54-55.

2. B. Bauer, *Russland*, *op. cit.*, p. 80.

3. B. Bauer, *Vollständige Geschichte der Partheikämpfe in Deutschland während der Jahre 1842-1846*, Band III. *Die ersten Anfänge des deutschen Socialismus und Communismus*, Charlottenburg, E. Bauer, 1847. Et déjà le volume II paru chez le même éditeur la même année renferme tout un dernier chapitre qui s'intitule : « Übergang zu dem deutschen Socialismus und Communismus ».

4. M. Hess, « Socialismus und Communismus », in *Einundzwanzig Bogen aus der Schweiz*, Zürich u. Winterthur, Verlag des Literarischen Comptoirs, 1843.

même quelqu'un comme Ruge pouvait s'en réclamer[1]. Cela posé, autorisé par le texte même de Hess, il ramène à un genre commun le socialisme, le communisme et l'anarchisme que, citant les termes par lesquels Hess qualifie sa position et celle des siens, il appelle la position « des hommes les plus libres, des démocrates les plus purs, des communistes les plus radicaux »[2].

Moggach écrit à propos de la « Erste Wahlrede » que Bauer « y assimile toutes les variantes du socialisme à une seule position politique, ne tenant pas compte (ou peut-être n'étant pas au fait) des polémiques au sein du camp socialiste à propos des alliances, des tactiques et des stratégies »[3].

On pourrait le dire autrement : ce qui intéresse Bauer, ce sont à la fois les présupposés fondamentaux et les positions radicales, parce que c'est justement dans ceux-ci qu'on trouve pour ainsi dire le suc, c'est-à-dire l'essence et, partant, ce qui caractérise essentiellement ces trois concepts. Il est d'autant plus important pour Bauer de procéder ainsi qu'on peut croire qu'il y a un glissement continu qui mène de sa propre position jusqu'au communisme le plus radical, c'est-à-dire l'anarchisme, pour parler avec Hess. N'oublions pas qu'Edgar Bauer défend une position anarchiste depuis 1843, date de la première publication de *Der Streit der Kritik*, et prétend la dériver des positions de son frère qui, si on les mène jusqu'à leur conséquence ultime, ont pour effet la dissolution de l'État comme forme toujours aliénée de la conscience de soi du peuple[4]. Assumer la méthode de la conscience de soi et, partant, la thèse que tout est construction, conduit à assumer la destruction de l'État au profit d'une société qui s'auto-organise toute seule sans se perdre dans une objectivation qui la dépossède d'elle-même. Car, avec la prise de conscience du véritable statut de la religion, « l'anarchie, qui est au fondement de toutes les bonnes choses, était déjà là ».[5] Il y a un isomorphisme total entre la question religieuse et la question politique : l'État, c'est la même chose que Dieu, à savoir le résultat d'une construction qui n'a, de fait, servi qu'à justifier l'oppression et l'injustice. C'est exactement ce que dit aussi Hess dans l'article « Socialismus und Communismus », en se réclamant de Hegel, dont cette conception est la vérité. Il écrit : « L'"État rationnel"

1. B. Bauer, *Vollständige Geschichte*, Band III, *op. cit.*, p. 23.
2. *Ibid.*, p. 26.
3. D. Moggach, *The Philosophy and Politics of Bruno Bauer*, *op. cit.*, p. 175.
4. Sur la conscience de soi du peuple, voir E. Bauer, *Bruno Bauer und seine Gegner*, *op. cit.*, p. 50.
5. E. Bauer, *Der Streit der Kritik*, *op. cit.*, p. 259.

n'est pas un État, pas plus qu'il n'est la réalité effective de la raison, car celle-ci est la négation de la propriété, de la religion, de la nationalité, du gouvernement, bref, du contenu tout entier de l'État sans lequel il serait précisément superflu ; elle ne reconnaît que la liberté absolue de l'homme »[1]. (On remarque la proximité des expressions de Hess avec celles que Ruge, lors de la querelle des *Freien*, emploie dans sa lettre du 12 décembre 1842 en les attribuant à Bruno Bauer.)

Lorsque Bauer parle du socialisme, du communisme ou de l'anarchisme, trois caractérisations reviennent et constituent pour lui des déterminations communes à ces différents courants.

Premièrement, ces courants s'opposent à l'État. P. Clochec souligne que c'est chez Hess qu'on trouve la première critique du politique comme tel[2], avec l'hypothèse selon laquelle la société peut s'organiser toute seule sans pour autant construire une organisation politique dans laquelle elle se perd. Selon la même autrice, c'est dès juin 1842, dans l'article « Sur une catastrophe imminente en Angleterre »[3], qu'il porte son attention sur le mal proprement social, à savoir celui d'une organisation économique injuste gangrenée par le paupérisme avec la concentration du capital dans les mains de quelques-uns. Ce constat, dont il faut souligner qu'il est celui que, déjà, Bauer fait depuis 1841, conduit ensuite Hess à affirmer que la solution à la question sociale ne peut qu'être sociale, et non pas politique[4]. La « démocratie pure » a donc pour slogan : « pas d'État ! », comme le scande Bauer qui cite l'article « Socialismus und Communismus », dans lequel Hess développe pour la première fois son hypothèse : « le travail, la société ne doivent pas être organisés, mais ils s'organisent d'eux-mêmes – quand chacun fait ce qu'il ne peut pas ne pas faire et abandonne ce qu'il ne peut pas faire »[5]. Étant donné toutefois que l'article de Hess paraît la même année (1843) que *Der Streit der Kritik*, l'ouvrage dans lequel Edgar Bauer soutient pour la première fois des positions analogues (abolition de l'État, de la propriété privée, etc.), nous affirmons que c'est en même temps chez Edgar Bauer et Moses Hess qu'on trouve la première critique du politique comme tel.

Pour Bauer, non seulement on ne peut pas renoncer à l'État pour organiser la société, mais cet État, qui n'est autre que l'expression ou la

1. M. Hess, « Socialismus und Communismus », *op. cit.*
2. P. Clochec, *Marx jeune hégélien*, *op. cit.*, p. 511.
3. M. Hess, « Über eine in England bevorstehende Katastrophe », *Rheinische Zeitung* 177, 26 juin 1842.
4. P. Clochec, *Marx jeune hégélien*, *op. cit.*, p. 539.
5. B. Bauer, *Vollständige Geschichte der Parteikämpfe*, Band III, *op. cit.*, p. 28.

manifestation de cette société, est le seul lieu ou plus précisément la seule fonction qui permet de réaliser la rationalité, c'est-à-dire d'atteindre (ou du moins de chercher à atteindre) l'universel.

Deuxièmement, ces différents courants ont en commun qu'ils se placent du point de vue d'une partie du peuple opprimée, à savoir les ouvriers, que non seulement ils essentialisent et substantifient[1], mais, sous prétexte qu'il y a une partie de l'organisme qui souffre, « on la soigne au moyen d'une bonne amputation en la séparant de tout le reste de l'organisme. Le moyen radical consiste dans le fait que tout, en dehors de la masse des travailleurs utiles, est nié et remplacé par sa négation »[2]. On perd l'universel et une partie prend la place du tout – c'est-à-dire : un intérêt particulier prend la place de l'intérêt général. Même si la question sociale est bien celle de libérer le prolétariat, Bauer ne croit pas à la vocation universelle du prolétariat, pour parler avec Marx, et cela n'équivaut pour lui qu'à la prolétarisation de l'humanité ; mais il croit que la lutte sociale, qui est nécessaire, équivaut à sortir l'individu de sa particularité. Quand on critique, qu'on conteste, qu'on s'oppose, pour Bauer, on ne parle déjà plus à partir de sa classe, à partir de la particularité de sa situation, puisque justement on l'appréhende de l'extérieur (une transcendance immanente), à partir d'un point de vue qui au moins tend vers l'universel et à partir duquel, justement, on identifie l'injustice et l'oppression comme telles. Le prolétaire lutte pour détruire le prolétariat, non pour le conserver : mais, dès lors, bien que prolétaire, son point de vue et son but, ce sont ceux de l'humanité libre, à partir de quoi il aperçoit ce que l'État et la société bourgeoise ont fait de sa vie et de celle des siens.

Troisièmement, à partir de quel point de vue s'effectue l'affirmation de tels idéaux ? Bauer, dans le texte où il se réfère à Proudhon, souligne qu'il a les mêmes buts que celui-ci : à savoir l'affirmation de la liberté individuelle et la suppression des inégalités et des privilèges. Cela posé, le seul moyen pour parvenir à un tel but est le *Kaisertum*, l'État, ajoute-t-il – c'est-à-dire une place ou une fonction qui seule s'élève au-delà des intérêts particuliers et n'est assujettie à aucune classe ou aucun ordre[3]. Or, comme la thèse dont on examine les présupposés nie un tel moyen, qu'elle affirme que la société peut ou doit pouvoir s'organiser d'elle-même, la question est précisément de savoir comment. Elle est celle de savoir qui décide. Cette conception de la société qui s'auto-organise

1. B. Bauer, « Die Gattung und die Masse », *op. cit.*, p. 221-222.
2. *Ibid.*
3. B. Bauer, *Russland*, *op. cit.*, p. 76.

part du cerveau d'un groupe d'individus qui, en vérité, produisent une certaine organisation de la société qui leur paraît juste (et qui, du point de vue de Bauer, l'est peut-être et l'est même sans doute), mais veulent l'imposer aux autres sans leur consentement, comme s'ils savaient mieux qu'eux ce qui est bon pour eux. En ce sens, elle repose sur une négation de l'individu[1] et n'est rien d'autre qu'une figure de la dictature[2]. Elle parle de suppression de l'État alors qu'une faction de la société accomplit de fait la fonction de l'État et dépossède les individus de leur pouvoir[3] – et les en dépossède d'autant plus qu'elle leur fait croire que la loi à laquelle elle les soumet est la leur !

Il y a donc toujours du politique dans cette conception qui se donne comme une critique du politique et qui, pour cette raison, prétend être une « philosophie sociale »[4] ou une « science du social »[5]. Cette conception reconduit implicitement l'État, à son insu, et produit une figure d'autant plus autoritaire et violente qu'elle est dissimulée sous l'apparence illusoire d'une société qui s'auto-organise[6].

Davantage, même si Hess oppose l'organisation sociale dont il parle aux lois naturelles, il présuppose au fond la même chose que Wilhelm Weitling, auquel Bauer consacre un chapitre dans *Vollständige Geschichte* et qui s'oppose à lui sur ce point. Car la vérité du point de vue que Hess défend, c'est malgré tout qu'il y a un mouvement de l'histoire qui y mène nécessairement – de sorte que sont niés ici l'histoire et le progrès, puisque le progrès, dans son historicité, suppose précisément la contingence et ce qui y est lié, à savoir une certaine idée de l'action humaine et de la liberté[7]. Mais cette naturalité d'une organisation sociale qui advient toute seule comme une fleur naît du bouton est au fond le présupposé ultime qui permet à ceux qui la construisent de l'imposer aux autres, comme

1. B. Bauer, « Die Gattung und die Masse », *op. cit.*, p. 221-222.

2. B. Bauer, *Russland*, *op. cit.*, p. 104.

3. Voir B. Bauer, « Erste Wahlrede », dans E. Barnikol, *Bruno Bauer : Studien und Materialen*, *op. cit.*, p. 529.

4. Hess emploie la formule dans « Philosophie der Tat » (dans *Philosophische und sozialistische Schriften*, *op. cit.*, p. 210-226) « même s'il la réserve pour désigner la philosophie des socialistes français » (D. Horster, *Sozial Philosophie*, Stuttgart, Reclam, 2012, chap. « Zum Verhältnis von Soziologie und Sozialphilosophie »). Bauer la reprend pour désigner la totalité des courants dans *Vollständige Geschichte der Parteikämpfe*, Band III, *op. cit.*, p. 29, 33.

5. Voir B. Bauer *Die bürgerliche Revolution*, *op. cit.*, p. 75.

6. Voir B. Bauer, « Die Gattung und die Masse », *op. cit.*, p. 222 ; et D. Moggach, *The Philosophy and Politics of Bruno Bauer*, *op. cit.*, p. 176.

7. B. Bauer, *Vollständige Geschichte der Parteikämpfe*, Band III, *op. cit.*, p. 33.

s'ils en étaient les grands prêtres qui seuls sont en contact avec l'absolu et peuvent le pointer du doigt[1].

Ce qui gêne profondément Bauer dans toutes les conceptions politiques qui militent pour la suppression de l'État, c'est d'abord le fait qu'elles critiquent l'idéalisme bourgeois, alors que, par leur caractère vague et naïf, elles tombent en plein dedans. À propos de cette organisation sociale idéale qui n'est rien d'autre en vérité que le rêve vague et naïf d'un « moi » penché sur lui-même (et alors qu'on prétend ici échapper aux scories de la subjectivité), Bauer écrit : « on croit tout avoir dit de ce nouveau monde une fois qu'on a dit qu'il doit être "totalement autre" »[2].

Ce qui dérange ensuite Bauer, c'est le caractère très restrictif des quelques indications qui sont données relativement à l'organisation sociale de ce monde nouveau, par exemple en ce qui concerne la propriété[3], et plus largement le fait qu'il y a ici une prétention à organiser la vie de l'individu, « abolissant la liberté même dans les choses les plus petites »[4], méconnaissant la distinction entre le public et le privé et relevant de ce qu'on nommerait aujourd'hui le totalitarisme[5]. Bauer dit dans sa « Erste Wahlrede » de 1848 : « Alors que pour nous le but est de secouer le joug de la tutelle, ce parti élève le pouvoir du gouvernement à une hauteur mystique, de sorte que l'État et le gouvernement règnent sur tous les rapports avec un sceptre de fer, alors que le gouvernement absolu a été renversé en mars parce que le travail l'avait dépassé, parce qu'il n'avait plus le pouvoir d'organiser le travail national, cet énorme travail »[6].

Ce qui gêne Bauer, c'est enfin la modalité de la mise en œuvre du contenu, c'est-à-dire précisément l'idée d'une auto-organisation de la société, idée suspecte par définition, parce qu'elle suppose toujours la mainmise d'un groupe sur l'intérêt général et l'assujettissement des individus réduits à une masse informe (ce qui trouve son corollaire dans les limitations du contenu).

1. Voir B. Bauer, « Die Gattung und die Masse », *op. cit.*, p. 222.

2. B. Bauer, *Die bürgerliche Revolution*, *op. cit.*, p. 79.

3. B. Bauer, *Vollständige Geschichte der Parteikämpfe*, Band III, *op. cit.*, p. 23.

4. B. Bauer, « Die Gattung und die Masse », *op. cit.*, p. 222. Bauer cite à la même page un texte communiste qui explique comment la société future « résout dans le principe toutes les questions touchant la nourriture, l'habillement, l'habitat, le couple, la famille, le travail ».

5. Sur l'organisation totale de la vie par le communisme, voir B. Bauer, « Die Gattung und die Masse », *op. cit.*, p. 222.

6. B. Bauer, « Erste Wahlrede », *op. cit.*, p. 529.

Alors que ces conceptions se développent à partir d'une critique de la société industrielle et marchande, elles aboutissent, du point de vue théorique, à la même chose : au lieu d'une émancipation et d'une libération de l'individu, une uniformisation des individus soumis à des lois provenant d'un intérêt particulier et la production d'une « masse ». Encore une fois, ce qui est perdu, c'est l'intérêt général, c'est l'universel. Bauer dit que ce qui est perdu, dans la société communiste, c'est une totalité dialectique, c'est-à-dire une totalité qui admet la contradiction en elle[1]. La « masse », donc, n'est pas produite de la même façon dans les deux cas, et elle résulte même de processus qui sont l'inverse l'un de l'autre. Alors que dans la société socialiste, communiste ou anarchiste, l'individu est nié au profit d'une totalité qui dissout toute pluralité en elle, dans la société libérale c'est, du fait du désengagement de l'État, le tout qui éclate dans la pure diversité, à savoir la lutte et l'affrontement des atomes les uns contre les autres.

À cela s'ajoute un dernier élément que met au jour la critique dans sa dimension autoréférentielle. La question n'est pas seulement celle de la teneur (contenu et légitimité) de toute critique, mais elle est aussi et surtout celle de son rôle et de sa place ou encore de sa fonction dans le système que précisément elle critique de l'intérieur. La « critique critique » de Bauer, c'est cette volonté à la fois de maintenir la critique à la hauteur des exigences de la critique, mais en même temps la volonté de ne pas jouer le rôle du bouffon de service et, au fond, de ne servir, par une certaine radicalité, qu'à renforcer le pouvoir en place, c'est-à-dire au fond la critique réformiste du libéralisme. Sass note justement à propos de la critique de Bauer : « Elle ne renonce pas seulement à toute collaboration pragmatique avec les défenseurs de l'état de choses existant, qui veulent des petites réformes de celui-ci. Elle renonce également à occuper, dans la division du travail propre à la critique, le rôle du radical de service qui met en question le système dans sa totalité et qui par là même facilite, de l'intérieur, la réforme que fait au sein du système le critique pragmatique, du seul fait que la terreur engendrée par la critique pure, au sein du système critiqué, a pour conséquence que s'impose un climat favorable à la critique et la conscience, même chez les groupes réactionnaires, qu'il faut faire un compromis afin d'éviter le pire »[2].

1. B. Bauer, « Die Gattung und die Masse », *op. cit.*, p. 222.
2. H.-M. Sass, Nachwort zu B. Bauer, *Feldzüge der reinen Kritik*, *op. cit.*, p. 261.

DÉMOCRATIE. ÉTHICITÉ

On comprend dès lors mieux ce qu'entend Bauer avec son idéal démocratique. La démocratie ne peut pas être sans la création d'une instance politique, donc d'un État démocratique. Celui-ci est une unité qui assume sa contradiction, c'est-à-dire une totalité unifiée dans laquelle une multiplicité d'éléments entrent en rapport et, comme il le développe dans « Die Gattung und die Masse », assument leur différence. Il y a une complémentarité entre les deux pôles, pour autant que seule une unification d'un rang supérieur peut garantir à chaque élément qu'inclut la totalité son existence et son autonomie[1]. D'un autre côté, cette totalité n'existe qu'à l'intérieur des éléments qui la constituent et qui l'instituent comme telle.

Il ne faut pas réifier l'État, et l'expression de « conscience de soi », comme on l'a vu, sert, dès *Die evangelische Landeskirche*, à garantir une transcendance unificatrice des différents éléments qui n'existe toutefois que pour autant que ceux-ci la posent comme telle. La réification de cette transcendance, c'est le moment où la conscience de soi s'oublie et s'aliène dans sa production, et c'est la transformation de l'État démocratique en dictature, comme le dit Bauer (*De la dictature occidentale*), avec la confiscation du pouvoir qui donne naissance à une nouvelle figure de l'État autoritaire qu'on a connu auparavant avec la monarchie. La république démocratique doit donc se méfier d'elle-même, et veiller à ne pas produire cette figure qui fait d'elle le contraire de ce qu'elle visait. La conscience de soi, c'est donc une méthode qui permet de penser la transcendance de l'État sans l'hypostasier.

Il ne faut pas oublier que l'avènement d'un *Kaisertum* centralisateur n'est qu'un premier moment du développement de l'État démocratique, celui par lequel la démocratie, comme pouvoir politique, advient et se manifeste comme telle. Mais cette centralisation doit se dissoudre dans un processus décentralisateur où, de fait, le pouvoir se délègue et se démultiplie dans d'innombrables points et s'étend sur le territoire tel un maillage qui permet d'être plus près du peuple, impliquant les citoyens aux différents niveaux de la vie et de l'organisation politique, vivifiant donc la société en assurant l'entremêlement de la dimension sociale et de la dimension politique. Sur le modèle des États-Unis, il s'agit d'assurer l'implication des citoyens dans la vie politique de la ville ou du quartier, en évitant toute concentration d'un pouvoir qui reste non seulement

1. B. Bauer, « Die Gattung und die Masse », *op. cit.*, p. 221-222.

abstrait, mais, du fait de son extériorité à la société qu'il organise, quasi impérial, illégitime et dictatorial. Le pire danger de la démocratie, c'est l'installation d'un césarisme, où la démocratie se réduit au suffrage universel et à la liberté d'expression, où tous les corps intermédiaires sont détruits et les individus nivelés, égalisés et atomisés dans une société laissée à ses propres lois, et où il existe un gouffre tel entre le pouvoir central autonomisé et cette société qu'il devient une hypostase de la transcendance. Dans *Christus und die Cäsaren [Le Christ et les Césars]*, paru en 1879, Bauer fait une comparaison entre l'époque dans laquelle il vit et le premier siècle de l'empire romain sur ce point[1].

L'erreur de Hess, pour Bauer, est de croire que, par définition, c'est-à-dire de droit, il y a une extériorité de l'État, donc du politique par rapport à la société. Car c'est la société qui produit l'État, du moins l'État démocratique, et celui-ci est la seule possibilité pour la société de s'organiser de manière interne ou de manière immanente – c'est-à-dire justement d'unifier le multiple et de dépasser la contradiction.

On a dit tout et son contraire sur la conscience de soi selon Bauer. Certains, tel McLellan[2], y voient le sommet de l'individualisme, alors que d'autres, tel Breckman[3], parlent d'une « pensée collectiviste » qui nie l'individu. Dans les deux cas, on commet un contresens total. La conscience de soi, c'est la position de l'universel, et même si cette position est toujours effectuée par une conscience particulière, « un point isolé »[4] – mais qui précisément par cette position de l'universel échappe à elle-même et sort de sa particularité. Non seulement ce mouvement rejoint celui de la critique immanente (par opposition à la critique transcendante qui prétend se situer dans l'absolu), mais, en outre, c'est en ce sens que seul le politique, seul l'État peut nous faire échapper à notre particularité[5]. Dans *Die evangelische Landeskirche*, lorsque Bauer évoque la souveraineté populaire et le peuple législateur, il prend l'exemple de

1. B. Bauer, *Christus und die Cäsaren. Der Ursprung des Christenthums aus dem römischen Griechenthum*, Berlin, Eugen Grosser, 1879. Valbert écrit justement dans son compte rendu du *Bismarck*, *op. cit.* ; « Dans son fameux livre intitulé *Le Christ et les Césars*, Bauer avait déjà tenté d'établir que notre époque ressemble de tout point au premier siècle de l'empire romain, et que la centralisation poussée à outrance, la destruction des classes et des corps privilégiés qui gênaient autrefois le pouvoir central, le triomphe des intérêts économiques sur les traditions politiques, tout nous condamne fatalement au césarisme ».

2. Voir D. McLellan, *Les Jeunes hégéliens et Karl Marx*, *op. cit.*, p. 63.

3. Voir W. Breckman, « Les hégéliens de gauche et l'État chrétien germanique ; politique, religion et personnalité », *op. cit.*, p. 77.

4. B. Bauer, « Der christliche Staat », *op. cit.*, p. 24.

5. *Ibid.*, p. 28.

l'ecclésiastique et souligne que le fait de siéger dans une instance politique quelconque le contraint à s'élever au-delà de son intérêt particulier et à viser l'intérêt général ou l'universel[1] : nous retrouvons cette idée qu'on a déjà rencontrée, et sur laquelle on reviendra, selon laquelle ce sont les conditions effectives de vie dans lesquelles on met l'individu qui fondent pour lui la possibilité de penser quelque chose et d'avoir telle ou telle idée.

L'erreur de Breckman est d'autant plus malheureuse qu'il résume remarquablement bien les termes du problème, mais sans voir que c'est exactement ainsi que Bauer le pose – et, partant, le résout. Il écrit : « Si nous nous rappelons l'affirmation de Claude Lefort selon laquelle le centre du pouvoir démocratique est un "lieu vide", dès lors nous comprenons pourquoi les intellectuels du début du XIXe siècle furent si intensément préoccupés par la nature de la souveraineté et par le problème politico-religieux de l'incarnation »[2]. Lorsqu'il évoque aussitôt après « la théologie politique personnaliste (...) [qui] tente de "ré-incorporer" (...) le pouvoir », nous pensons à la critique bauérienne de l'État chrétien, celui-ci visant justement à annuler la différence entre la personne et la fonction. Quand il ajoute qu'« À l'opposé, les Jeunes hégéliens s'efforçaient d'admettre la désincorporation radicale du pouvoir de la démocratie », il touche la notion bauérienne de Kaisertum, c'est-à-dire l'idée du prince comme « serviteur de l'État » ; et ce qu'il écrit dans ce qui suit constitue, sans qu'il le sache, une explication de ce que Bauer a toujours condamné et critiqué : « les Jeunes hégéliens furent soumis à la tentation constante de remplacer les interactions indéterminées et disputées de la démocratie par une forme d'unité plus substantielle, que ce soit à travers la forme de l'être générique de Feuerbach, la notion de *Volk* comme essence collective d'Arnold Ruge, ou le prolétariat de Marx »[3]. Tout le développement assez abscons sur l'État comme totalité qui renferme la contradiction, dans « Die Gattung und die Masse », trouvait déjà une expression, mais plus concrète, dans *Die evangelische Landeskirche*. Nous avons vu que l'État démocratique comme souveraineté populaire, c'est-à-dire le peuple comme autolégislateur, y reçoit sa première formulation, mais on y trouve aussi une description du mode de fonctionnement de cette souveraineté populaire à travers le concept d'« union ». Bauer part d'un concept dont nous avons déjà souligné qu'il provient de la politique religieuse (fusion

1. B. Bauer, *Die evangelische Landeskirche*, *op. cit.*, p. 103.

2. W. Breckman, « Les hégéliens de gauche et l'État chrétien germanique ; politique, religion et personnalité », *op. cit.*, p. 75. Il renvoie à C. Lefort, *L'Invention démocratique*, Paris, Fayard, 1981.

3. *Ibid.*

par l'État des deux branches du protestantisme prussien). Mais il l'étend et, surtout, lui confère un sens nouveau. Ce qu'il appelle « union » dans *Die evangelische Landeskirche*, c'est l'espace de la discussion instauré par l'État démocratique, qui dissout la séparation entre la sphère sociale et la sphère politique puisqu'il constitue une politisation de la société. « L'union est l'unité de contradictions essentielles »[1]. Alors que l'État communiste, c'est, exactement comme l'État prussien ou bien même, à l'intérieur de l'État, l'Église, le lieu de la suppression de tout libre avis individuel, de toute « libre marge de manœuvre »[2], puisque l'individu doit s'effacer devant le dogme unique que doit reconnaître tout membre de la communauté, l'État rationnel ou l'État démocratique promeut l'union : il « reconnaît les oppositions essentielles comme son véritable élément »[3], de sorte que la communauté, ici, équivaut à un espace d'échanges et de discussions libres, un « domaine de négociations » auxquelles participent tous les individus[4] – c'est-à-dire, pour parler avec Breckman, un espace d'« interactions indéterminées et disputées ». Si l'union est « la loi suprême de l'État »[5], c'est parce qu'elle est la base d'une organisation politique dans laquelle le peuple est véritablement souverain du fait de la participation (décentralisation) et du règne de la discussion.

L'insistance de Bauer sur l'État démocratique comme unité renfermant la contradiction implique que, pour lui, le conflit est un mode de structuration du social et du politique. Cela veut dire que l'universel n'est pas donné, mais qu'il est toujours visé – et qu'il ne peut être atteint qu'au terme de discussions et de négociations, sachant en outre que ce qu'on atteint doit toujours être repris et corrigé dans un mouvement sans fin. L'universel, c'est l'absolu, mais on a vu qu'il n'y a pas d'absolu pour Bauer, parce que la seule chose qui existe, c'est un processus infini. En ce sens, très kantiennement ou néokantiennement, l'universel est donc seulement quelque chose qui peut être visé, sans qu'on puisse jamais prétendre l'atteindre.

La troisième condition de la démocratie, c'est selon Bauer l'éthicité.

La décentralisation, le suffrage universel, la liberté d'opinion et la liberté de la presse ne suffisent pas à assurer l'existence d'une vraie démocratie à partir du moment où l'on maintient, du point de vue social, c'est-à-dire économiquement, les individus dans la détresse et la

1. B. Bauer, *Die evangelische Landeskirche*, *op. cit.*, p. 66.
2. *Ibid.*
3. *Ibid.*
4. *Ibid.*, p. 103.
5. *Ibid.*, p. 135.

dépendance d'une vie tout occupée à gagner suffisamment pour pouvoir survivre. Tous les développements de Bauer sur le fait que la « masse » a été produite par la Révolution française le conduisent à distinguer une démocratie politique d'une démocratie sociale. « Die Gattung und die Masse » est le premier texte où Bauer thématise longuement cette distinction. De fait, Bauer n'emploie pas ces termes et ne fait pas cette distinction telle quelle, mais l'idée qu'il développe et qui revient tel un *leitmotiv* n'en est qu'une autre expression.

Dans *Russland*, un chapitre s'intitule : « La démocratie extrême et l'impérialisme ». La démocratie extrême constitue le moment où la société est libérée de la tutelle du politique, où la libération du travail a fait advenir une égalité des citoyens qui n'existait pas, égalité sociale qui s'ajoute à l'égalité civile, toutes deux trouvant leur complément dans une égalité politique à laquelle accèdent progressivement les citoyens *via* le suffrage universel. En même temps, et de façon conséquente, on signale à la société qu'elle n'a plus à se mêler du politique[1], et c'est précisément là que le fossé se creuse entre la société et la politique, puisque le pouvoir se centralise, se simplifie et, partant, conquiert une totale transcendance par rapport à une société abandonnée à elle-même, c'est-à-dire aux lois du marché libre et de la concurrence non faussée (comme on dirait aujourd'hui). Bauer écrit : « Il est toutefois question de cette forme de démocratie qui a poursuivi le principe de l'égalité des droits jusqu'à la dissolution de tout lien étatique dans de purs atomes, et le principe de la nationalité jusqu'à la dissolution de toutes les connexions politiques dans des groupes d'intérêts individuels – c'est-à-dire qu'il est question de la démocratie de l'individualisme (…) »[2].

La démocratie extrême est donc celle qui estime que la démocratie a un sens simplement politique, équivalant au suffrage universel. Elle pense que l'État n'a plus à se mêler de l'organisation de la vie sociale et que sa tâche est uniquement d'assurer la préservation de l'ordre[3]. L'État n'a plus que la fonction, minimale, d'assurer la coexistence pacifique des citoyens sur le même territoire – et l'*Unpolitik* (le non-politique) dans la sphère de la vie sociale est la meilleure assurance d'une égalité de tous[4].

Ce que Bauer nomme « démocratie extrême » correspond à la démocratie libérale. Elle repose, au fond, sur les mêmes présupposés

1. B. Bauer, *Russland*, *op. cit.*, p. 72.
2. *Ibid.*, p. 69.
3. *Ibid.*, p. 74.
4. *Ibid.*, p. 80.

que le monarchisme constitutionnel qui n'est qu'une variante du même modèle, mixte qui aboutit à revendiquer une « monarchie démocratique ou démocratie monarchiste »[1].

Mais quels sont ces présupposés de la démocratie libérale et d'où viennent-ils ? On retrouve ici la notion bauérienne d'État chrétien, fondamentale pour autant que l'État chrétien n'est pas nécessairement un État qui érige le christianisme en religion officielle, au contraire ! Il y a une forme plus larvée et plus fondamentale d'État chrétien, à savoir celle qui opère une laïcisation du politique, mais qui n'en fonctionne pas moins en admettant des distinctions axiologiques qui proviennent du christianisme et qui promeuvent la vitalité de celui-ci, permettant qu'il prospère.

Est chrétien tout État qui pose que sa fonction, minimale, consiste à assurer la sécurité et l'ordre sur le territoire – c'est-à-dire qui abandonne toute fonction relevant de ce que, depuis Hegel, on appelle l'éthicité, et qui, par là même, collabore à la promotion du christianisme dans l'ordonnance éthique de la société civile – c'est-à-dire à la puissance de la religion qui, de fait, est majoritaire. L'État qui se prétend laïc mais qui abandonne toute vocation relevant de l'éthicité, c'est un État qui admet qu'il y a une scission entre l'extérieur et l'intérieur, entre le politique et l'éthique, entre le public et le privé. Or cette scission est précisément une division qui a été produite par la pensée chrétienne, théologique, afin de mettre la main sur ce magot que constitue l'éthicité. À l'époque de Bauer et déjà celle de Hegel, c'est Friedrich Julius Stahl, théologien et juriste, très proche de Frédéric-Guillaume IV, qui représente ce courant conservateur et qui en a clairement formulé et développé les présupposés. La distinction entre privé et public sert donc à ceux-là mêmes qui la produisent de moyen pour conforter la domination, de fait, d'un privilège religieux qui est tout simplement celui de la majorité. Ainsi, la détermination des jours fériés dans la France de 1840 : « Pourquoi choisir le dimanche et les jours fériés du culte catholique ? »[2] – et non pas par exemple le samedi, jour du chabbat chez les Juifs ? Bref, « si tous les cultes sont égaux devant la loi, s'il n'y a plus de religion privilégiée, il y a cependant une religion de la majorité qui ne doit pas être sacrifiée aux Juifs »[3].

Bauer, très hégéliennement, défend dès *Die evangelische Landeskirche* l'idée selon laquelle l'État ne doit pas être une institution purement

1. B. Bauer, *Bismarck*, *op. cit.*, p. 74.
2. *Jud.*, p. 66.
3. *Ibid.*

extérieure[1] qui abandonne à la religion tout ce qui, pourtant, relève de son travail et de sa fonction. Là contre, il cite Stahl qui s'en prend à Hegel et affirme que l'éthicité est une affaire qui relève du privé, et non du public : le pouvoir de l'État ne s'étend pas à la sphère de l'éthicité, c'est-à-dire celle du vouloir et de l'agir humains qui sont libres et relèvent de la vie immédiate du peuple[2]. Stahl écrit dans *Die Kirchenverfassung nach Lehre und Recht des Protestanten [La constitution de l'Église d'après la doctrine et la loi des protestants]* cette phrase, non citée par Bauer, mais qui résume sa pensée et à laquelle Bauer renvoie : « ainsi l'éthicité de l'individu et même l'éthicité générale sont-elles au contraire, dans la mesure où elles ne s'incarnent pas dans des formes et des orientations qui sont en place, complètement en dehors de la sphère de l'État »[3].

L'État chrétien est l'État qui croit qu'il est « dénué d'esprit » et que toute force d'organisation spirituelle de la vie des citoyens repose sur des institutions sociales qui lui sont extérieures, et vis-à-vis desquelles il n'a aucun droit ni aucun pouvoir, telle l'Église, qui du coup prend non seulement en charge la question de l'organisation spirituelle de la société, mais, surtout, s'élève contre l'État et prétend le mettre au pas[4]. La prise de conscience par l'État que l'Église n'est qu'une expression de lui-même, mais qui s'est autonomisée pour le mettre sous tutelle, n'est rien d'autre que le mouvement par lequel « l'État a repris en lui son infinité »[5].

L'État reste chrétien alors même qu'il prétend être laïc dès qu'il laisse l'Église développer une force spirituelle organisatrice de la société, avec des valeurs et des modes de vie, sans assumer une charge qui pourtant lui revient. Et cela apparaît d'autant plus quand, ainsi qu'on l'a vu, la force spirituelle de l'Église consiste à justifier théoriquement et axiologiquement l'individualisme sur lequel se fonde, dans la pratique, la société industrielle et marchande.

Davantage, les idéaux individualistes et égoïstes se sont répandus dans les différents États européens et ont eu des conséquences au niveau international. Autrement dit, il y a un isomorphisme entre ce qui se passe à l'intérieur de l'État, donc entre les individus, et ce qui se passe entre les États, lesquels apparaissent à ce niveau international comme autant d'individus. Les idéaux libéraux, avec l'éthicité qu'ils promeuvent (et

1. B. Bauer, *Die evangelische Landeskirche*, *op. cit.*, p. 128, 131.
2. *Ibid.*, p. 129.
3. F.W.J. Stahl, *Die Kirchenverfassung nach Lehre und Recht der Protestanten*, Erlangen, T. Bläsing, 1840, p. 269.
4. Voir B. Bauer, « Der christliche Staat », *op. cit.*, p. 28-29.
5. *Ibid.*

dont Bauer, nous l'avons dit, ne cesse de répéter qu'elle est la déformation d'une éthicité véritable) ont deux conséquences qui sont liées. La première, c'est l'unification de chaque nation sous une certaine forme, celle qui, à l'extérieur comme à l'intérieur de l'État, ne promeut l'unité qu'en l'opposant drastiquement aux autres unités (guerre de tous contre tous). De là le renforcement des nationalismes au niveau international, avec une opposition des nations les unes aux autres[1]. La seconde, c'est que cette opposition s'exprime dans une politique internationale de domination, et plus exactement de colonisation et/ou d'anéantissement. Bauer écrit : « Au lieu de la communauté humaine dans laquelle disparaît nécessairement l'égoïsme des nationalités a surgi l'arrogance de la grande nation qui voudrait civiliser et éclairer les autres avec les armes à la main et se faire payer avec leurs trésors et leur liberté (…) »[2].

Bauer, contre la critique par Stahl de Hegel[3], affirme que l'éthicité est une « détermination essentielle de l'État »[4]. Il adhère à la thèse des *Principes de la philosophie du droit* qui, comme le résume Chaput, « oppose à la charité contingente et privée préconisée par les penseurs libéraux la mise en place de services publics servant à combattre la misère sociale »[5]. L'éthicité, c'est d'abord pour Bauer, hégéliennement, la mise en place d'un État social, donc l'intervention de l'État dans une vie économique qui ne peut pas se développer de manière irénique sans un ensemble de lois sociales et d'institutions qui seules peuvent délivrer les Hilotes et garantir à chacun sa liberté. Il ne s'agit nullement d'une mainmise par l'État sur la vie économique ni d'une suppression de l'organisation économique existante au profit d'une organisation nouvelle. Ainsi, Bauer, à la différence de son frère Edgar, ne condamne pas la propriété privée. Il y voit un des moyens de réalisation de soi, de sorte qu'elle n'est incompatible ni avec la liberté ni avec la justice, mais il souligne simplement que cette propriété privée doit être limitée[6].

Cependant, il ne s'agit toutefois pas d'une simple régulation de la vie économique, car il faut aussi repenser le travail. Nous avons vu que Bauer insiste sur le fait que la société industrielle et marchande tend, guidée par le

1. B. Bauer, *Freimaurer, Jesuiten und Illuminaten in ihrem geschichtlichen Zusammenhange*, Berlin, F. Heinicke, 1863, p. 46.

2. *Ibid.*

3. B. Bauer, *Die evangelische Landeskirche*, *op. cit.*, p. 129.

4. *Ibid.*

5. E. Chaput, « Hegel, la propriété et le libéralisme », *Revue Phares*, vol. 16, hiver 2016, p. 228.

6. Voir D. Moggach, *The Philosophy and Politics of Bruno Bauer*, *op. cit.*, p. 162-163.

seul souci d'une productivité plus importante, à individualiser le travail et à isoler les travailleurs les uns des autres, chacun accomplissant en somme sa tâche dans son coin. Cette organisation du travail a pour conséquence de susciter l'isolement, le repli sur soi-même et un certain individualisme qui n'accorde de valeur qu'aux biens matériels, d'une part, et, d'autre part, instrumentalise autrui. Il faut donc créer les conditions effectives de travail qui suscitent un autre esprit, à commencer par une organisation du travail qui mette en œuvre la coopération entre les individus et qui, par là, les amène à concevoir les rapports individuels différemment : l'autre ne doit plus apparaître au même comme une menace qui va l'empêcher d'exister pleinement, mais comme une condition de sa réalisation pleine. On touche ici un point délicat. Car Moggach, sous prétexte que Bauer ne vise pas la suppression du capitalisme et ne rêve que d'une régulation (on dirait aujourd'hui : moralisation) de celui-ci, affirme qu'il est pour la concurrence, mais que l'État a simplement à charge de lui assigner des limites[1]. Cela posé, il ne cite aucun texte dans lequel Bauer se déclare favorable à la concurrence[2]. Le fait que Bauer lie systématiquement concurrence et compétition au fonctionnement d'un marché libre qui n'est absolument pas encadré par l'État, d'une part, et que, d'autre part, cet encadrement correspond à une réorganisation en vertu d'idéaux qui promeuvent un esprit de coopération et d'entraide, nous conduit à contester les affirmations de Moggach. La concurrence synthétise toute cette anthropologie hobbesienne de l'état de nature à laquelle il s'agit précisément d'échapper[3] ! Ce qui caractérise l'« homme naturel », écrit Bauer dans Freimaurer, c'est « le "ôte-toi, que je m'y mette" »[4] ; or toute l'humanisation de l'homme, c'est-à-dire l'histoire et le progrès consistent justement à lutter contre cette tendance naturelle.

Bauer, sur ce sujet, n'en dit pas plus, il ne fait pas de propositions qui concrétiseraient la manière dont les conditions de travail pourraient être changées. Mais on ne doit pas s'en étonner dès qu'on se souvient qu'il distingue nettement ce qui est de l'ordre de la philosophie et ce qui est de l'ordre de l'action politique – c'est-à-dire au fond ce qui est de l'ordre du principe et ce qui est de l'ordre de la mise en œuvre du principe (c'est la différence entre la critique et l'histoire, entre le « je » et le « nous »).

1. B. Bauer, *Freimaurer*, *op. cit.*, p. 9.
2. Voir D. Moggach, *The Philosophy and Politics of Bruno Bauer*, *op. cit.*, p. 178.
3. À nouveau, voilà quelque chose qu'on retrouvera dans la Théorie critique : sur le *Zusammenwirken* chez Horkheimer, voir F. Fischbach, « Critique et réflexion. La réflexion dans la Théorie critique de l'école de Francfort », *Philosophiques*, vol. 43, n° 2, 2016.
4. B. Bauer, *Freimaurer*, *op. cit.*, p. 9 (en français dans le texte).

Dans *Die evangelische Landeskirche*, Bauer distingue deux formes de religion. Il y a les religions existantes qui, outre qu'elles s'opposent à l'État, s'opposent et se divisent entre elles parce que leurs dogmes ne sont pas les mêmes. Il leur oppose « une Église universelle des croyants, qui dépasse les frontières de l'État, de même qu'il y a une communauté propre à la science – et en nous plaçant dans l'élévation religieuse propre à cette communauté une de l'Église universelle, nous dépassons les limites de l'État »[1]. L'idée est claire. La religion est, pour parler kantiennement, un besoin de la raison : elle correspond à une nécessité, pour autant qu'elle produit et enseigne des valeurs et une certaine conception du monde qui permet à l'individu de s'orienter dans sa vie, donc de construire son propre chemin, sa propre identité, mais dans un rapport à l'autre, pour autant que ces valeurs fondent une communauté, c'est-à-dire les présupposés tacites sur lesquels se développe une relation à autrui. C'est pourquoi il ne faut pas laisser aux religions particulières existantes, qui se dressent les unes contre les autres et qui dressent les individus les uns contre les autres, le loisir et la charge de satisfaire ce besoin. En effet, l'État doit assumer ce besoin, ce qui fait d'autant plus partie de sa tâche que l'État est produit par l'être humain et a pour fonction de satisfaire ses besoins.

C'est ici que nous retrouvons le concept d'« union » déjà évoqué[2]. Bauer le reprend, l'élargit et le transforme, puisque l'union devient désormais cette religion promue par l'État. Une lettre à Edgar du 4 février 1840 résume la préoccupation qui est celle de l'ouvrage auquel Bruno est occupé : « L'État doit en lui-même avoir un intérêt religieux et limiter le développement de la philosophie »[3]. La différence entre la religion universelle et les religions particulières est que celle-là, par opposition à celles-ci, n'est fondée sur aucun symbole ni sur aucun dogme exclusif[4]. Son mot d'ordre est l'union et « l'union est l'unité de contradictions essentielles »[5]. On est loin de l'esprit des Églises existantes, où il faut accepter les dogmes sans poser de questions ni les mettre en doute, bref, faire taire son individualité et devenir uniforme. Avec l'Église universelle, c'est le contraire, car elle est affirmation des différences. Elle est donc

1. B. Bauer, *Die evangelische Landeskirche*, *op. cit.*, p. 106.

2. Voir B. Bauer, « Der christliche Staat », *op. cit.*, p. 39.

3. *Briefwechsel*, *op. cit.*, p. 36. Qu'on ne se méprenne pas et qu'on ne fasse pas de Bauer un penseur totalitaire : la limitation de la philosophie est celle de la philosophie de la religion ou théologie – et non celle de la philosophie entendue comme science (voir tout ce qu'on a développé sur l'opposition science et religion dans *Die evangelische Landeskirche*, *op. cit.*).

4. B. Bauer, *Die evangelische Landeskirche*, *op. cit.*, p. 65-66.

5. *Ibid.*, p. 66.

en ce sens affirmation du conflit, parce que le conflit c'est la vie, mais attention à bien saisir la différence avec l'esprit du christianisme et de l'État libéral ! Car ici, le conflit, ce n'est certainement pas la guerre et l'affirmation de l'individualisme, de l'égoïsme et de l'inégalité comme valeurs quasi naturelles, parce que constitutives de la vie. Le conflit, c'est le fait d'assumer la différence à l'intérieur de l'unité. Assumer la différence, c'est affirmer l'individu : telle est la base de la république démocratique, comme nous l'avons répété. Mais l'individu, c'est-à-dire la différence, est affirmé dans l'union. Bauer ne reprend pas le mot par hasard. Le mot donne une idée de l'unité, c'est-à-dire du lien qui doit relier les individus dans un État rationnel : certainement pas la méfiance et la rivalité, où l'autre est toujours vu comme une menace, mais au contraire l'entraide et la coopération. Le maître-mot de Bauer est : la tolérance (« Pour l'État, la tolérance est devenue l'union »[1]).

Il ne faut donc pas croire que l'éthicité bauérienne est la mise au pas de l'individu dans un État totalitaire qui dresserait l'individu.

Moggach parle du « rigorisme républicain de Bauer (qui) consiste à nier la différence entre droit et morale »[2]. Il entend par là l'obligation pour le citoyen de se déterminer en fonction de l'universel ou intérêt général et de sacrifier son intérêt particulier. Cela posé, cette exigence nous paraît être l'exigence minimale des situations dans lesquelles nous sommes placés en situation de citoyen, ce qui veut dire que notre vie individuelle excède largement notre personne de citoyen, d'une part, et, d'autre part, qu'il ne s'agit que d'une exigence. Lorsqu'il parle des choix qui nous engagent à titre de citoyen, Bauer ne parle jamais de morale, mais toujours d'éthique et d'éthicité. Assimiler l'éthique et la morale, ou, comme le dit, Moggach, le droit et la morale, c'est encore retomber dans le fantasme d'un Bruno Bauer penseur totalitaire, pour lequel l'État aurait à charge de régir toutes les dimensions de la vie de l'individu, sans qu'il y ait quelque chose qui relève du privé, comme si la pensée politique et sociale revenait à nier toute dimension particularisante et idiosyncrasique dans la vie de l'individu ! Ce n'est pas parce que, pour Bauer, la distinction entre privé et public, du moins si on l'entend comme correspondant à la distinction entre la vie sociale et la vie politique, est une distinction relevant de la pensée libérale, qu'il n'y a pas pour lui de vie privée. La sphère sociale est certes aussi celle des intérêts particuliers et des intérêts individuels : et le

1. *Ibid.*, p. 135.

2. D. Moggach, « Republican Rigorism : Hegelian Views of Emancipation in 1848 », *op. cit.*, p. 87. Voir aussi *The Philosophy and Politics of Bruno Bauer*, *op. cit.*, p. 12, 85,149.

but de l'État, pour Bauer, n'est nullement de l'anéantir, mais simplement de réguler les intérêts particuliers quand ils contrarient l'intérêt général, c'est-à-dire d'assurer la possibilité pour tous d'avoir une vie décente et de réaliser sa liberté. Bref, ce dont il s'agit, contre l'État libéral qui pose le public et le privé comme deux sphères étanches, c'est de penser leur interaction et leur interpénétration, c'est-à-dire de montrer comment la vie sociale, puisqu'elle produit l'État, n'est pas réductible à la sphère du privé, étant déjà traversée par les questions de politisation, c'est-à-dire par les questions publiques – de même qu'inversement la vie politique interfère dans des questions qui relèvent de la vie sociale, et qu'on ne peut pas toutes abandonner à la sphère du privé (autant la question de l'éducation que celle liée au travail).

L'éthicité, sous la forme de la religion universelle dans *Die evangelische Landeskirche*, n'est autre que la tâche de formation de l'individu. L'État a à charge la tâche éducative, qu'il faut soustraire aux instances privées qui s'arrogent cette fonction[1]. Il y a un devoir de formation de l'État démocratique vis-à-vis de l'homme et du citoyen, qui consiste, justement par opposition aux valeurs du christianisme et de l'État libéral, à promouvoir le lien social, c'est-à-dire encore le sens du commun. Il s'agit donc de créer des structures qui forment aux valeurs que sont l'égalité, l'union ou bien encore la solidarité et l'entraide[2] – c'est-à-dire des valeurs ouvertes, contre toutes les communautés qui excluent et qui produisent par là des modes de vie clivants et délétères : de là la vocation universelle de cette religion. La religion universelle selon Bauer, c'est exclusivement cela : apprendre aux enfants et aux hommes – car l'éducation est une tâche qui se poursuit pendant toute la vie – que rien en l'être humain n'est naturel, que rien n'est donné, mais que les seules valeurs qui permettent à la fois à une communauté et à un individu dans une communauté de se réaliser pleinement sont les valeurs de l'égalité et de la solidarité, tout simplement parce que l'homme est un être social, qui ne peut exister pleinement qu'en rapport à l'autre, c'est-à-dire en société.

L'expression de « religion (universelle) » ne doit pas induire en erreur. Il ne s'agit ici nullement de recourir à la foi ou de faire régner la terreur pour imposer la prière d'un être quelconque, une raison ou un universel substantialisé[3]. Ce dont il s'agit est uniquement d'aménager, par

1. Voir B. Bauer, *Die evangelische Landeskirche*, *op. cit.*, p. 101. On trouve la même exigence chez Ruge, voir p.ex. *Zwei Jahre in Paris*, Zweiter Teil, *op. cit.*, p. 79.

2. Ruge développe des idées analogues entre 1840 et 1842 : voir D. Moggach, *The Philosophy and Politics of Bruno Bauer*, *op. cit.*, p. 83-84.

3. Sur la foi, qui est le contraire de la liberté, voir *Jud.*, p. 58.

l'éducation, l'espace de l'État démocratique au sens que nous avons vu avec Lefort et Breckman, donc le « lieu vide » d'un État dans lequel les différences peuvent s'affirmer. L'idée, très claire et simple, qui sous-tend le concept bauérien de religion, est liée au présupposé fondamental sur lequel reposent toutes ces thèses, à savoir que, puisque rien n'est donné, à commencer par l'homme, le « lieu vide » de la démocratie est celui où il se construit. Mais il ne peut y avoir de construction sans une éducation à la construction. Cela posé, cette éducation n'est pas une mise au pas *via* des instances et des institutions qui seraient imposées aux citoyens, puisqu'elles ne peuvent émerger que de la discussion et de la négociation opérées dans ce « lieu vide » où les différences s'affrontent, se tempèrent et se corrigent.

C'est bien parce que cette éthicité n'existe pas que le suffrage universel perd une bonne partie de son sens et que, lorsqu'il apparaît en France en 1848, Bauer peut le qualifier de « caprice constitué en maître suprême »[1]. N'oublions toutefois pas que, dans le même texte, il est désigné comme ce qui constitue la solution du problème posé par la Révolution française, de sorte que la question est celle de son application, c'est-à-dire des réquisits qu'il implique pour trouver son sens véritable.

La notion d'éthicité nous conduit à celles d'autonomie et d'émancipation. L'émancipation est une question centrale pour Bauer et, davantage, elle est même la question fondamentale de la philosophie politique et sociale, puisqu'elle constitue le but de l'éthicité – et, plus largement, le but d'une philosophie qui veut dépasser l'opposition entre théorie et pratique. Moggach, on l'a vu, distingue deux périodes dans la philosophie politique et sociale de Bauer[2]. Il est vrai que, dans *Die evangelische Landeskirche*, on a l'impression d'avoir quitté notre point de vue proprement humain et de flotter dans l'absolu à partir duquel se révèlent les lois qui régissent l'histoire avec une nécessité d'airain. Dans un tel cadre, la question de l'émancipation ne se pose pas. Il est également vrai que, à partir de « Der christliche Staat », le point de vue change. Nous n'occupons plus un point de vue supra-humain où le mouvement, pour ainsi dire, s'accomplit tout seul. Non seulement l'idéal apparaît comme un projet qui est indissociablement lié à l'action individuelle et collective qui doit s'organiser, c'est-à-dire se politiser, pour que le changement se produise et que l'idéal se réalise. On est en fait passé d'une critique

1. *DO*, p. 10.
2. D. Moggach, « German Republicans and Socialists in the Prelude to 1848 », *op. cit.*, p. 218.

transcendante à une critique immanente – c'est-à-dire, pour le formuler dans le langage des Jeunes hégéliens, d'une spéculation à une critique. Moggach développe une idée très intéressante, à savoir que tout le problème de Bauer est de politiser la notion d'autonomie que Kant développe dans la sphère de la philosophie morale[1]. Il faut être plus précis encore, car la distinction entre critique immanente et critique transcendante est fausse. Même quand on se situe du point de vue de l'idéal, on n'est jamais dans l'absolu, au sens où cet idéal est toujours pensé en fonction d'un cadre qui rend pensable certaines choses et d'autres non. En ce sens, la critique transcendante n'est qu'une prétention et n'existe pas, pour autant qu'on ne peut pas échapper à sa situation. Toute critique est une critique immanente, mais elle peut occuper deux positions : ou bien celle d'en haut, celle de l'idéal ou de l'universel (mais entendu comme universel relatif) ou bien celle d'en bas, le point de vue activiste qui souligne tout ce qui, dans notre situation actuelle, nous en sépare. C'est précisément ce point de vue qu'adopte Bauer à partir de 1841.

De la même façon que, chez Kant, le problème essentiel est de savoir comment la maxime subjective de l'action peut devenir une loi universelle, ce que la deuxième Critique nomme la « Typique de la raison pratique », toute la question de Bauer est de savoir comment l'individu peut s'élever du particulier dans lequel il est englué jusqu'à l'universel. C'est précisément ainsi que le social produit le politique et la politique. Le politique, c'est la structure toute formelle du seul *Rechtsstaat* légitime, à savoir la démocratie qui procède par le suffrage universel et la décentralisation du pouvoir; mais la politique, c'est toute la manière, qu'on ne saurait anticiper, dont cette structure se réalise ou s'actualise dans des circonstances toujours particulières. Et c'est là que la question de l'émancipation devient la question essentielle.

Quel est alors le critère qui permet d'atteindre et de déterminer l'universel, donc d'échapper à la particularité de la maxime pour s'élever à l'universalité de la loi ? C'est la promotion de la liberté individuelle, c'est-à-dire l'élargissement du pouvoir, pour l'individu, de réaliser ses fins propres[2]. Moggach écrit justement : « L'autonomie du même est le principe de la spontanéité ou de la volonté indépendante, se disciplinant sous des règles universelles ». L'individu s'élève de la conscience à la conscience de soi lorsqu'il examine ses intérêts particuliers :

1. D. Moggach, « German Republicans and Socialists in the Prelude to 1848 », *op. cit.*, p. 220.

2. C'était déjà la fin de l'État dans *Die evangelische Landeskirche*, *op. cit.*, p. 101.

> (…) afin d'évaluer leur compatibilité avec les exigences du progrès historique, et, ainsi, de tester leur concordance, leur compatibilité et leur convenance dans le cadre d'un perfectionnisme postkantien, où les actes sont validés par leur contribution à l'extension de l'espace de liberté. Les intérêts privés ne sont pas immédiatement valables, mais ils doivent être filtrés, évalués et admis de manière sélective selon des règles rationnelles[1].

L'individu, c'est l'origine et la fin de la question politique. Nous avons déjà souligné que l'État, chez Bauer, trouve son origine dans la société : les déterminations politiques fondamentales proviennent de « la spécificité de la vie du peuple et celle de l'État dans leur totalité ». Ce qui veut dire pour Bauer que l'État n'est rien d'autre que l'expression de l'ensemble des individus qui le constituent comme tel. Et c'est bien parce que l'individu est le fondement de l'État qu'il en est aussi le but. La fin de l'État, en effet, c'est de promouvoir cette « libre marge de manœuvre » où la liberté de l'individu peut se déployer.

En ce sens, la philosophie de Bauer est bien un individualisme, au sens où l'individu est, en amont comme en aval, la valeur suprême à l'aune de laquelle tout est mesuré. Cela posé, Bauer met en œuvre une tout autre détermination de l'individu que celle qu'on trouve dans l'individualisme possessif. Celui-ci, outre qu'il réduit les rapports interindividuels à des rapports de marché et donc la question de la liberté à celle du capital économique et social, ce à quoi s'oppose Bauer, repose sur une conception substantielle de l'individu, faisant de celui-ci un socle ou un pôle de positivité qui préexiste aux rapports qu'il entretient avec autrui. Ce n'est pas le cas chez Bauer, où l'on a une conception qu'on appellera relationnelle, c'est-à-dire sociale de l'individu. On est dans l'horizon d'une pensée hégélienne, qui nie le présupposé du contrat sur lequel se fonde le jusnaturalisme moderne et qui, partant, pose que la société est première et l'individu second. Dire que l'individu est d'abord en société, c'est-à-dire d'abord en rapport avec autrui, rapport grâce auquel il se constitue comme tel, c'est dire que l'individu ne préexiste pas aux relations qu'il tisse avec ceux qui l'entourent, et que, loin d'être quelque chose qu'on peut substantialiser, il n'est rien d'autre que la somme des relations qu'il entretient avec autrui et qui le font être ce qu'il est. Contre l'organisation du travail de la société marchande qui, comme on l'a vu, découpe et individualise le travail, isolant l'individu, promouvant par là l'idée d'une autosuffisance de l'individu qui ferait monde à lui tout seul,

1. D. Moggach, « German Republicans and Socialists in the Prelude to 1848 », *op. cit.*, p. 220.

la réorganisation du travail souhaitée par Bauer est celle qui vise à rendre sensible cette coopération inhérente à l'idée d'humanité qui fait que le même n'est rien sans l'autre.

Le fait que l'individu soit à la fois l'origine et la fin de l'État nous conduit à souligner deux choses.

La première, c'est que, si ce sont bien les individus qui instituent l'État, et, comme on l'a dit, un État qui n'existe pas ailleurs qu'en eux, cet État en retour modifie ces individus à travers l'éthicité qu'il institue. L'État est donc le moyen produit par les individus pour se transformer et plus exactement, dans le langage de Bauer, pour progresser – donc en définitive : s'humaniser. L'État est donc le moyen par lequel l'homme se conquiert et se pose comme tel. L'homme, en ce sens, n'est pas un être naturel, mais un être historique : ce qui veut dire un être qui se construit, dans un mouvement infini. C'est précisément le sens du concept d'émancipation.

Mais qu'est-ce qui garantit que ce mouvement est bien un progrès ? Contrairement à la philosophie préhégélienne, qui, avec Rousseau, pense pour ainsi dire abstraitement le progrès à l'aune de l'idée abstraite de perfectibilité, l'hypothèse bauérienne qui fait valoir l'émancipation est concrète et pratique. Le mouvement historique infini est apprécié en rapport à cet unique critère, certes formel mais légitime et surtout plein de sens : l'extension de l'espace de liberté de l'individu au niveau social et politique. L'histoire est constitutivement critique car elle est institution d'un donné et corrélativement critique de ce donné qu'elle va reprendre en elle et à nouveau modifier. Dans *Die evangelische Landeskirche*, Bauer souligne que si l'éthicité est produite par l'État, elle est en même temps à la limite de l'État, puisqu'elle produit les instruments conceptuels qui vont permettre, de l'intérieur, de critiquer cet État et d'avancer en surmontant cet État dans un autre qui, derechef, produira une nouvelle éthicité[1].

La deuxième chose qu'il faut souligner, c'est que Bauer insiste sur l'interaction entre la société et l'État, de sorte qu'il ne faut pas les hypostasier, puisque ce sont seulement les termes d'un rapport. Il ne faut pas penser *le* social et *le* politique, ce qui est déjà mal poser la question – c'est-à-dire la poser d'une façon qui, de toute façon, présuppose qu'il y a une extériorité de ces deux termes promus substances, et qui justifie par là même la conception de l'État qui les autonomise. Il faut donc penser les rapports entre le social et le politique, c'est-à-dire le co-conditionnement

1. B. Bauer, *Die evangelische Landeskirche*, *op. cit.*, p. 129. Voir aussi « Der christliche Staat », *op. cit.*, p. 29 où il est dit que l'État est l'œuvre de l'éthicité.

des deux plans l'un par l'autre ou encore leur action réciproque. C'est une façon, nous l'avons déjà souligné, de sortir de la difficulté que cherchera aussi, différemment (et d'une façon artificielle selon Bauer), à résoudre Marx, à savoir celle qui consiste à penser une organisation de la société qui provienne de cette société et qui soit son prolongement et son expression.

Cependant, chez Bauer, cette organisation ne peut advenir que par et dans l'institution d'un État qui, s'il est véritablement démocratique, n'est nullement une aliénation de la société, mais son expression unitaire et totalisante (ce que Bauer, hégéliennement, nomme l'universel) – expression qui certes menace sans cesse de s'aliéner dans une objectivation qui la coupe d'elle-même, raison pour laquelle l'État rationnel ou idéal n'est pas un terme, mais un mouvement ou un processus.

En instaurant l'État démocratique, la société s'institue comme nation et comme peuple.

Dans *Die bürgerliche Revolution*, Bauer écrit que, en 1848, le peuple s'est révolté et a voulu s'instaurer comme nation, donc devenir souverain politiquement[1]. C'est le même usage du mot « peuple » qu'il fait dans de nombreux textes, depuis « Die Fähigkeit der heutigen Juden und Christen, frei zu werden » [« L'aptitude des Juifs et chrétiens d'aujourd'hui à devenir libres »][2] jusqu'à la « Erste Wahlrede » déjà citée. La notion de « peuple » est beaucoup plus large que celle de « nation », puisque le mot est employé ici au sens commun, désignant l'ensemble de la société civile, quels que soient son type d'organisation et le régime politique qui est en vigueur : le peuple, ce sont les citoyens d'un État[3].

Moggach prétend qu'il y a aussi un autre sens du mot peuple et que, dans le compte rendu de *La Vie de Jésus* de von Ammon[4], « Bauer identifie ici le peuple comme étant *das Volk*, un sujet révolutionnaire qui peut atteindre ses aspirations universelles et renverser l'ordre existant »[5] ; et il ajoute : « Dès 1844, Bauer souligne le danger que, pour *das Volk* (le peuple), représente *die Masse* (la masse), pure particularité qui

1. B. Bauer, *Die bürgerliche Revolution*, *op. cit.*, p. 194.

2. B. Bauer, « Die Fähigkeit der heutigen Juden und Christen, frei zu werden », dans G. Herwegh (ed.), *Einundzwanzig Bogen aus der Schweiz*, Zürich und Winterthur, Verlag des literarischen Comptoirs, 1843, rééd, *Feldzüge der reinen Kritik*, *op. cit.*, p. 189.

3. *Ibid.*

4. B. Bauer, « Rezension : *Die Geschichte des Lebens Jesu mit steter Rücksicht auf die vorhandenen Quellen dargestellt* von Dr. Von Ammon, Leipzig, 1842 », dans A. Ruge (ed.), *Anekdota zur neuesten deutschen Philosophie und Publizistik*, vol. 2, Zürich und Winterthur, Verlag des literarischen Comptoirs, 1843, p. 185.

5. D. Moggach, *The Philosophy and Politics of Bruno Bauer*, *op. cit.*, p. 136.

s'oppose au progrès de l'esprit »[1]. Or, il n'y a dans « Die Gattung und die Masse » nulle occurrence du mot « peuple », donc aucune opposition entre le peuple et la masse. En outre, dans la citation du compte rendu de von Ammon, il s'agit moins d'une identification du peuple à un sujet révolutionnaire que de l'expression d'un espoir et donc d'une possibilité du peuple, à savoir celle d'un devenir révolutionnaire possible par lequel le peuple prend le contrôle de son existence et devient le législateur des lois qui ordonnent sa vie. En d'autres termes, il s'agit de la possibilité et de l'espoir que le peuple devienne une nation (et ce sont d'ailleurs les derniers mots du compte rendu). On a déjà cité le texte de *Bismarck* où « l'État national » est assimilé au moment où surgit la démocratie (« la condition préliminaire en est le soulèvement démocratique, etc. »)[2]. Davantage, dans *Russland*, Bauer souligne que l'État démocratique des partisans de la démocratie extrême n'est pas un « État national »[3], c'est-à-dire qu'il n'y a de nation que dans une démocratie véritablement réalisée, où règnent, non pas seulement le suffrage universel, mais la décentralisation et l'éthicité. La nation, c'est donc la réconciliation complète entre l'État et la société où se produit ce que Bauer appelle une « universalité vivante »[4] qui transcende l'universalité simplement formelle de toute démocratie centralisée où il y a encore une extériorité de l'État par rapport à la société. La démocratie véritable correspond, hégéliennement, à la singularité qui dépasse l'opposition entre le particulier et l'universel abstrait[5], parce que, au moyen de la décentralisation et de l'éthicité, le citoyen n'est pas qu'une personne privée qui ne s'intéresse qu'à ses affaires, ne pensant qu'à s'enrichir, et qui « veut qu'on le décharge d'une souveraineté qui lui est devenue onéreuse ». Il assume sa part de souveraineté, sa participation à la nation, et revendique sa souveraineté.

Il ne faut pas se méprendre sur le concept de nation élaboré par Bauer. La nation n'est pas pour lui fondée sur le sang et la langue comme expression d'une nature commune – ce que développe une tradition allemande qui lui est contemporaine. Moggach écrit : « La lutte nationale et la lutte républicaine ne font qu'un »[6]. La nation n'est en effet rien d'autre que le moment où le peuple s'institue comme sujet politique, c'est-à-dire, pour résumer, une démocratie qui n'est pas seulement politique,

1. D. Moggach, *The Philosophy and Politics of Bruno Bauer*, *op. cit.*, p. 136.

2. B. Bauer, *Bismarck*, *op. cit.*, p. 56. Voir également p 74 sur l'identification nation et État démocratique.

3. B. Bauer, *Russland*, *op. cit.*, p. 74.

4. B. Bauer, « Der christliche Staat », *op. cit.*, p. 13.

5. Voir D. Moggach, « German Republicans and Socialists », *op. cit.*, p. 220, 223.

6. D. Moggach, *The Philosophy and Politics of Bruno Bauer*, *op. cit.*, p. 152.

mais sociale. Cela posé, si Bauer montre explicitement son hostilité pour le concept allemand de « nation », on ne peut pas pour autant en faire un défenseur de la notion française de « nation » qui, par opposition, fait reposer celle-ci sur l'abstraction et l'artifice du contrat[1]. La question, chez lui, est celle de l'émancipation, nullement celle du contrat. Si la question de l'émancipation est bien aussi celle de la volonté, elle ne s'y réduit toutefois pas. Car l'émancipation est une question historique et sociale qui prend en compte l'incorporation de modes de vies, de valeurs et d'idées qui constituent non seulement un particularisme d'une nation, mais qui sont aussi à la fois ce qui la propulse en avant, donc vers un dépassement de ce particularisme, d'une part, et, d'autre part, ce qui constitue une force conservatrice d'inertie et une pesanteur l'empêchant d'avancer. Outre qu'on reviendra sur ce point avec l'analyse par Bauer de la révolution allemande de 1848, il faut souligner que la conception allemande de la nation, pour le philosophe, promeut, réifie et naturalise l'élément de la force conservatrice d'inertie qui pourtant n'est qu'un élément historique. Quant à la conception française de la nation, elle se meut dans l'abstraction d'un individu désocialisé et déshistoricisé. La conception bauérienne de la nation, donc, cherche justement à dépasser l'alternative entre ces deux conceptions, en thématisant une troisième voie, une conception sociale de la nation par opposition à une conception naturaliste et une conception politique[2].

Dès *Die evangelische Landeskirche*, l'éthicité, qui n'est autre que l'esprit de la nation, est assimilée, comme on l'a vu, à « une Église universelle des croyants, qui dépasse les frontières de l'État, de même qu'il y a une communauté propre à la science – et en nous plaçant dans l'élévation religieuse propre à cette communauté une de l'Église universelle, nous dépassons les limites de l'État »[3]. Bref, la nation ne fonde nullement son identité sur l'exclusion des autres nations, puisqu'elle a au contraire une visée supra-nationale, c'est-à-dire universelle. Il en va du rapport entre les nations comme il en va du rapport entre les individus, ainsi qu'on l'a vu avec la critique du colonialisme. De même que l'éthicité véritable doit produire un autre individualisme, en incorporant dans l'individu une conception des rapports interindividuels fondée sur l'entraide et la solidarité, les rapports entre les nations doivent de même être fondés sur

1. Sur ces deux conceptions de la nation, voir R. Safranski, *Romantik*, München, Carl Hanser Verlag, 2007, p. 180-190.

2. Voir É. Dufour, « La nation chez Bruno Bauer entre social et politique. Particulier, universel et singulier », *Les Études germaniques* 3, 2023.

3. B. Bauer, *Die evangelische Landeskirche*, *op. cit.*, p. 106.

la coopération et la compréhension, c'est-à-dire la fraternité du genre humain. Il n'y a et il ne peut y avoir aucune supériorité de la « germanité », contrairement à ce que prétend Linzbach, qui d'ailleurs ne source pas son affirmation[1], dans une pensée telle celle de Bauer, où la référence absolue est et reste toujours l'« homme » et l'« humanité ». Moggach écrit justement : « Les réflexions de la dernière période de Bauer sont marquées par un anti-nationalisme rigoureux qui rend problématique une appropriation nationale-socialiste de sa pensée »[2]. À cela il faut ajouter, comme le souligne d'ailleurs immédiatement Moggach, que les nations, pour Bauer, ne sont pas des entités étanches, mais qu'elles influent les unes sur les autres par l'intermédiaire de ce qu'on nomme aujourd'hui les « transferts culturels », chacune incorporant des éléments importés d'une autre culture en leur donnant une nouvelle configuration du fait de leur inscription dans un tout nouveau contexte. Cette interaction fait non seulement bouger, progresser les différentes nations, mais témoigne d'une complémentarité. Ainsi est-ce le cas par exemple pour la révolution : Bauer, nous l'avons vu, reprend l'idée de Heine qui affirme que les Français l'ont faite sans la penser – et que les Allemands, ensuite, l'ont pensé sans la faire. Et ce sont ces échanges qui manifestent le fait que les différents peuples appartiennent à la même humanité.

1. P. Linzbach, « Die konservative Orientierung Bruno Bauers nach 1848. Auf der Spur nach bislang unerforschten Quellen », *in* L. Lambrecht, *Osteuropa in den Revolutionen von 1848*, *op. cit.*, p. 170.
2. D. Moggach, *The Philosophy and Politics of Bruno Bauer*, *op. cit.*, p. 186.

Chapitre IV

LES RÉVOLUTIONS DE 1848. LE DÎNER DE CONS. L'ANTISÉMITISME

Constance des idéaux politiques de Bauer en 1848 et après pessimisme

Bauer, donc, soutient une position démocratique relevant de ce qu'on peut appeler une démocratie sociale dès 1840. Il est l'initiateur d'un mouvement qui se manifeste beaucoup plus tard chez les Jeunes hégéliens, c'est-à-dire, très exactement, à un moment où le Jeune hégélianisme se dissout. Ruge promeut une « dissolution du libéralisme dans le démocratisme » dans le texte publié en janvier 1843. Quant à Marx, c'est pendant le printemps et l'été 1843, dans le manuscrit de Kreuznach, que lui aussi se détourne du libéralisme pour défendre un idéal démocratique qui n'est pas seulement politique mais social, comme Bauer. Puisque, comme le dit P. Clochec, « La suppression de la contradiction entre société et État (…) constitue le problème et le but du manuscrit »[1] qui a pour but de penser une « réappropriation dans le cadre de la société civile des fonctions politiques exercées par l'État »[2], on ne voit pas trop ce que ces tentatives apportent de plus que celle de Bauer. L'idée de « la plus grande universalisation possible de l'élection tant en ce qui concerne le droit de vote qu'en ce qui concerne l'éligibilité »[3] est dans la lignée de Bauer, tout comme l'insistance sur les États-Unis, la distinction entre la souveraineté comme fonction ou lieu vide et la personne qui l'occupe,

1. P. Clochec, « Le *Manuscrit de Kreuznach* et l'ambiguïté de la démocratie sociale », *Les Cahiers philosophiques de Strasbourg* 21, 2017, p. 83.
2. *Ibid.*, p. 77.
3. K. Marx, *Critique du droit politique hégélien*, trad. fr. A. Baraquin, Paris, Éditions sociales, 1975, p. 184.

l'insistance sur la nature individualisante et séparatrice du travail dans une société sans lien, la libre publicité, l'interaction du public et du privé, le communisme entendu au sens de ce que Bauer nomme l'union[1], etc.

Mais cet engagement politique très fort en faveur de la démocratie disparaît-il chez Bauer après les révolutions de 1848 ? Moggach n'est pas très clair sur le sujet, puisqu'il écrit que « Bauer abandonne son républicanisme »[2], mais aussi : « Dans les derniers textes de Bauer, étonnamment peut-être, la voix du *Vormärz* républicain ne s'est pas entièrement tue »[3]. Force est de constater, quand on examine les publications de Bauer, que, jusque dans le *Disraeli's*, dernier livre qu'il publie en 1882 (où l'on trouve la référence à Tocqueville), l'engagement démocratique est très présent, comme en témoignent les textes qu'on a cités. C'est même dans l'avant-dernier livre de Bauer, *Bismarck*, qui paraît en 1880, que les slogans sont les plus forts : « Sans une démocratie et son appel à l'égalité universelle des droits, il n'y a pas de souveraineté puissante, comme dans le système impérial classique »[4]. Davantage, c'est évidemment après 1848 que Bauer analyse le sens du suffrage universel, particulièrement dans *De la dictature occidentale*, et c'est aussi après 1848 qu'il affine sa critique de la centralisation, particulièrement développée dans *Russland.*

Bref, il y a une constance totale de l'engagement politique de Bauer, qui ne varie nullement et qui se précise toujours davantage. Mais il y a aussi un déplacement de l'intérêt et de la méthode – les deux étant liés.

L'intérêt, après 1848, se déplace des questions nationales vers les questions internationales, vers l'analyse des interactions des différentes nations les unes avec les autres – ce qui est cohérent avec le point de vue de Bauer qui, depuis le début, est celui de l'interaction et de la primauté de la relation : dès lors, comment penser un État ou une nation sans penser les rapports qu'il/elle entretient avec ceux/celles qui l'entourent et qui lui permettent de se poser comme tel(le). Désormais, ce qui l'intéresse est l'Europe et le rapport de l'Europe avec la Russie. Les commentateurs ont remarqué que la Russie devient l'objet d'un intérêt particulier chez Bauer.

1. On trouve aussi le mot « communisme » employé au même sens dans la « Selbstkritik des Liberalismus » de Ruge, trad. fr., *op. cit.*, p. 267.

2. D. Moggach, *The Philosophy and Politics of Bruno Bauer*, *op. cit.*, p. 180. Voir aussi D. Moggach, « Bruno Bauer », https://plato.stanford.edu/entries/bauer/, où on lit : « L'œuvre ultérieure de Bauer se caractérise par l'abandon définitif de son républicanisme du *Vormärz* ».

3. *Ibid.*, p. 186.

4. B. Bauer, *Bismarck*, *op. cit.*, p. 54.

Ainsi, dans son *Bismarck*, qui porte une « appréciation critique »[1] sur l'homme politique, car « Bauer se montre peu indulgent pour son sujet aussi bien que pour ses compatriotes » (comme le dit Valbert dans son compte rendu[2]), Bauer met en évidence ce qui constitue un élément essentiel de la politique de Bismarck : le poids sur une politique étrangère naissante qui lui permet de conduire une politique intérieure d'unification et de socialisation contre un ennemi extérieur qui varie selon les circonstances et les besoins, mais au prix de la démocratie, utilisée stratégiquement comme un outil permettant de renforcer le pouvoir du roi. Bauer, avec ce livre, est un précurseur de ce qu'on nomme l'« histoire diplomatique », pour autant qu'il montre les effets de la politique extérieure sur l'organisation sociale et politique (par exemple la mise sous pression de l'opposition prussienne)[3].

Nous avons en outre mentionné les propos de Bauer sur la colonisation, qui relèvent de cet intérêt porté aux rapports entre les nations. Ces rapports sont l'objet de nombreux développements dans les écrits postérieurs à 1848, et particulièrement dans *Russland*. Dans aucun de ces développements, il ne s'agit de faire valoir une quelconque supériorité de la germanité. *Russland*, tout comme *De la dictature occidentale* ou le dernier livre publié par Bauer, *Disraeli's*, se situe d'un point de vue qui n'est nullement axiologique mais se veut purement descriptif. Il prend pour objet l'évolution des États européens au XIXe siècle, et montre que, derrière l'opposition de ces États à la Russie dont la force s'impose depuis un moment, « les puissances européennes marchent vers la centralisation et le mécanisme politique, établis en Russie depuis l'invasion des Mongols, sans avoir atteint leur but »[4]. Bref, il s'agit de faire une typologie des différentes formes modernes de la dictature, et de distinguer celles européennes de celle, russe, incroyablement forte parce que l'individualisme libéral n'y existe pas et qu'il y a une négation de la diversité dans une unité qui concentre les pouvoirs politiques et religieux[5].

À cela est lié un changement de méthode ou de point de vue – ou, plus exactement, le renforcement d'un point de vue qui existait déjà mais qui devient désormais exclusif, à savoir le point de vue historique. Nous avons souligné que Bauer produit tout un travail d'histoire politique et

1. D. Moggach, *The Philosophy and Politics of Bruno Bauer*, *op. cit.*, p. 185.

2. G. Valbert, « L'Allemagne nouvelle jugée par un Allemand », *op. cit.*

3. Voir B. Bauer, *La Russie et l'Angleterre*, *op. cit.*, où la question est explicitement posée en termes de rapports diplomatiques entre les nations.

4. *DO*, p. 36.

5. Voir D. Moggach, *The Philosophy and Politics of Bruno Bauer*, *op. cit.*, p. 182-183.

sociale à partir de 1842, et que ce travail constitue la deuxième dimension d'une direction critique dont la première est la mise au jour d'une norme immanente. Ce qui disparaît désormais, c'est l'élucidation et la justification de la norme, et ce qui intéresse Bauer, c'est le travail descriptif des rapports de domination politiques et sociaux entre les individus, entre les groupes et entre les nations – et la manière dont, concrètement, ces rapports empêchent la réalisation de la norme.

Dans le développement de la pensée politique de Bauer, on est clairement dans un troisième moment. À partir des deux livres consacrés à la révolution allemande, on a affaire à une perspective descriptive qui cherche à comprendre les « conditions de vie » qui font que les individus intériorisent des idées et des valeurs différentes, du fait des pratiques qui sont les leurs, et qui ont pour effet une inertie et une pesanteur au niveau de la réalisation de l'idéal[1] – et, pour le dire mieux, ces conditions de vie obscurcissent la vision de l'idéal comme tel, pour autant qu'elles font le travail inverse de ce que produirait une émancipation véritable. En ce sens, il semble désormais que, plus on se rapproche de l'idéal, plus celui-ci s'éloigne !

Par exemple, dans les deux textes sur les révolutions allemandes, la question n'est nullement de justifier l'idéal pour lequel les révolutionnaires se sont battus : il va de soi, c'est l'idéal démocratique d'une égalité civique, politique et sociale, c'est-à-dire d'une reconnaissance de l'individu sur tous les plans dans le cadre d'une démocratie sociale. Mais ce qui ne va pas de soi, ce qui devient désormais l'objet étendu de l'analyse, c'est de savoir pourquoi cet idéal n'arrive pas à s'imposer comme tel, quels sont les éléments qui vont faire que les rapports de force vont se durcir, et que les révolutions de 1848 vont aboutir au contraire même de ce qui constituait leur but, à savoir le renforcement de la dictature[2]. Ce qui intéresse Bauer, c'est exactement ce qui constitue aussi le problème traité par Engels dans l'Introduction au texte de Marx sur la lutte des classes en France (1895), à savoir comprendre pourquoi le suffrage universel n'arrive pas à s'imposer aux ouvriers comme revendication légitime : « ce n'est pas le mouvement ouvrier qui a été insensible aux libertés démocratiques ; c'est l'absence de libertés démocratiques qui fait que le mouvement ouvrier ne s'est pas intéressé à un droit de suffrage qui était, soit un privilège de classe dans les régimes censitaires, soit une mascarade dans les régimes autoritaires »[3].

1. Voir p.ex. B. Bauer, *Freimaurer*, *op. cit.*, p. 124.

2. Voir B. Bauer, *Russland*, *op. cit.*, p. 7.

3. J. Texier, « Marx et Engels à la veille de 1848 », dans J. Texier (ed.), *Révolution et démocratie chez Marx et Engels*, Paris, Puf, 1998, p. 33.

Il s'agit de mettre en évidence les « conditions de vie » qui empêchent les idéaux de poindre, c'est-à-dire toutes les lenteurs, les inerties, les pesanteurs qui constituent autant de forces de résistance – et il faut aussi mettre en évidence les intérêts particuliers et évidemment les rapports de pouvoir qui font que ces intérêts particuliers se mettent en travers de la route pour barrer la route à l'intérêt général, à l'universel, et le tuer dans l'œuf. Dans le compte rendu du *Bismarck* déjà cité, Valbert fait un rapprochement, quant à la manière de conduire l'analyse, avec Machiavel.

En ce qui concerne la révolution allemande de 1848, l'analyse de Bauer souligne plusieurs choses.

Après les insurrections de mars, toute la stratégie du roi est d'abord et avant tout de gagner du temps pour laisser se dégrader la situation[1]. Mais il faut avoir les moyens de le faire, c'est-à-dire que les rapports sont des rapports de force qui tiennent aux alliances et qui permettent au roi de conforter sa place[2]. *Die bürgerliche Revolution* décrit avec une grande précision le moment qui commence le 19 mars, quand le roi prend acte de l'insurrection, sent que sa position est de fait menacée, temporise en s'adressant d'abord au Landtag, puis crée la première assemblée nationale destinée à faire une constitution. Son gouvernement propose à l'assemblée un projet qui ne sera pas accepté, et, malgré l'incapacité de l'opposition à s'unir autour du contreprojet Waldeck, il finit par dissoudre l'assemblée le 5 décembre avec un décret qui stipule qu'elle reste incapable d'atteindre son but « sans nuire à la couronne et sans porter préjudice au bien du pays »[3], et qui est accompagné d'une constitution qui reste encore à compléter mais pose les lois fondamentales. Cette constitution « crée deux chambres, issues du suffrage populaire, elle reconnaît la responsabilité ministérielle, elle annonce qu'elle garantira la liberté religieuse, le droit d'association, la liberté de la presse et la liberté d'enseignement, l'égalité devant la loi, la liberté personnelle, l'indépendance et le caractère public de la justice, etc. »[4]. Bauer résume ce à quoi on en arrive avec ce système bicaméral où les décisions de la deuxième chambre ou chambre des représentants de la Prusse, élue au suffrage universel (c'est précisément à cette élection que Bauer s'est

1. B. Bauer, *Der Untergang des Frankfurter Parlaments*, *op. cit.*, p. 108 *sq.*
2. *Ibid.*
3. O. v. Corvin, *Geschichte der Neuzeit 1848-1871*, Leipzig, Greßner & Schramm, 1882, Erster Band, p. 232.
4. *Ibid.*

présenté plusieurs fois)[1], sont invalidées par la première chambre, élue au suffrage censitaire et donc du côté du gouvernement : « Le but que visait le gouvernement avec une conscience plus ou moins claire était d'octroyer une constitution qui, pour la représentation populaire et afin de faire ainsi une concession à l'impulsion de constitution de l'époque, ouvrait la perspective de pouvoir être révisée – mais cette perspective se trouvait ensuite fermée par une première chambre qui rendait toute révision impossible »[2].

L'aboutissement était prévisible et tout l'effort de Bauer vise à montrer les stratégies par lesquelles l'octroi fait par le roi, celui d'une représentation populaire du peuple avec la fondation de la chambre des représentants de la Prusse, se met en place très rapidement, ce qui est une façon de gagner du temps. Bauer écrit : « L'octroi avait déjà immédiatement commencé après les événements de mars, les ministres savaient ce qu'ils voulaient quand ils ne parlaient que de libertés accordées – tout n'étant accordé, initié, esquissé et fait que par la couronne : le système était prêt ou, plutôt, il s'est maintenu malgré les événements de mars »[3]. Il suffit juste de laisser du temps au temps, de temporiser, afin de renverser les rapports de force qui sont en faveur des « combattants victorieux »[4]. Les bourgeois, qui ont soutenu les révolutionnaires, mais « n'avaient en vue que la royauté absolutiste »[5], ont peur des débordements révolutionnaires et ne souhaitent que le retour de l'ordre, « le calme (...) que le gouvernement veut réinstaurer »[6]. À cela s'ajoute le fait que le peuple lui-même « avait une représentation obscure de l'assemblée constituante qu'il obtiendrait, et il obtint une assemblée de conciliation et vota pour elle »[7]. Bauer écrit à propos de ce qui se passe juste après la victoire des insurrections de mars :

> Le peuple avait si peu de pouvoir et de force, il avait si peu de prise pour intervenir dans son propre futur, il avait si peu d'"organe juridique pour initier une législation" que ses représentants et porte-parole, les délégués qu'il envoya voir le roi, qualifièrent la royauté de "point central de l'État qui seul s'est maintenu", lui attribuèrent donc l'initiative et la pleine

1. La deuxième législature, du fait des contestations des bourgeois, supprime, non pas le suffrage universel, mais son expression directe dans les résultats du vote, puisqu'on passe au « système des trois ordres » où la société, divisée en trois ordres ou classes dont le nombre d'électeurs est très inégal, élit le même nombre de grands électeurs.

2. B. Bauer, *Die bürgerliche Revolution*, *op. cit.*, p. 261.

3. *Ibid.*, p. 259.

4. *Ibid.*, p. 194.

5. *Ibid.*

6. *Ibid.*, p. 260.

7. *Ibid.*

> puissance pour légiférer, attendant d'elle qu'elle élabore à partir de cette pleine puissance la loi électorale pour l'assemblée constituante[1].

Cette façon de voir est renforcée par « cette partie du peuple de province » qui craint elle aussi le soulèvement révolutionnaire, et qui proclame que « Tout ce que le peuple a cru avoir conquis est dérivé de la grâce d'en haut et métamorphosé en dons gracieux de la royauté, voire en simples promesses de grâces »[2]. Il se produit donc un changement de langage, et ce changement de langage n'est pas anodin, puisqu'il est la construction d'un fait qui n'existe pas en dehors du récit qui l'objective, c'est-à-dire le constitue comme tel. Le fait est produit par le discours dominant qui semble pourtant ne faire que décrire impartialement un donné qui lui préexiste et se donne en lui-même – discours dominant qui résulte d'un rapport de force qui s'impose comme tel. C'est ainsi que « L'octroi commença lorsque le gouvernement fit sien ce langage »[3]. Bref, si on résume : tout rapport est un rapport de domination, et cette domination se manifeste dans le langage où le dominant est celui qui parvient à faire croire, mais précisément en vertu de rapports infralangagiers qui fondent sa domination, que son récit de l'événement est le récit objectif, celui qui décrit le fait tel qu'il est.

De là la différence entre l'assemblée constituante et l'assemblée de conciliation dont il était question plus haut – et l'analyse de Bauer est exactement la même que celle que donne Marx dans son article « Die Krisis » [« La crise »], paru dans la *Rheinische Zeitung* le 13 septembre 1848[4]. Ce que le peuple demande, c'est donc une assemblée constituante. Mais le roi ne peut pas l'accepter. La temporisation permet de retourner le rapport de force, c'est-à-dire de transformer l'exigence d'une assemblée constituante en une assemblée de conciliation. C'est que le roi, s'il accepte la constitution, met le peuple sur pied d'égalité avec lui et perd son « pouvoir absolu »[5]. Cela posé, logiquement, c'est alors son pouvoir qu'il perd, puisque, s'il y a une égalité des droits, c'est-à-dire le pouvoir du peuple à légiférer à côté et en même temps que celui du roi, en cas de conflit le roi ne peut qu'accepter le choix du peuple[6]. Mais l'« octroi » change tout, car il substitue l'assemblée de conciliation à l'assemblée

1. *Ibid.*, p. 250.
2. *Ibid.*, p. 253.
3. *Ibid.*
4. K. Marx, « Die Krisis », *Neue Rheinische Zeitung* 101, 13 sept. 1848.
5. B. Bauer, *Die bürgerliche Revolution*, *op. cit.*, p. 253.
6. *Ibid.*, p. 195.

constituante. Certes, pour le peuple (ou la nation)[1], « derrière le mot de “conciliation” il y a pour lui la constitution »[2], de sorte qu'il croit qu'on va lui conférer un statut égal à celui du roi. Le peuple pense que tout va changer, étant donné que, face à sa revendication majeure qui est celle du suffrage universel, le roi a promis de l'entendre et de donner une représentation à la souveraineté populaire. Mais il ne s'est pas rendu compte que derrière ce changement de langage se profilait sa mise sous tutelle et que, pour le roi, le but est que tout change pour que rien ne change.

Alors que la révolution a fait éclater le fait incontestable que le peuple a le droit d'être maître de son destin et qu'il a « le pouvoir de disposer de son propre futur »[3], il apparaît, au moyen d'un jeu de langage qui fait croire au peuple qu'il a atteint son but, que ce qu'il a acquis par sa lutte n'est qu'un cadeau donné par le roi – et cet acquis se dégonfle comme une baudruche quand on se rend compte que la chambre des représentants de la Prusse est ligotée et n'a aucun pouvoir.

Au total, Bauer produit toute une description, dans son analyse des révolutions allemandes de 1848, de la manière dont s'exerce la domination, mettant en évidence les trois paramètres qui collaborent au maintien de l'oppression. Il y a d'abord le temps, facteur auquel Bauer est très attentif : le rapport de domination apparaît dans la temporalité différente qui est celle des deux opposants. Face à celui qui a le temps, et qui gagne en perdant du temps, c'est-à-dire en faisant perdre du temps à l'autre, il y a celui qui est dans l'urgence et qui, s'il se met en position d'attente et fait cesser la tension du rapport de force, a nécessairement perdu[4]. Mais il y a ensuite le capital culturel, comme on dirait aujourd'hui, c'est-à-dire le fait que les travailleurs ne maîtrisent pas bien les données politico-juridiques du problème (conciliation *vs.* constitution) et, ce qui y est lié, le pouvoir qu'a le langage de celui qui maîtrise la situation et tient les rênes d'imposer sa propre façon de lire une situation – et de l'imposer à un tel point qu'elle passe pour le fait en lui-même aux yeux de celui qui ne se rend pas compte du tour de passe-passe.

La force est définie par Bauer comme « l'ultime issue »[5] qui restait au peuple pour sortir du paupérisme dans lequel il est (cause ultime de

1. Bauer identifie ici les deux : *Die bürgerliche Revolution*, *op. cit.*, p. 195.
2. B. Bauer, *Die bürgerliche Revolution*, *op. cit.*, p. 195.
3. B. Bauer, *Die bürgerliche Revolution*, *op. cit.*, p. 250.
4. Voir B. Bauer, *Der Untergang des Frankfurter Parlaments*, *op. cit.*, p. 108.
5. B. Bauer, *Die bürgerliche Revolution*, *op. cit.*, p. 260.

la révolution[1]) et lutter contre la monarchie absolue. Dans la « Erste Wahlrede », il est bien dit à propos de la souveraineté populaire, donc au fond du suffrage universel, que « Ces droits mêmes que le peuple a conquis en mars doivent être désormais garantis à jamais »[2]. Si cette conquête s'est produite par la violence, c'est bien d'une violence légitime qu'il s'agit, pour autant qu'elle est le seul moyen dont dispose le peuple pour sortir de l'oppression. Dans le volume II de *Der Fall und Untergang der neuesten Revolutionen [La chute et la fin des révolutions modernes]* intitulé *Der Aufstand und Fall des deutschen Radicalismus vom Jahre 1842 [Le commencement et la fin du radicalisme allemand de l'année 1842]*, il y a deux références au problème de la violence révolutionnaire[3]. Moggach voit à tort une contradiction entre ces deux textes, disant que tantôt Bauer condamne la violence révolutionnaire, tantôt il la cautionne[4]. Mais en vérité les textes sont très clairs. Si le premier dit que la terreur n'est jamais légitime, le second ajoute simplement une clause à la première affirmation trop générale, soulignant que la violence des citoyens est légitime quand l'État n'a pas de « fondement commun (*gemeinschaftlichen*) », puisqu'elle est dès lors la seule solution pour précisément introduire la légitimité c'est-à-dire le « commun ». On rappellera à ce propos qu'Edgar Bauer, toujours plus *trash* que son frère, est le premier théoricien du terrorisme[5].

Moggach a raison de résumer les deux discours électoraux en soulignant que Bauer y défend : 1) la souveraineté populaire ; 2) la violence révolutionnaire[6]. Mais il a tort d'assimiler cette violence révolutionnaire à « Bauer le jacobin »[7], d'affirmer qu'« il [*sc.* Bauer] a soutenu le jacobinisme »[8], en fondant cette affirmation sur une assimilation du jacobinisme à la violence, comme si les autres courants révolutionnaires en étaient exempts et comme si le jacobinisme se résumait à la défense de la

1. B. Bauer, *Der Untergang des Frankfurter Parlaments*, *op. cit.*, p. 279.
2. B. Bauer, « Erste Wahlrede », *op. cit.*
3. B. Bauer, *Der Aufstand und Fall des deutschen Radicalismus vom Jahre 1842. Der Fall und Untergang der neuesten Revolutionen*, vol. 2, Berlin, G. Hempel, 1850, p. 161 et p. 220.
4. D. Moggach, *The Philosophy and Politics of Bruno Bauer*, *op. cit.*, p. 156.
5. Voir Eric v.d. de Luft, « Edgar Bauer and the Origins of the Theory of Terrorism », *in* D. Moggach (dir.), *The New Hegelians. Politics and Philosophy in the Hegelian School*, *op. cit.*, p. 136-165.
6. D. Moggach, « Republican Rigorism : Hegelian Views of Emancipation in 1848 », *op. cit.*, p. 87.
7. D. Moggach, *The Philosophy and Politics of Bruno Bauer*, *op. cit.*, p. 156.
8. D. Moggach, « Republican Rigorism : Hegelian Views of Emancipation in 1848 », *op. cit.*, p. 86.

violence[1]. Outre que la violence des ouvriers de 1848 est autre chose que celle de Robespierre et de ses partisans, outre que la violence n'est pas l'apanage des Jacobins, l'histoire ne se répète pas et comparaison n'est pas raison. Dans *Le Christ et les Césars*, la comparaison de la centralisation des États européens au XIXe siècle avec le césarisme du premier siècle de l'empire romain n'est nullement une identification, mais un instrument méthodologique pour mieux comprendre les enjeux et saisir ce qui sépare une époque d'une autre – donc saisir la différence spécifique. En outre, aucun des différents camps (Jacobins, Girondins, Montagnards) ne représente pour Bauer historien de la Révolution française un modèle. Qu'on n'oublie pas, quand Moggach fait de Bauer un partisan de Robespierre, la défense d'un modèle décentralisateur. Dans la recension de Rohmer qu'on a citée, cet élément fait que Bauer se rapporte d'une manière positive aux Girondins : « (…) la république des grands États, la république de la fédération, la république que les Girondins en France ont fondée prématurément ». Bref, il ne faut nullement poser la question sous la forme d'une alternative exclusive, car même si certains éléments rapprochent Bauer des Jacobins[2], d'autres le rapprochent des Girondins. Notre dernier argument est un argument de droit. Si l'on admet, comme nous avons essayé de l'établir, que, dès 1840, Bauer voit l'État social (c'est-à-dire la démocratie sociale) comme une unité dialectique, c'est-à-dire renfermant une diversité, qui équivaut à un « lieu vide » où ce qui importe est la discussion et la négociation, il est impossible d'admettre que, lorsqu'il qualifie la Révolution française de « terrorisme sanglant de la raison et de la morale (*Sittlichkeit*) »[3], il faille le prendre en un sens apologétiste. Car, ici, le terrorisme a un sens négatif, celui qui signifie qu'une partie du peuple prend le pouvoir pour, justement, faire régner la terreur, parce qu'elle prétend savoir mieux que le peuple ce qui est bon pour lui. On est loin du sens positif conféré par Bauer à ce terme lorsqu'il parle d'un terrorisme de la critique et de la raison à Ruge et Marx[4], qui veut au contraire dire que personne ne peut prétendre avoir raison et

1. Voir D. Moggach, « Republican Rigorism : Hegelian Views of Emancipation in 1848 », *op. cit.*, p. 86.

2. Dans *The Philosophy and Politics of Bruno Bauer*, *op. cit.*, p. 152, Moggach souligne que les Jacobins ont plutôt une tendance ouvrière et redistributrice qui correspond davantage à la pensée de Bauer que le libéralisme bourgeois des Girondins. Soit, mais, outre le caractère simplificateur de telles généralités, la concentration parisienne du jacobinisme *vs*. la décentralisation provinciale du girondinisme, à la manière du verre à moitié vide ou à moitié plein, inverse le rapport de force.

3. B. Bauer, « Der christliche Staat und unsere Zeit », *op. cit.*, p. 25.

4. Voir la lettre de Bauer à Marx du 28 mars 1841, où il est question du « terrorisme de la raison », et la lettre de Bauer à Ruge du 16 avril 1841, où il est cette fois fait mention

que toute certitude doit pouvoir être examinée et critiquée par et dans la discussion. Le terrorisme au sens positif, c'est la conscience de soi, et la conscience de soi, c'est l'idée que nulle vérité n'est définitive, car elle est une simple hypothèse de parcours qui doit être débattue au sein d'un processus de dialogue produisant son dépassement dans une hypothèse plus haute. La conscience de soi, au fond, n'est autre que le processus délibératif démocratique, c'est-à-dire un acte créateur ou un mouvement qui ne peut être aliéné et objectivé dans un quelconque résultat partiel.

Il est curieux que, pourtant, Moggach mette l'accent, comme on l'a vu, sur une dimension essentielle de la philosophie politique et sociale de Bauer qui aurait dû lui éviter cette assimilation hâtive de Bauer au jacobinisme. Moggach, en effet, insiste sur le fait que le fondement du politique comme organisation du social chez Bauer est l'individu : si toute la question est chez lui celle de l'émancipation, c'est parce que, « contrairement à d'autres hégéliens de gauche comme Feuerbach, l'universalité n'est pas (pour lui) une simple propriété générique du tout que les individus partagent inconsciemment. (…) Le soi dynamique et transformateur, qui réalise la liberté rationnelle par son propre effort, est l'héritage fichtéen que Bauer ajoute à Hegel »[1]. Il note à propos de Marx :

> En insistant sur les valeurs collectives partagées, l'effectivité des fins données ou prédéterminées (…), Marx échoue à actualiser des aspects importants de l'analyse kantienne concernant l'action (*agency*), à savoir les fonctions évaluatives et sélectives de la liberté négative sur lesquelles d'autres hégéliens de gauche insisteront. Il manque le deuxième moment vital de l'émancipation reconnu par Bauer, à savoir la centralité de l'assentiment à ces fins, les manières dont elles sont "posées", intériorisées et dont elles deviennent ce qui dirige l'action. La conséquence en est que, pour Marx, l'universel demeure une propriété générique, et le concept dialectique de singularité, entendu comme une synthèse de l'universel et du particulier, est mal défini[2].

Davantage, le fait que, chez Marx, on n'ait pas besoin d'État au sens d'une autorégulation de la société par elle-même, comme si justement l'ordonnance interne de la société pouvait advenir pour ainsi dire spontanément, et au fond « naturellement » (on a vu comment la critique bauérienne met au jour le recours implicite ou explicite à la naturalité

du « terrorisme de la critique ». Voir M. Rubel, Introduction à K. Marx, *Œuvres*, vol. 3, *Philosophie*, *op. cit.*, p. LXXVI-LXXVII, où ces deux lettres sont citées.

1. D. Moggach, « German Republicans and Socialists in the Prelude to 1848 », *op. cit.*, p. 220.

2. *Ibid.*, p. 235.

dans l'idéal communiste), corrobore pour Moggach l'idée selon laquelle l'universalité est bien pour lui « une simple propriété générique du tout que les individus partagent inconsciemment »[1].

Breckman, au fond, ne dit pas autre chose quand il souligne que « les Jeunes hégéliens furent soumis à la tentation constante de substituer une forme d'"incarnation" à une autre, de remplacer les interactions indéterminées et disputées de la démocratie par une forme d'unité plus substantielle »[2]. Comme on l'a vu, la seule erreur de Breckman est de méconnaître la pensée de Bauer et d'assimiler la « conscience de soi » de celui-ci avec une figure hypostasiée de l'absolu.

Cependant, s'il est certain que, chez Bauer, on ne peut pas se placer du point de vue d'un absolu, même immanent[3], ce n'est pas le cas chez Marx. Se situer du point de vue d'un idéal, aussi immanent qu'on prétende qu'il soit, c'est toujours quitter le point de vue de l'immanence, c'est-à-dire le point de vue critique, pour entrer dans un point de vue dogmatique qui est celui de la critique transcendante. La seule exigence méthodologique d'une critique véritablement immanente, c'est-à-dire authentiquement critique, fidèle au terrorisme de la raison dont on a vu qu'il faut bien l'entendre, c'est justement celle de rester du point de vue de l'émancipation, donc de l'individu.

C'est aussi pour cela que l'idéal bauérien peut paraître indéterminé[4]. Se situer du point de vue immanent de l'individu, c'est exiger et développer l'idéal démocratique. Et l'on ne sort pas pour autant de la critique immanente, puisque cet idéal n'est rien d'autre qu'une revendication du droit qu'ont tous les individus de participer, le plus largement possible, à la détermination de l'idéal lui-même. L'idéal démocratique de la critique, donc, est simplement formel – il ne préjuge d'aucun contenu particulier et ne confond pas la critique et l'action politique (le « je » et le « nous »).

Jamais Bauer ne dérogera à cet idéal, qui apparaît même dans les écrits les plus tardifs. Voilà quelque chose qui est corroboré par l'examen des textes. Cela posé, deux choses changent chez Bauer. La première est, comme nous l'avons vu, le déplacement de la problématique qui fait qu'on peut parler d'un troisième moment dans la philosophie politique et sociale de Bauer.

1. 1. D. Moggach, « German Republicans and Socialists in the Prelude to 1848 », *op. cit.*, p. 235.

2. W. Breckman, « Les hégéliens de gauche et l'État chrétien germanique ; politique, religion et personnalité », *op. cit.*, p. 75.

3. Voir D. Moggach, *The Philosophy and Politics of Bruno Bauer*, *op. cit.*, p. 112.

4. C'est ce que prétend D. Moggach, *The Philosophy and Politics of Bruno Bauer*, *op. cit.*, p. 10.

LE DÎNER DE CONS

La seconde chose qui change, c'est le retournement de Bauer à partir de la fin des années 1850 et l'apparition d'un nouveau visage du philosophe, qui va complètement le discréditer, non seulement auprès de ses contemporains républicains, mais aussi au niveau de l'histoire de la philosophie, comme en témoigne le peu de travaux qui ont été produits sur lui.

Le pasteur évangélique Eberlein raconte à propos de la vie de Bauer à Rixdorf, un quartier de Berlin qui se nomme désormais Neukölln :

> Bruno Bauer y habite depuis 1844 – depuis le moment où prend fin son deuxième projet de journal, l'*Allgemeine Literaturzeitung*. L'éditeur, son frère Egbert, est mort et laisse derrière lui une famille nombreuse qui est complètement démunie. Pour eux, Bruno rompt radicalement avec son mode de vie antérieur et s'installe dans le domaine de son frère en tant qu'agriculteur – selon la coutume de ses aïeux, comme il dit lui-même –, dans ce petit coin qui est à la fois si proche et si loin de la grande ville.

Eberlein ajoute :

> Ici, il trait ses vaches, il ramasse ses choux. Son apparence devient celle d'un paysan, son travail quotidien l'est tout autant – mais pas tout à fait. Dans une ancienne écurie, il s'est fait un bureau avec une bibliothèque modeste – il a essayé de couvrir l'odeur très forte du fumier et du lisier par la fumée de tabac de sa pipe. (…) Contre rémunération, il écrit des articles de journaux sur la situation politique dans les Balkans ; c'est pourquoi il apprend le serbe et d'autres langues de la région[1].

Le texte d'Eberlein est certes très largement romancé, mais, outre qu'on connaît très peu de choses de la vie de Bauer, il nous donne toutefois une idée de ce qu'a été l'existence de notre philosophe à partir de 1844, c'est-à-dire de son type de vie, de son isolement et aussi de sa situation économique précaire.

Bauer et Marx ont bien rompu en 1842. Mais il n'empêche qu'ils se revoient, lorsque Bauer est de passage à Londres chez son frère Edgar pour un court séjour. Une lettre de Marx à Engels du 19 décembre 1855 témoigne de cette rencontre inopinée[2] : « Edgar Bauer, que je n'avais pas vu depuis environ un an, est venu me voir et a amené avec lui Bruno ». Marx ajoute : « L'homme a vieilli de façon visible. Son front s'est agrandi et il ressemble maintenant plus ou moins à un vieux professeur

1. H.-P. Eberlein, *Bruno Bauer*, *op. cit.*, p. 174.
2. K. Marx, MEGA III/17, p. 223.

pédant ». Marx décrit Bauer, qu'il appelle toujours « la critique », comme un homme rongé par l'amertume : « Malgré tous ses efforts pour être drôle, son comportement trahit un ressentiment et une mélancolie qui sont immenses ». « Le vieux gosse » a craché sa haine pour l'Angleterre, « une vraie "prison" quand on vient de Berlin », avant de faire part de son intérêt pour les langues d'un point de vue « très peu critique », « déclarant que la langue polonaise est "la plus belle de toute" », et expliquant qu'« en Allemagne plus personne ne lit ». Et Marx conclut : « Si tu viens, on s'amusera beaucoup avec le vieux gosse ! »

Ce que propose Marx à Engels, c'est ce qu'on nomme un « dîner de cons » dans la pièce (1993) et le film (1998) de Francis Veber, mais avec cette différence. Chez Veber, le dîner de cons a pour but de montrer comment celui qu'on prend pour un con n'est pas aussi con qu'on le dit, et que, au fond, on est tous le con de quelqu'un d'autre. Chez Marx, le dîner de cons relève d'un mouvement inverse, qu'on peut dire nietzschéen et qui est sans pitié ni compassion. Il s'agit de montrer comment, au contraire, celui dont on a estimé l'intelligence critique, celui qui fut un maître et de qui on a beaucoup appris, est devenu son propre bouffon, parce qu'il est devenu sa propre caricature. Le Bruno Bauer du dîner de cons est un Bauer qui, désormais, se prend au sérieux, qui n'est nullement critique mais qui déverse des préjugés tenus pour des vérités et, dans l'incapacité d'assumer le présent et de le penser, déverse sa bile envers le monde tel qu'il est où transparaît la nostalgie d'un temps passé lorsque sa parole était écoutée et avait, au moins pour quelques-uns, quelque importance. Au fond, ce qu'il dit révèle moins l'état des choses qu'il prétend décrire que le caractère aigri d'un homme qui ne supporte pas ce qu'il est devenu.

Ce que dit Marx, dans cette lettre à Engels, nous semble essentiel, parce que cela peut expliquer le passage des textes qu'on a présentés à ceux dont on va parler et qui sont non seulement proprement inadmissibles et scandaleux, mais incompatibles avec les premiers.

LA QUESTION JUIVE

Il est bien connu que, en 1843, Bauer publie *Die Judenfrage*[1]– auquel répond la même année Marx dans l'article « Sur la question juive » publié en 1844[2]. Ce texte de Bauer trouve son complément dans « Neue

1. Ce texte est préfiguré par l'article « Die Judenfrage », *Deutsche Jahrbücher* 274-282, octobre-novembre 1842, qui en renferme déjà les idées essentielles.

2. K. Marx, « Zur Judenfrage », in *Deutsch-französiche Jahrbücher*, hrsg von A. Ruge und K. Marx, 1ste und 2te Lieferung, Paris, 1844 ; trad. fr., *op. cit.*

Schriften über die Judenfrage », qui paraît en deux livraisons dans l'*Allgemeine Literatur-Zeitung* en 1843-1844[1], sans compter que la « question juive » est aussi le thème secondaire d'autres textes de Bauer à cette époque (l'article « Die Fähigkeit der heutigen Juden und Christen, frei zu werden » est aussi une référence de Marx). Comme le souligne Moggach, les deux textes sur le judaïsme de la « jeunesse » de Bauer sont des textes importants où sont discutées toutes les questions proprement sociales, c'est-à-dire relatives à la nouvelle organisation du travail[2].

Die Judenfrage traite deux questions.

La première, immédiate, qui est dans l'air du temps à l'époque en Allemagne et posée par de nombreux livres et discours, qu'ils soient ceux de Juifs ou de non-Juifs et qu'ils y répondent positivement ou négativement, est de savoir si les Juifs peuvent être intégrés dans l'État.

La réponse de Bauer, annoncée dès le début, est la suivante. Les Juifs réclament leur émancipation, c'est-à-dire qu'ils veulent les mêmes droits civils ou politiques que les autres citoyens, se plaignant de l'État prussien, c'est-à-dire d'un État chrétien qui repose sur le privilège et l'exclusion – mais pourtant leur religion repose sur un privilège et une exclusion[3]. Autrement dit, la judaïté est incompatible avec l'appartenance à l'État prussien. Les Juifs doivent abandonner leur judaïté s'ils veulent devenir citoyens de l'État. Mais est-ce alors à dire qu'ils doivent devenir chrétiens pour s'émanciper[4] ?

Cette question montre que la thèse donnée immédiatement n'est que la partie immergée de l'iceberg et qu'elle n'est, tout comme la question à laquelle elle répond, pas ce qui est le plus important.

Car la question posée initialement, qui est de savoir si les Juifs peuvent trouver leur liberté dans le cadre de l'État chrétien, est une question naïve; et la critique, quand elle est véritablement critique, c'est-à-dire « critique libre »[5], doit poser le problème autrement, c'est-à-dire dissiper les présupposés qui préjugent déjà de la réponse à apporter : elle doit poser scientifiquement la question. Car la vraie question est celle de la compatibilité entre l'appartenance religieuse et le fait d'être citoyen d'un État. Comme le note Hess qui vise Bauer sans le nommer : « quand un de ces rationalistes (politiques) hégéliens a par exemple posé que protestants,

1. B. Bauer, « Neue Schriften über die Judenfrage », *op. cit.*
2. Voir D. Moggach, « Republican Rigorism : Hegelian Views of Emancipation in 1848 », *op. cit.*, p. 90.
3. *Jud.*, p. 2.
4. *Ibid.*, p. 22.
5. *Ibid.*, p. 114.

catholiques et Juifs n'avaient aucun droit d'être traités sur pied d'égalité dans l'État, parce qu'ils ne peuvent être des citoyens "raisonnables" tant qu'ils ne sont pas des hommes, c'est-à-dire des athées, mais précisément encore des protestants, etc. »[1].

Il ne s'agit pas seulement de la question juive, mais de la question catholique, de celle protestante et même de celle musulmane[2]. Sur ce plan, il n'y a entre le judaïsme, le catholicisme et le protestantisme, pour Bauer, qu'une différence de degré. Dans *Die Judenfrage*, il ne cesse de souligner que le christianisme est l'étape religieuse qui succède au judaïsme et qui en est l'achèvement[3], du fait de l'universalité de l'amour chrétien (contre l'exclusivité juive : le peuple élu)[4] et l'immanentisation de Dieu avec Jésus-Christ (contre la transcendance absolue du Dieu juif)[5]. De même que le judaïsme trouve son assomption dans le catholicisme, celui-ci, comme on l'a vu, trouve son assomption dans le protestantisme, avec la suppression de toute autorité extérieure et de tout dogme et le principe unique de la « justification par la foi ». Puis, enfin, ce processus de développement aboutit à l'autosuppression du religieux, puisque l'assomption du protestantisme se trouve dans l'athéisme, lorsque la conscience de soi dévoile son véritable visage, à savoir l'idée selon laquelle tout objet est le résultat d'un processus d'objectivation proprement humain. L'homme reprend Dieu en lui et le vrai visage de l'absolu se révèle, non pas être un terme transcendant (Dieu comme origine et but de la vie de l'homme), mais le chemin, la voie qui conduit l'humanité à poser des idéaux et à, progressivement, s'émanciper.

Autrement dit, la thèse dont Bauer est le porte-parole se veut être l'achèvement d'un processus inauguré par le judaïsme, donc son prolongement ultime.

Mais la « critique libre » ne s'arrête pas là dans la reformulation de la question. Car si le problème n'est pas seulement celui de la religion juive, c'est parce qu'il n'est pas non plus celui de l'État chrétien. Il est celui de la compatibilité entre l'appartenance religieuse et la citoyenneté dans un

1. M. Hess, « Socialismus und Communismus », *op. cit.*

2. *Jud.*, p. 19.

3. *Jud.*, p. 45, 79.

4. *Ibid.*, p. 17.

5. *Ibid.*, p. 45. À nouveau, cette thèse est un lieu commun de l'époque, du moins dans l'univers des théologiens allemands du XIXe siècle : voir p.ex. P. Marheineke, *Die Grundlehre der christlichen Dogmatik*, *op. cit.*, § 15 qui accorde le même privilège au christianisme.

État qui n'est pas chrétien – et, derrière, il pose la question de savoir ce qu'est un État non chrétien, non religieux, ou du moins ce qu'il n'est pas.

Car ce que Bauer critique, c'est ce que, à son époque, on considère comme un État laïque, c'est-à-dire précisément un État qui opère un repli de la dimension religieuse dans la sphère de l'intimité et du privé, pour lui opposer un ordre politique qui règne (et qui règne uniquement) dans la sphère de la vie publique. C'est l'idéal libéral ou idéal du « juste milieu ». Or, sous couvert de la différence entre la société civile et l'État, entre le social et le politique, c'est-à-dire entre le privé et le public, on reproduit, non seulement au niveau social mais aussi au niveau politique, des privilèges et des exclusions d'origine religieuse d'autant plus fortes qu'on les ignore comme tels, et qui relèvent de la domination de fait d'une majorité sur des minorités. On a déjà souligné que Bauer donne l'exemple, dans la France républicaine de 1840, des jours fériés calqués sur le culte catholique[1]. Au bout du compte, l'État prétendument laïque est encore pire que l'État chrétien, puisqu'il est chrétien sans le savoir. C'est ce que met en évidence la « critique libre » et ce qu'elle souligne à la fin du livre.

En fait, *Die Judenfrage* se déploie en suivant une stratégie cachée. Pendant la majeure partie du livre, Bauer se meut dans les limites de la première question et joue les chrétiens contre les Juifs, reprenant tous les poncifs qui relèvent d'un antijudaïsme chrétien, comme le malheur dû à une auto-exclusion des Juifs[2] et le peuple déicide[3]. Il insiste sur le caractère contradictoire et inapplicable de la loi juive[4], qui trouve son assomption dans la loi chrétienne qui assume le rejet du monde terrestre au profit d'un autre monde intelligible[5]. La première caractérisation des Juifs donnée dans l'ouvrage n'est d'ailleurs pas religieuse, mais sociale, puisque Bauer caractérise le Juif par le commerce et l'usure[6], reprenant un poncif liant les Juifs et l'argent qui remonte au Moyen Âge. Si Marx, lui, fait fond sur ce poncif dans sa caractérisation des Juifs, comme le souligne Rosen[7], ce n'est pas le cas de Bauer. Celui-ci, sur ce point, souligne que les Juifs ont

1. *Jud.*, p. 65-66.
2. *Ibid.*, p. 4.
3. *Ibid.*, p. 45.
4. *Ibid.*, p. 41-42.
5. *Ibid.*, p. 45.
6. *Ibid.*, p. 8-9.
7. S. Rosen, « Marx zu Bauers Auffassung der Judenfrage und der Emanzipation », *in* L. Lambrecht, *Osteuropa in den Revolutionen von 1848*, *op. cit.*, p. 164 : « Pour Marx, le judaïsme signifie la pratique de vie de la société bourgeoise qui repose sur l'égoïsme, la soif de l'argent et le profit », et il ajoute : « Le mot "judaïsme", écrit McLellan dans sa

profité du changement de l'organisation économique avec la libération du travail en s'insérant pleinement dans un monde économique où tout est réduit à sa valeur d'échange. Sa caractérisation des Juifs, dans ce livre et plus largement dans les textes de cette époque, reste socio-religieuse, et Bauer insiste toutefois sur les deux dimensions de la religion : certes un ensemble de dogmes, de croyances et de valeurs, mais aussi certaines pratiques qui déterminent la vie dans sa quotidienneté (nourriture, habillement, etc.) – bref, ce qui fonde l'unité de la communauté.

Bauer écrit que le peuple juif n'a pas d'histoire[1], d'abord parce qu'il a perdu son indépendance et a éclaté[2], ensuite parce qu'il n'a pas d'unité et d'identité véritables (la loi juive n'a qu'une unité nominale, puisqu'elle est inapplicable) et que les Juifs n'ont rien apporté à l'histoire de l'humanité, à quelque niveau que ce soit – artistique, scientifique, technique, etc[3].

Cela posé, il semble que l'attaque vaut aussi pour les chrétiens, puisqu'on lit que, lorsqu'un chrétien a apporté quelque chose à l'histoire de la science, ce n'est pas en tant que chrétien et c'est même en dépit de cette appartenance religieuse[4].

Bref, le véritable sens du livre, derrière l'apparence consistant à jouer les chrétiens contre les Juifs, c'est en vérité, comme le laissent pressentir dès le début des indices dispersés çà et là, de jouer la politique contre la religion, c'est-à-dire contre toute religion. Alors que, au fond, l'État laïque exige que le Juif devienne chrétien s'il veut s'émanciper, l'État véritable exige une suppression de la religion. Toute religion, et même le prétendu universalisme chrétien, n'est toujours et encore qu'exclusivité et privilège[5]. Les derniers mots du livre le disent explicitement : il faut sortir tout autant du judaïsme que du christianisme, qui renvoient l'un à l'autre, dans la mesure où celui-ci naît de celui-là et que le judaïsme, aujourd'hui, n'est qu'une excroissance du christianisme qui lutte et cherche à s'affirmer contre celui-ci[6]. À quoi sert alors la question juive? « Le judaïsme a été la pierre de touche par laquelle la culture chrétienne a prouvé le plus purement possible que son essence est celle du privilège »[7].

biographie sur Marx, était généralement utilisé à l'époque de Marx comme synonyme de commerce et d'affaires financières ».

1. *Jud.*, p. 39.
2. *Ibid.*, p. 30.
3. *Ibid.*, p. 9, 82.
4. *Ibid.*, p. 86.
5. *Ibid.*, p. 21, 46-47, 114.
6. *Ibid.*, p. 114.
7. *Ibid.*, p. 114.

Le sous-texte du livre renvoie aux thèses développées par Bauer dès *Die evangelische Landeskirche*. L'État véritable est certes démocratie, mais la démocratie politique ne suffit pas, puisque, comme on l'a vu, la démocratie sociale doit prendre en charge non seulement l'abolition de la misère sociale, mais aussi l'éducation du peuple. Il faut créer les conditions pour que la religion ne soit plus nécessaire, et donc s'arroger son propre terrain.

En ce sens, les deux reproches qu'adresse Marx à Bauer sont illégitimes. D'abord, on dirait, quand il parle du texte de Bauer, que celui-ci a pour but une simple « démocratie politique », expression qu'emploie fréquemment Marx et qui est celle des libéraux pour désigner leur idéal[1], puisqu'il accuse Bauer de laisser subsister « la séparation de l'État politique et de la société civile »[2]. La critique est donc de mauvaise foi, puisqu'on a vu que tout l'effort de Bauer est au contraire de proposer une conception qui supprime cette séparation. Quant au deuxième reproche, qui est celui de ne pas faire une critique de l'État comme tel, il pose le problème de savoir d'où Marx parle. Certes, le point de vue défendu par Marx n'est pas clair, mais quelques indices indiquent qu'il penche déjà du côté explicitement revendiqué dans les « Gloses critiques » quelques mois plus tard[3]. Car l'affirmation selon laquelle l'État n'est qu'un « détour », une « médiation » « entre l'homme et sa liberté »[4] semble indiquer qu'il n'est qu'une objectivation par laquelle l'homme se perd et s'aliène. Dès lors, si Marx a bien déjà dépassé les positions du manuscrit de Kreuznach, et s'il se rallie à l'hypothèse selon laquelle la société pourrait s'organiser toute seule sans s'aliéner dans l'État, on comprend le sens de son affirmation quand il écrit que Bauer aurait « fait l'erreur de soumettre à la critique l'"État chrétien" seulement, et non l'"État tout court" »[5]. Bauer, on l'a vu, a bien fait une critique de l'État tout court. Cependant, pour Marx, faire une critique de l'État tout court, c'est faire une critique du politique, et se rendre compte qu'il n'y a pas besoin du politique pour que la société civile s'organise et s'ordonne. Or, pour Bauer, non seulement il ne peut pas y avoir de société civile sans État, la critique ayant à charge de penser un État qui serait l'expression véritable d'une société civile avec laquelle il ne ferait qu'un, mais il ne cesse de pointer, à partir de 1844, le

1. P. Clochec, *Marx jeune hégélien*, *op. cit.* p. 616.
2. K. Marx, « À propos de la question juive », *op. cit.*, p. 357.
3. K. Marx, « Kritische Randglossen zu dem Artikel : "Der König von Preußen und die Socialreform. Von einem Preußen" », *Vorwärts*, 7 et 10 août 1844.
4. K. Marx, « À propos de la question juive », *op. cit.*, p. 355.
5. *Ibid.*, p. 352.

danger de toute conception qui prétend se passer de l'État, c'est-à-dire du politique.

L'antijudaïsme religieux de Bauer apparaît dès les premiers textes de critique religieuse (*Kritik der Geschichte der Offenbarung*[1]), récupérant les lieux communs qu'on retrouve dans la dogmatique religieuse contemporaine (Marheineke) et qui se trouvaient déjà chez Hegel[2]. Cela posé, il s'épanouit dans les textes de 1843, où deux choses frappent le lecteur : une insistance qu'il n'y a pas chez les autres auteurs, s'exhaussant dans des développements proprement idiosyncrasiques qui font valoir la responsabilité du peuple juif dans son destin[3] et le caractère anhistorique de ce peuple.

Certes, si Bauer en était resté là, on ne lirait pas ces textes de 1843 de la même façon, et on n'y verrait sans doute qu'un antijudaïsme exprimé de manière exacerbée. Lorsque, le 1er mars 1849, Bauer se présente aux élections et qu'il essuie un échec, on lit dans le journal *Der Orient*, consacré aux études sur le judaïsme et édité à Leipzig par Julius Fürst :

> Bruno Bauer a échoué comme candidat à la deuxième chambre de Prusse, et il est vrai à cause de son écrit sur la question juive ! Ses électeurs lui ont fait le reproche suivant : sa critique dénuée d'affect pour la cause de la liberté est extrêmement peu fiable, étant donné qu'elle peut conduire à s'opposer à l'égalité des Juifs. Monsieur Bauer n'a pas bien imaginé en 1842 que son écrit sur la question juive serait un boulet attaché à ses pieds en 1849[4].

Dès 1843, Bauer devient très seul : d'abord parce qu'il a rompu avec l'université et, plus largement, avec ses camarades (mort du Jeune hégélianisme), ensuite parce que ses propos sur les Juifs, au sein de son propre camp et avant la rupture, gênent ses amis. De nombreuses études rappellent que les propos de Bauer sur l'impossibilité d'une émancipation

1. Voir D. Moggach, « Republican Rigorism : Hegelian Views of Emancipation in 1848 », *op. cit.*, p. 90.

2. Voir R. Legros, « Sur l'antijudaïsme et le paganisme du jeune Hegel », dans G.W.F. Hegel, *Premiers écrits*, Paris, Vrin, 1997. Voir aussi P. Clochec, *Marx jeune hégélien*, *op. cit.*, p. 630-631 qui rappelle qu'on retrouve cet antijuidaïsme chez « les membres et les compagnons de route du mouvement jeune hégélien » (Feuerbach p.ex.).

3. Qu'on compare avec M. Hess, qui inverse le rapport de causalité et insiste sur le fait que l'isolement des Juifs est l'effet de l'ostracisation qu'ils subissent : *La Triarchie européenne*, *op. cit.*, p. 208.

4. *Der Orient. Berichte, Studien und Kritiken für jüdische Geschichte und Literatur* 11, Zehnter Jahrgang, Leipzig, den 17. März 1849, p. 54.

juive n'ont guère plu à ses contemporains républicains[1]. Son isolement se manifeste dans le fait que, comme on l'a déjà dit, Bauer n'a plus de collaborateurs dans les deux revues qu'il édite à partir de 1843.

Cet isolement se renforce après l'échec de la révolution de 1848 dans laquelle Bauer s'était profondément investi. Comme dit Moggach, mais avec les limites et bémols qu'on a mis relativement à un prétendu abandon par Bauer de ses idéaux, « Après les échecs de 1848, "l'ami de la liberté" a rompu ses liens avec le projet philosophique d'émancipation et avec le mouvement politique concret. Il est devenu l'ermite de Rixdorf »[2].

Bauer, désormais, va pactiser avec des causes réactionnaires qu'il critiquait auparavant, et il va même aller plus loin en devenant l'un des théoriciens qui fondent l'antisémitisme moderne naissant. La théorisation qu'il fait du Juif a pour corollaire une valorisation du christianisme comme valeur suprême menacée par le Juif – et ceux-là mêmes auxquels s'adresse Bauer et pour qui il écrit, par lesquels il est avidement lu et encouragé, à savoir les défenseurs de l'ordre chrétien menacé par la barbarie juive, sont certes très ouverts à une critique de la société marchande et industrielle, mais ils ne sont guère les amis d'idéaux politiques progressistes, qu'il s'agisse de la démocratie et même du libéralisme constitutionnel !

Bauer collabore au *Staats- und Gesellschaft-Lexicon [Dictionnaire de l'État et de la société]*, édité par Friedrich Wilhelm Hermann Wagener, de 1859 à 1867, soit pendant toute la durée de son existence (vingt-trois volumes au total). Barnikol note que Bauer n'a jamais vécu aussi bien que pendant les années où il travaille pour Wagener[3]. Il est très bien payé et assume le travail de coédition en même temps qu'il rédige de très nombreux articles, souvent en prenant des pseudonymes, de sorte qu'on ne sait pas exactement ce qu'il a écrit. Wagener a écrit et publié en 1857 *Das Judentum und der Staat : Eine politisch-historische Skizze zur Orientierung über die Judenfrage [Le judaïsme et l'État : une esquisse politico-historique pour s'orienter sur la question juive]*[4]. C'est Ferdinand Heinicke qui publie ce livre, mais aussi le *Lexicon*. Heinicke, dont le conservatisme et le nationalisme sont particulièrement illustrés par la revue qu'il a fondée et publiée de 1852 à 1908, *Neue Preussische Zeitung (Kreuzzeitung) [Nouvelle gazette prussienne (Gazette de la*

1. D. Moggach en fait la compilation dans « Republican Rigorism : Hegelian Views of Emancipation in 1848 », *op. cit.*, p. 86.

2. D. Moggach, *The Philosophy and Politics of Bruno Bauer*, *op. cit.*, p. 179.

3. E. Barnikol, *Bruno Bauer : Studien und Materialen*, *op. cit.*, p. 242.

4. H. Wagener, *Das Judentum und der Staat : Eine politisch-historische Skizze zur Orientierung über die Judenfrage*, Berlin, F. Heinicke, 1857.

croix)] (où l'on trouve des collaborateurs juifs), a publié deux livres de Bauer en 1863 : *Freimaurer, Jesuiten und Illuminaten in ihrem geschichtlichen Zusammenhange [Francs-maçons, jésuites et illuminati dans leur contexte historique]* et *Das Judentum in der Fremde [Le judaïsme à l'étranger]*, ce dernier paru initialement sous forme de grand article dans le *Lexicon* de Wagener. À propos de *Freimaurer*, Hahn note que Bauer collaborant désormais aux causes de l'Allemagne nationaliste, antisémite et réactionnaire, « Même la lutte contre la franc-maçonnerie a aussi trouvé chez lui un traitement détaillé »[1].

Bauer participe également dans les années 1860 à une autre publication qui est antisémite et anticapitaliste, la *Berliner Revue [Revue berlinoise]* (1859-1864)[2].

Enfin, il est à l'origine de la *Schmeitzner's Internationale Monatsschrift [Journal international mensuel de Schmeitzner]*[3] et en écrit la Préface[4].

> Initialement, le journal avait pour sous-titre : "Journal pour la culture nationale et universelle et sa littérature" ; et malgré l'antisémitisme sévère de Bauer, le premier numéro était encore exempt d'articles anti-juifs. Dans la seconde moitié de l'année parurent les premiers articles antisémites, signés entre autres par Eugen Dühring, et dans le dernier numéro de 1882, Schmeitzner annonça que le journal se concentrerait l'année suivante sur la "question juive"[5].

Ce journal « était révolutionnaire et antisémite et a valu à Bauer le titre de "père de l'antisémitisme" de la part de l'écrivain juif Ludwig Philippson. La *Internationale Monatsschrift* n'a pas survécu longtemps à la mort, en 1882, de celui qui en fut l'origine »[6]. Bauer, en effet, meurt d'une pneumonie le 13 avril 1882 – et, notent Rattner et Danzer, lorsqu'il meurt « il est presque complètement oublié »[7].

1. A. Hahn, *Die Berliner Revue, ein Beitrag zur Geschichte der konservativen Partei zwischen 1855-1875*, Berlin, Ebering, 1934, p. 90.
2. Voir H. Albrecht, *Antiliberalismus und Antisemitismus : Hermann Wagener und die preussischen Sozialkonservativen 1855-1873*, Paderborn, Schönigh, 2010 ; voir aussi A. Hahn, *Die Berliner Revue*, *op. cit.*
3. *Schmeitzner's Internationale Monatsschrift. Zeitschrift für allgemeine nationale Kultur und deren Literatur*, Chemnitz, 1882.
4. Voir P.L. Rose, *German Question/Jewish Question : Revolutionary Antisemitism in Germany from Kant to Wagner*, Princeton Legacy Library, 2016, p. 277.
5. W. Benz (ed.), *Handbuch des Antisemitismus*, Band 2 : Personen, Berlin, W. de Gruyter, 2009, p. 738.
6. P.L. Rose, *German Question/Jewish Question*, *op. cit.*, p. 277.
7. J. Rattner et G. Danzer, *Die Junghegelianer*, *op. cit.*, p. 59.

Schmeitzner, l'éditeur des *Bayreuther Blätter [Les Feuilles de Bayreuth]*, journal à la gloire de l'art wagnérien qui se construit sur des propos nationalistes et antisémites très affirmés, a publié les premiers livres de Nietzsche, à partir de *Schopenhauer éducateur*, en 1874, jusqu'à la troisième et avant-dernière partie de *Ainsi parlait Zarathoustra* en 1884 : Nietzsche n'ignorait nullement les engagements antisémites très virulents de son éditeur[1]. Les deux derniers livres de Bauer, *Bismarck* (1880) et *Disraeli's* (1882), sont publiés par Schmeitzner.

On voit l'univers dans lequel se meut désormais Bauer et quelles sont ses nouvelles relations. Auparavant, au début des années 1840, elles se nommaient Marx, Ruge, Hess, etc. Mais ça, c'était avant. Désormais, on a une tout autre constellation et ce ne sont plus les mêmes gens qui gravitent autour de Bauer : Heinicke, Wagener, Schmeitzner, Cosima Wagner[2], etc. Voilà des noms qui ont en commun d'avoir joué un rôle fondamental dans la mise en place du socle antisémite théorique sur lequel va se construire le nazisme… Et, dans ce réseau auquel participe Bauer et où on ne voit guère d'autre point commun des différents membres, en dehors de l'antisémitisme, qu'un nationalisme naturaliste, il est assurément douteux de prétendre que le rôle de Bauer a été « de conférer à l'antisémitisme, pour la première fois, une fondation scientifique »[3] – il serait plus exact de dire qu'il en a été la caution scientifique, ce qui n'est pas identique, et qu'il est aussi un des premiers à en chercher une formulation systématique, déterminant les éléments de langage et les liens permettant de fondre en un tout les préjugés antisémites, et de sembler les asseoir sur des bases relevant des sciences exactes.

L'article paru ensuite sous forme de brochure, *Das Judentum in der Fremde*, constitue cette formulation systématique et la synthèse du discours que Bauer tient sur les Juifs à cette époque – en somme, le

1. Voir T. Mittmann, *Vom « Günstling » zum « Urfeind » der Juden : die antisemitische Nietzsche-Rezeption in Deutschland bis zum Ende des Nationalsozialismus*, Würzburg, Königshausen & Neumann, 2006, p. 59. Nietzsche, qui n'a pas rencontré Bauer et ne l'a jamais lu, le connaissait toutefois par l'intermédiaire de son ami Peter Gast, qui a écrit dans l'*Internationale Monatsschrift*. Il le mentionne plusieurs fois dans sa correspondance, et particulièrement parce qu'on lui a rapporté qu'il admirait ses livres (voir F. Nietzsche, *Sämtliche Briefe. Kritische Studienausgabe*, hrsg von G. Colli und M. Montinari, Berlin, W. de Gruyter, 1986, Band 8, p. 625).

2. Voir P.L. Rose, *German Question/Jewish Question*, *op. cit.*, p. 277. Voir aussi O. Hilmes, *Cosima Wagner : La maîtresse de la colline*, trad. fr. O. Mannoni, Paris, Perrin, 2012.

3. A. Hahn, *Die Berliner Revue*, *op. cit.*, p. 90.

bréviaire du parfait antisémite collaborant à l'agitation contre les Juifs qui se développe en Allemagne à cette époque.

Être juif n'est pas appartenir à un peuple, mais à une race[1], affirme Bauer : son texte commence par « une description de la constitution physique et mentale des Juifs »[2]. Il cite la tirade de Shylock dans *Le Marchand de Venise*[3] pour évidemment la réfuter, constatant : « La souche juive a un sang différent des peuples chrétiens d'Europe, un corps différent, une constitution différente, des passions et des affects différents, et ces caractéristiques physiques ont pour conséquence l'altérité (...) »[4]. Non seulement le Juif a une autre apparence que le chrétien européen, qu'on peut reconnaître et identifier comme telle, mais il a un autre mental, une autre façon de penser et de sentir. Sur le physique juif, Bauer cite longuement Herder, qu'il loue[5], et insiste ensuite sur l'incapacité du Juif à tenir debout, sur le fait qu'il a le pied plat, qu'il est courbé prématurément, qu'il a la tête qui tombe en avant, le nez crochu[6], insistant sur ce petit détail à ses yeux révélateur : « Le Juif ne peut absolument pas porter de chapeau (symbole de la liberté), car il flotte toujours vers l'arrière (....) pendant que la partie avant de la tête tombe vers l'avant »[7]. Le Juif est donc reconnaissable physiquement. À cela s'ajoute une typologie du caractère juif, aussi immuable que le physique, pour autant ce caractère est anhistorique puisque lié au sang (d'où l'expression de « Juif éternel »[8]). Le Juif « n'a même pas sa propre langue maternelle »[9] et, plus largement, il n'a pas de *Heimat*[10]. C'est un nomade. Il est hanté par l'argent[11] et n'a aucune bonté : « qualités de l'esprit, honneur, paix de l'âme, (...), il n'a rien de tout cela »[12]. Pour lui, toute charge, tout travail n'ont de sens qu'afin d'augmenter son pouvoir et sa force sur les autres, et le sérieux qu'il peut engager dans une profession n'a que cet unique but[13]. Le Juif

1. B. Bauer, *Das Judentum in der Fremde* [désormais *JiF*], Separat-Abdruck aus dem Wagener'schen Staats- und Gesellesschafts-Lexicon, Berlin, F. Heinicke, 1863, p. 8.
2. *JiF*, p. 8.
3. *Ibid.*, p. 8-9.
4. *Ibid.*, p. 9.
5. *Ibid.*, p. 9-10.
6. *Ibid.*, p. 10.
7. *Ibid.*, p. 11.
8. *Ibid.*, p. 2.
9. *Ibid.*, p. 11.
10. *Ibid.*, p. 11.
11. *Ibid.*, p. 12.
12. *Ibid.*, p. 13.
13. *Ibid.*, p. 12.

n'est qu'un « pur être naturel »[1] : il n'a pas de sentiment, il est « sans affect »[2] (« sans cœur »[3]), il est capable de tout et accomplit la tâche qu'il a à faire sans broncher (raison instrumentale, première caractéristique du capitalisme) à partir du moment où il y a un gain à la clé : gain économique et gain social (accroissement de son pouvoir sur autrui). Sur ce plan, le propre du Juif est d'être insatiable (on retrouve ici la deuxième caractéristique du capitalisme). Mais s'il est ainsi, c'est bien parce qu'il est sans individualité, sans singularité, bref, sans idiosyncrasie[4] (on notera que cette caractéristique de l'antisémitisme semble en revanche opposer le Juif et le capitalisme, mais l'individualisme capitaliste engendre « la masse », c'est-à-dire une fausse individuation qui produit le même être humain à des milliers d'exemplaires). Ce qui importe chez le Juif, c'est la race, c'est-à-dire le tout, pas l'individu : l'individu doit être sacrifié pour que la race vive. Bauer insiste sur deux caractéristiques. La première est liée à l'intelligence collective qui fait qu'il n'y a pas chez le Juif de conscience personnelle : « Il n'a pas d'existence propre et personnelle, mais seulement une existence liée à sa souche corporelle juive »[5], d'une part, et que, d'autre part, l'individu se sacrifie au tout – c'est-à-dire à la race, mais une race nocive, qui détruit tout sur son passage et dont le seul but est la destruction de ce qui existe (mais sans le montrer) et la domination[6]. Il insiste sur le fait qu'un Juif, une fois qu'il est introduit dans un milieu, une fonction, fait venir les siens, donc introduit d'autres Juifs dans l'enceinte qui peu à peu prennent les positions de pouvoir et en viennent à occuper les différentes places[7]. La deuxième est liée à la première, c'est le fait que le Juif est telles ces espèces animales qui prospèrent en vidant d'autres espèces de leur sang et de leur vitalité. On connaît la comparaison du pseudo « documentaire » nazi *Le Juif errant (Der ewige Jude)* (F. Hippler, 1940) avec les rats, qui se développent et prolifèrent au détriment des autres animaux qu'ils détruisent[8]. Chez Bauer, la comparaison est faite avec les coléoptères et c'est encore plus ignoble, à cause du côté film gore : « Le Juif, qui se construit sur la détresse et le crime, pour tirer avantage des deux, est pour notre société

1. *Ibid.*, p. 18.
2. *Ibid.*
3. *Ibid.*, p. 66.
4. *Ibid.*, p. 13.
5. *Ibid.*
6. *Ibid.*, p. 20.
7. Voir P. Linzbach, « Die konservative Orientierung Bruno Bauers nach 1848 », *op. cit.*, p. 179.
8. Voir notre *Le Mal dans le cinéma allemand*, *op. cit.*, p. 200-201.

ce que le coléoptère est pour le guerrier sur le champ de bataille quand sa plaie est ouverte et que, avec sa trompe, il s'enfonce dedans »[1]. Le Juif ne crée pas de culture ni de civilisation, mais contamine et détruit celles des autres (il ne faut pas travailler avec un juif[2]). La comparaison avec les coléoptères est claire et la leçon explicitement tirée par Bauer : « Bref, le Juif se nourrit de nos faiblesses, profite de notre confiance, mais se méfie de la marche de la société »[3].

Au terme de ce qui se donne comme une simple « description », Bauer ose conclure, à la dernière page, qu'il n'est pas ici « question de s'en prendre à la personne des Juifs » et que « nous serons toujours leur défenseur face à la masse démocratique énervée », soulignant qu'il ne comprend pas de quoi l'accuse de façon répétée le quotidien libéral, l'*Augsburger Allgemeine Zeitung [La gazette généraliste d'Augsburg]*[4]. À ces éléments de langage qui n'ont de valeur que rhétorique s'ajoute l'argument donné antérieurement dans la brochure, censé excuser le Juif, puisque celui-ci n'est pas responsable de ce qu'il fait : « Ils sont tout aussi peu responsables de cela que n'importe quel autre être naturel qui réalise sa nature »[5]. Le Juif n'est pas véritablement un homme, un être humain, au mieux peut-il être considéré comme un grand enfant[6]. Il doit être traité comme tel, c'est-à-dire comme un être hétéronome.

On ne peut que constater deux choses. La première, c'est que ces propos entrent en contradiction totale avec la pensée de Bauer – non pas seulement avec la pensée antérieure de Bauer, c'est-à-dire ce qu'il a écrit auparavant, mais surtout avec ce qu'il dit simultanément, ailleurs, dans d'autres livres, chez d'autres éditeurs et à d'autres adresses.

Premièrement, comparé à ce qu'il a écrit auparavant, les textes des années soixante manifestent un changement radical et un passage brutal de quelque chose qui relevait d'un antijudaïsme religieux à autre chose qui relève d'un antisémitisme politique. Dans *Die Judenfrage*, Bauer définit bien les Juifs comme un peuple (il emploie l'expression de « peuple juif » à plusieurs reprises[7]) et, en outre, sa harangue consiste à répéter que le Juif doit abandonner sa judéité, trop restrictive, exclusive et aliénante, au

1. *JiF*, p. 52.
2. *Ibid.*, p. 9.
3. *JiF*, p. 16.
4. *Ibid.*, p. 77.
5. *Ibid.*, p. 74.
6. *Ibid.*, p. 18-19.
7. *Jud.*, p. 35

profit de son humanité. Avant d'être un Juif, le Juif est d'abord et avant tout un homme[1].

Davantage, exactement comme chez Stahl, le Bauer de 1843 pose que le Juif peut s'intégrer s'il renonce à sa judéité, à cette différence que, si pour Stahl il s'agit de faire une conversion au christianisme (ce qu'a d'ailleurs fait le père de Marx), pour Bauer il s'agit de renoncer à toute religion et de faire une conversion à l'athéisme.

Reste que les choses ont changé. La conversion n'est plus possible, le Juif ne peut pas être autre chose que juif[2], parce que la judéité n'est plus du tout définie comme quelque chose de religieux, c'est-à-dire de social qui se transmet par le phénomène de l'acculturation (répétition et incorporation d'un ensemble de croyances et de pratiques, les deux étant liées), mais par quelque chose de racial, qui est lié au sang et à la transmission par le sang. C'est la naturalisation du social, dont Bauer, pourtant, est si éloigné, non seulement dans les textes antérieurs, mais même dans les textes contemporains qui ne portent pas sur les Juifs.

Dès 1843, dans la recension d'un livre de Strauss, Bauer écrivait : « L'homme est un produit de l'histoire, pas de la nature. Il est le produit de lui-même et de son besoin »[3]. L'idée récurrente, qu'on trouve dès *Die evangelische Landeskirche*, formulée à propos de l'État comme forme la plus haute de la conscience de soi, c'est que la nature est bien un socle à partir duquel l'humanité se constitue ou se construit comme telle (l'homme a bien un fond naturel), mais qui reste inconnaissable et demeure un déterminable = X, pour parler avec le langage des néokantiens (Paul Natorp). Car ce socle est toujours travaillé, cultivé et objectivé par des forces historiques qui donnent à l'homme la configuration qu'il a dans tel contexte socio-politique – et, comme on l'a vu, ce mouvement est infini, de sorte que l'homme est défini comme « conscience de soi », expression qui permet de pointer cet acte créateur qui fait que l'homme ne peut être caractérisé que comme constant autodépassement de lui-même[4]. La nature est la limite inférieure extrême qui n'est connaissable que par le fait que l'homme est histoire, c'est-à-dire que l'idéal, à titre de limite supérieure extrême, est développement infini : l'idéal ne peut pas se réaliser dans sa pureté, précisément à cause de ce fondement qu'il

1. *Jud.*, p. 19.
2. *JiF*, p. 8.
3. B. Bauer, « Rezension : *Die christliche Glaubenslehre in ihrer geschichtlichen Entwicklung und im Kampf mit der modernen Wissenschaft* von D. F. Strauss, 2 Bde, 1840-1841 », *op. cit.*, p. 81–95.
4. Voir B. Bauer, *Die evangelische Landeskirche*, *op. cit.*, p. 104.

dépasse constamment mais qui n'en est pas moins sa limite (et même si cette limite est constamment dépassée)[1].

Le problème, c'est qu'on retrouve cette idée et ce qui va avec, ses conséquences, dans des textes qui sont contemporains des articles pour le *Lexicon* de Wagener. Arrêtons-nous sur *Freimaurer*, qui date de 1863. Notons d'abord que la critique des francs-maçons est tout en nuance, dans la mesure où Bauer loue leur but (l'humanité comme valeur suprême), mais doute des moyens qu'ils mettent en œuvre pour y arriver, puisque l'organisation, de fait, produit un monde parallèle à côté de la société civile, qu'elle laisse inchangée, et se désintéresse de la question politique qui seule permet de produire un changement social. *Freimaurer* insiste sur le fait que le but du progrès, c'est l'humanité, la « communauté humaine »[2]. Bauer y distingue trois races : germanique, romaine, et slave[3]. Il entend manifestement par « race » des types ou des particularités physiques et souligne que la race est un certain rapport entre l'esprit (c'est-à-dire la culture, le social) et la nature : « Chacune de ces races essaie (ou bien est seulement capable) de façonner la relation entre l'esprit et la nature d'une manière particulière – chacune d'elles permet à la liberté et à la personnalité de se développer à partir d'un *combat complètement différent avec la nature* et le monde »[4]. Si l'on en croit *Freimaurer*, non seulement les Juifs ne sont pas une « race », mais il est impossible de racialiser (*i.e.* naturaliser) le concept de « race », qui a toujours une acception culturelle, puisque le fondement naturel de l'homme n'est qu'un X inconnaissable en dehors de la construction ou de l'objectivation opérée par l'histoire (la société et l'État) qui donne un visage et une identité à l'homme et aux nations. En outre, il n'y a aucun privilège d'aucune nation (donc pas de nationalisme allemand), puisque, si ce qui s'est produit au XIXe siècle est le développement des nations centralisées qui cherchent à s'affirmer les unes contre les autres, Bauer prône un sens de l'histoire qui semble d'autant plus s'éloigner qu'on s'en rapproche, et qui consiste dans une « communauté humaine » transcendant les particularités nationales.

On mesure d'autant mieux la teneur du discours antisémite de Bauer dans le *Lexicon* quand on le compare avec ce qu'on lit dans les autres textes, depuis *La Question juive* jusqu'à *Disraeli's* en passant par *Russland*, *Freimaurer* ou *Bismarck*. Certes, Bauer ne peut s'empêcher, çà

1. *Ibid.*
2. B. Bauer, *Freimaurer*, *op. cit.*, p. 46.
3. *Ibid.*, p. 47.
4. *Ibid.*, p. 46 (c'est nous qui soulignons). Voir aussi *Der Fall und Untergang*, vol. 2, *Aufstand und Fall*, *op. cit.*, p. 86-87.

et là, de jeter une petite remarque haineuse sur tel personnage juif ou sur les Juifs en général – mais ses propos relèvent de l'antijudaïsme, c'est-à-dire récupèrent, outre le lien entre les Juifs et le commerce, tous les poncifs sur la religion juive[1]. Mais ce qui change dans les textes pour le *Lexicon*, c'est que Bauer y passe clairement à ce qu'on nomme « antisémitisme » et qui se développe dans la deuxième partie du XIXe siècle avec la racialisation et la politisation du discours sur les Juifs[2].

Le discours antisémite de Bauer consiste à opposer le Juif et le chrétien, insistant sur le fait que le Juif est une menace pour l'ordre chrétien, pour « notre ordre chrétien »[3] – et le christianisme, par opposition au judaïsme, est porteur de valeurs non seulement iréniques, mais aussi universelles. Le procédé rhétorique qui implique l'auteur au sein même du conflit qu'il présente a pour but de faire ressortir encore plus vivement la menace : c'est « l'ordonnance de notre vie »[4] et « notre société »[5] qui sont menacées[6].

Il y a dans *Das Judentum in der Fremde* plus de deux cents occurrences des substantifs et adjectifs composés à partir du mot « chrétien ». On voit qu'on est à mille lieues de l'opposition autour de laquelle est articulée la pensée politique de Bauer, dans laquelle la scission fondamentale est celle qui oppose le christianisme (et le judaïsme) à l'athéisme comme valeur suprême. Ici, la division essentielle est celle qui oppose ce qui est chrétien à ce qui est païen, dont le judaïsme est une figure et la figure la plus nuisible. La culture (c'est-à-dire les mœurs, les constitutions politiques, les sciences, les arts et les techniques) ne s'oppose plus à l'esprit chrétien, au contraire : « Elle [*sc.* l'essence du christianisme] s'est manifestée dans les œuvres d'art et la science, dans l'État et l'Église, dans les affaires privées et publiques, dans le commerce et les échanges »[7] : le christianisme est donc ce qui vivifie toute l'activité humaine – et ce qui précisément constitue l'humanité de l'homme, c'est-à-dire sa grandeur.

1. Voir p.ex. B. Bauer, *Russland*, *op. cit.*, p. 103, 112.

2. Voir L. Poliakov, *Histoire de l'antisémitisme*, 2 vol., Paris, Calmann-Levy, 1955, « Points histoire », 1991. Certes, la racialisation du Juif trouve son origine dans l'Inquisition en Espagne, mais son usage reste religieux (faire valoir le peuple chrétien contre les Juifs (vol. 1, p. 188-197). C'est donc avec le XIXe siècle (vol. 2, particulièrement p. 208-213) que surgit l'antisémitisme au sens de la naturalisation du Juif dans un usage proprement politique et social – et « cette nouvelle anthropologie raciale élaborée principalement en Allemagne » (vol. 2, p. 208) trouve son accomplissement dans « l'agitation antisémite en Allemagne et en Autriche » (vol. 2, p. 272) des années 1870.

3. *Jud.*, p. 4.

4. *Ibid.*, p. 66.

5. *Ibid.*, p. 52.

6. *Ibid.*, p. 66.

7. *Ibid.*, p. 19.

Bauer écrit : « nous, chrétiens et Allemands »[1]. Le discours antisémite de Bauer ne fait pas seulement fond sur l'esprit chrétien, le christianisme, mais aussi sur l'Allemagne comme valeur suprême : les Juifs sont une menace contre le « peuple allemand »[2].

Bref, au bout du compte, ces discours écrits par Bauer présentent une figure qui rompt totalement avec ce qu'il développe par ailleurs, depuis le début de son activité et jusqu'à la fin. Non seulement l'apologie du christianisme et de l'Allemagne, donc de l'État chrétien et surtout des nations divisées, hiérarchisées et en guerre les unes contre les autres, mais même le mépris de la démocratie sous-jacent au dernier paragraphe de *Das Judentum in der Fremde*, où elle est assimilée au pouvoir d'une masse aveugle capable de tout, tout cela présente quelque chose de très artificiel, qui transpire le faux.

Certes, on ne peut pas passer ces textes sous silence, comme le font beaucoup d'historiens qui s'intéressent à Bauer, et il faut au contraire les citer pour exhiber toute l'abjection dont il fut capable et coupable. Reste la question de savoir ce qu'on fait, une fois qu'on en a fait état.

Une solution nous apparaît inadmissible. C'est celle d'Eberlein, qui suit le théologien Karl Schwarz, et prétend que cet antisémitisme de Bauer est la conséquence de sa « logique devenue folle »[3]. Outre les confusions catégorielles au niveau politique qui le conduisent à faire de Bauer un libéral[4], outre les erreurs historiques[5], Eberlein est encore un de ceux qui, prenant Bauer de très loin, en fait un partisan de ce qu'on nomme aujourd'hui le totalitarisme. C'est selon lui une pensée trop excessive, qui ne supporte ni la contradiction ni la réalité effective dans sa contingence (sic), qui devait nécessairement le mener à ces positions antihumanistes. Voilà une voie (mais il y en a d'autres) pour discréditer à partir des textes antisémites la totalité de la pensée de Bauer.

Or, contre ce que prétend Eberlein, le discours antisémite de Bauer n'est pas la conséquence logique d'hypothèses qu'il soutient dans ses textes antérieurs : outre que ce discours est très circonscrit et qu'il ne contamine nullement les textes qui sortent du contexte des revues très ciblées auxquelles Bauer collabore (et on a souligné, à la suite de Barnikol, le gain financier qu'il en tire), il est totalement inconciliable avec ces textes qu'on a longuement commentés et qui, s'ils attestent certes l'antijudaïsme

1. *Ibid.*, p. 74.
2. *Ibid.*, p. 66.
3. Voir H.-P. *Eberlein, Bruno Bauer*, *op. cit.*, p. 228.
4. *Ibid.*, p. 156.
5. *Ibid.*, p. 16, 79, etc.

de Bauer, ne renferment nulle trace d'antisémitisme. Dans *La Question juive*, le Juif, comme le chrétien, est un homme avant d'être un Juif ou un chrétien – et il doit renoncer à son appartenance religieuse pour conquérir son humanité : ce qui signifie bien que le Juif est un homme comme les autres.

On ne peut que prendre acte du double discours de Bauer. C'est une chose. Mais, la deuxième chose, qui est aussi de l'ordre du constat, et dont témoigne « le dîner de cons », c'est que, si, à partir des années 1860, il y a certes deux Bauer, deux visages de Bauer, c'est bien le bouffon, le Bauer bouffon, celui qui promeut la bêtise, qui prend la place du Bauer critique dans les textes antisémites. Celui-ci fait peau de chagrin pendant que celui-là gonfle et occupe de façon majoritaire l'espace du discours.

CONCLUSION

L'histoire de Bruno Bauer est donc un film qui finit mal. Parti de très haut, Bauer tombe très bas. Au début, la révolution jeune hégélienne, c'est lui. Mais, à la fin, le visage le pire de l'Allemagne qui se dessine et qui va conduire à la victoire de Hitler et du national-socialisme, c'est aussi lui. La question de savoir comment cela est possible est aussi mystérieuse que celle de savoir comment une culture qui a irrigué l'esprit de la musique, de la poésie, de la littérature et de la philosophie au XIXe siècle a pu mener à la barbarie la plus grande. Le commentateur et historien ne peut que constater les moments par lesquels passe Bauer, et donc l'abjection de cette direction de sa pensée attestée par les publications antisémites des années soixante. Il ne peut pas la passer sous silence, raison pour laquelle nous avons fait état des textes – mais il ne peut pas non plus trouver une cohérence et une unité qui expliquent ce passage à l'abjection.

Voilà la première chose qu'il faut souligner. Quant à la deuxième, elle consiste dans un autre étonnement si l'on revient au début du film, donc aux Jeunes hégéliens. À ce moment-là, Bauer est fondateur et visionnaire. Entre 1840 et 1842, les deux dates qui fixent le moment où Bauer commence à verbaliser un certain idéal immanent de la société et de l'État, d'une part, et, d'autre part, celui où il est exclu de l'université, il est très seul. C'est lui qui lance l'expression de « Jeune hégélianisme » ou de « Jeunes hégéliens » comme un slogan pour qualifier sa voie et celle de ceux qui le suivent, en 1841 ; mais c'est aussi lui qui dissout l'unité du groupe avec l'affaire des *Freien* qui se déroule en été puis en automne 1842. À notre sens, on ne peut plus parler de « Jeune hégélianisme » après la querelle des *Freien*, du moins au sens fort et véritable du terme. Mais il reste toutefois à revenir sur la détermination du Jeune hégélianisme entre 1841 et 1842. On peut la résumer dans deux slogans : l'athéisme (c'est le pôle négatif) et la critique (c'est le pôle positif). Le mot « critique », on l'a vu, sert à condenser le passage de la spéculation hégélienne qui n'est autre qu'un acquiescement à l'organisation effective de l'État et de la société, à l'aune d'une volonté réformiste qui ne vise qu'à en corriger des détails, à une pensée contestataire et révolutionnaire, qui réclame au contraire un changement radical de la société et de l'État effectifs.

Nous avons montré comment l'aspect révolutionnaire de Bauer consiste à développer, en référence à la Révolution française, l'idée d'une république démocratique ou démocratie sociale, qui se caractérise par l'égalité des droits, par une décentralisation du pouvoir qui seule permet d'impliquer les citoyens dans la vie politique, et enfin par un rôle interventionniste de l'État, puisque celui-ci doit assurer, au moyen d'un arsenal de lois sociales, une égalité qui n'est pas seulement formelle, et qu'il a en outre un rôle éducatif (nous avons insisté sur la composante essentielle qu'est l'éthicité).

Mais qui est proprement révolutionnaire dans le camp de ceux qui se revendiquent Jeunes hégéliens en 1841 et 1842 ? Car, hormis Bauer qui s'oppose frontalement au pouvoir politique en place avec sa république démocratique, tous défendent la monarchie constitutionnelle. Essbach a beau souligner, à l'aune des intéressés eux-mêmes (Ruge, Marx), combien leur libéralisme est un libéralisme oppositionnel, il n'en reste pas moins que ceux-ci souscrivent alors aux deux fondements du pouvoir en place : d'une part, la monarchie, et, d'autre part, la nouvelle organisation du travail qui s'est mise en place avec la révolution industrielle.

Comme nous l'avons souligné, Ruge et Marx ne passent au « démocratisme » qu'en 1843, donc après l'éclatement du Jeune hégélianisme, c'est-à-dire à un moment où plus aucun des représentants n'emploie désormais l'expression pour qualifier l'unité d'un courant. De même, c'est en 1843 qu'Edgar Bauer et Hess font leur conversion à l'anarchisme.

Aussi apparaît-il que, entre 1841 et 1842, seul Bruno Bauer est proprement Jeune hégélien. D'une certaine façon, l'affaire des *Freien* fait éclater l'impossibilité d'un Jeune hégélianisme et, partant, le fait que ce mouvement n'a en vérité jamais existé. C'est le même Ruge qui, on l'a vu, souligne en 1841 (« Über das Verhältnis ») que le Jeune hégélianisme se caractérise par sa critique franche et frontale de la société et de l'État existants, donc manifeste un courage et une ouverture politiques qui n'existaient pas dans la spéculation hégélienne ; mais c'est aussi lui qui vient à Berlin fin 1842 (voir la lettre à Fleischer du 12 décembre 1842) demander à Bruno Bauer de faire moins de tapage et de ne pas détruire tous les efforts des Jeunes hégéliens pour s'insérer dans la société et ne pas être marginalisés. S'il n'est certes pas évident d'y voir clair dans la querelle des *Freien*, ainsi qu'on l'a vu, il n'en demeure pas moins que cette querelle est précisément liée à l'opposition entre critique et spéculation – et qu'elle touche la question de savoir comment s'opposer et jusqu'où s'opposer. Ce qui est incontestable, dans cette querelle, c'est que Bauer, qu'il appartienne ou non aux *Freien*, prend tout de même parti pour eux, donc défend leur attitude critique, et, davantage, défend la critique en général, refusant justement qu'on puisse lui assigner des bornes et lui imposer un style. La critique est libre et doit se soutenir toute seule, par la seule force des raisons qu'elle fait valoir. Face à la défense par Bruno Bauer d'une critique qui n'est assurément pas la sienne, puisqu'elle anticipe des positions anarchistes qui vont être affirmées par certains dès 1843, ce que Bauer refuse, c'est l'argument d'autorité qui décide qu'un tel type de critique est une attitude esthétique et une pose romantique juvénile sans fondement ni intérêt.

Enfin, une troisième chose doit être soulignée. On a vu comment Bauer jeune hégélien invente une nouvelle manière de philosopher. Il s'agit de sortir du type de discours universitaire – donc d'un type de verbalisation avec ses codes, ses objets, ses types argumentatifs, sa rhétorique, ses références, et aussi ses lieux de publication et, ce qui va avec, ses destinataires (l'entre-soi du monde universitaire). Bauer promeut un nouveau type d'écriture, de nouveaux objets, mais aussi de nouveaux lieux de publication, et il s'adresse à un nouveau public. Voilà quelque chose d'absolument nouveau – et qui, ensuite, va rendre possible des philosophes comme Nietzsche. Nietzsche est incompréhensible, non seulement sans Kant (nous avons essayé de le montrer ailleurs), mais aussi sans Bauer et l'instauration d'une nouvelle façon de philosopher. On ne peut pas lire Nietzsche anhistoriquement, en le prenant *en soi*, comme s'il n'y avait aucune historicité de la façon de philosopher qu'il développe.

Cette façon de philosopher inaugurée par Bauer présuppose une certaine conception de la philosophie. Sortir d'un type d'écriture qui se prétend purement rationnel pour parler autrement, faire attention au style, aux modes de persuasion et s'adresser aux affects – en maniant la cajolerie, la flatterie, la prière, l'injonction, la calomnie, l'intimidation, la menace, etc., et en développant des moyens d'expression comme la caricature ou la parodie, voilà qui implique quelque chose de fondamental relativement à celui auquel on s'adresse. Le lecteur n'est pas d'abord un être purement rationnel et abstrait, c'est d'abord un individu concret, bourré d'affects et de sentiments qui conditionnent l'usage qu'il fait de sa raison. On peut le dire autrement. Le lecteur n'est pas d'abord un être politique, donc un citoyen abstrait; mais il est d'abord un individu social – ce qui veut dire, pour Bauer, situé au niveau des classes, et c'est précisément ce qu'on veut lui faire comprendre par le type d'écriture qu'on utilise. Si ce nouveau mode de philosopher renferme une dimension sociale fondamentale, c'est justement parce qu'il veut faire comprendre au lecteur, par la manière dont il procède, que celui-ci est d'abord un individu dont la pensée rationnelle est conditionnée par son ancrage social, par la situation qu'il occupe dans le monde économique. Si la pensée de Bauer est une pensée sociale, fondatrice de la philosophie sociale, c'est parce que c'est la première qui trouve son articulation autour de ce problème fondamental et terriblement actuel, à savoir celui de l'articulation entre, d'un côté, une détermination sociale de l'individu, qui fonde une individualisation résultant du fait que chacun constitue un lieu d'entrecroisement toujours unique entre différentes participations à des sphères sociales (on dira aujourd'hui : classe, sexe, race et génération), et, de l'autre côté, une détermination politique du même individu, qui fonde un échappement à toute particularisation vers un horizon où point un universel qui est un idéal immanent (l'immanence d'un tel idéal étant la garantie qu'il n'est pas un simple idéal régulateur, donc un devoir être coupé de toute incarnation à venir).

BIBLIOGRAPHIE

TEXTES DE BRUNO BAUER CITÉS OU MENTIONNÉS

« Rezension : *Das Leben Jesu, kritisch bearbeitet* von David Friedrich Strauss. Erster Band », *Jahrbücher für wissenschaftliche Kritik* 109, dec. 1835.

Rezension : *Das Leben Jesu, kritisch bearbeitet* von David Friedrich Strauss. Zweiter Band », *Jahrbücher für wissenschaftliche Kritik* 86 et 88, mai 1836.

Kritik der Geschichte der Offenbarung [KGO], Berlin, Dümmler, 1838, 2 vol.

Herr Dr. Hengstenberg. Ein Beitrag zur Kritik der religiösen Bewusstsein. Kritische Briefe über den Gegensatz des Gesetzes und des Evangeliums, Berlin, F. Dümmler, 1839.

Kritik der evangelischen Geschichte des Johannes, Bremen, C. Schünemann, 1840.

Die evangelische Landeskirche Preussens und die Wissenschaft, Leipzig, O. Wigand, 1840.

Kritik der evangelischen Geschichte der Synoptiker, Leipzig, O. Wigand, 1841, 2 vol., *Critique de l'histoire évangélique des synoptiques*, Paris, Ladrange, 1850.

« Der christliche Staat und unsere Zeit », *Hallische Jahrbücher für deutsche Wissenschaft und Kunst*, 7-12 juin 1841, 135-140 ; rééd., *Feldzüge der reinen Kritik*, Frankfurt am Main, Suhrkamp, 1968.

« Theologische Schamlosigkeiten » *Deutsche Jahrbücher für Wissenschaft und Kunst*, 117-120, 15-18 novembre 1841 ; rééd., *Feldzüge der reinen Kritik*, Frankfurt am Main, Suhrkamp, 1968.

Die Posaune des jüngsten Gerichts über Hegel den Atheisten und Antichristen : ein Ultimatum, Leipzig, O. Wigand, 1841 ; *La Trompette du jugement dernier*, trad. fr. H.-A. Baatsch, suivie d'un essai « De Marx comme trompettiste » par N. Dessaux, Paris, L'Échappée, 2016.

« Der christliche Staat und unsere Zeit », *Hallische Jahrbücher für deutsche Wissenschaft und Kunst*, éd. T. Echtermeyer et A. Ruge, Leipzig, n° 135-140, 7-12 juin 1841 ; trad. fr. F. Fischbach, *L'état chrétien et notre temps*, Paris, Gallimard, 2022.

Kritik der evangelischen Geschichte der Synoptiker und des Johannes, Dritter und letzter band, Braunschweig, F. Otto, 1842.

Hegels Lehre von der Religion und Kunst von dem Standpunkte des Glaubens aus beurtheilt, Leipzig, O. Wigand, 1842.

Die gute Sache der Freiheit und meine eigene Angelegenheit, Zürich und Winterthur, Verlag des literarischen Comptoirs, 1842.

« Die Parteien im jetzigen Frankreich », *Rheinische Zeitung*, 23, 23 janvier 1842.

« Die Rheingrenze », *Rheinische Zeitung*, 30, 30 janvier 1842.

« Die deutschen Sympathien für Frankreich », *Rheinische Zeitung*, 37, 6 février 1842.

« Die Zersplitterung der Parteien in Frankreich », 37, 10 février 1842.

« Die deutschen "Nationalen" », *Rheinische Zeitung*, 69, 10 mars 1842.

« Joseph II. und die Belgische Revolution », *Rheinische Zeitung*, 72, 13 mars 1842.

« Eine von den Tendenzen der *Augsburger Allgemeinen Zeitung* », *Rheinische Zeitung*, 86, 27 mars 1842.

« Die Kollisionen in den konstitutionellen Staaten », *Rheinische Zeitung*, 86, 27 mars 1842.

« Kirche und Staats-Gouvernement », *Rheinische Zeitung*, 87, 29 mars 1842.

« Wie Lüttich dem deutschen Reich verloren ging », *Rheinische Zeitung*, 88, 3 avril 1842.

« Rezension : Preussen, seine Verfassung, seine Verwaltung, sein Verhältnis zu Deutschland. Von Bülow-Cummerow. Berlin 1842 », *Rheinische Zeitung*, 97, 7 avril 1842.

« Der Terrorismus der *Augsburger Allgemeinen Zeitung* », *Rheinische Zeitung*, 114, 24 avril 1842.

« Die deutschen Artikel der *Augsburger Allgemeinen Zeitung* », *Rheinische Zeitung*, 121, 1er mai 1842.

« Etwas über die Presse in der Schweiz », *Rheinische Zeitung*, 123, 3 mai 1842.

« Rezension : *Deutschlands Beruf in Gegenwart und Zukunft*, von Th. Rohmer. Zürich und Winterthur, 1841 », *Rheinische Zeitung*, 158, 7 juin 1842.

« Louis Philippe und die Juli-Regierung », *Rheinische Zeitung*, 170, 172, 174, 19-21-23 juin 1842.

« Bekenntnisse einer schwachen Seele » [*BesS*], *Deutsche Jahrbücher*, 148-149, 23-24 juin 1842, , rééd, *Feldzüge der reinen Kritik*, Frankfurt am Main, Suhrkamp, 1968.

« Die Judenfrage », *Deutsche Jahrbücher*, 274-282, Oct.-Nov. 1842.

« Die deutschen "Nationalen" », *Rheinische Zeitung für Politik, Handel und Gewerbe*, supplément au n° 69 du 30 mars 1842 ; trad. fr. F. Fischbach, *Les « nationaux » allemands*, Paris, Gallimard, 2022.

« Rezension : *Die christliche Glaubenslehre in ihrer geschichtlichen Entwicklung und im Kampf mit der modernen Wissenschaft*, von D. F. Strauss, 2 Bde, 1840–1841. » *Deutsche Jahrbücher* 21-24, 25, 28 janvier 1843.

« Die Fähigkeit der heutigen Juden und Christen, frei zu werden », dans G. Herwegh (ed.), *Einundzwanzig Bogen aus der Schweiz*, Zürich und Winterthur, Verlag des literarischen Comptoirs, 1843, rééd, *Feldzüge der reinen Kritik*, Frankfurt am Main, Suhrkamp, 1968.

« Rezension : *Die Geschichte des Lebens Jesu mit steter Rücksicht auf die vorhandenen Quellen dargestellt* von Dr. Von Ammon, Leipzig, 1842 », dans A. Ruge (ed.), *Anekdota zur neuesten deutschen Philosophie und Publizistik*, vol. 2, Zürich und Winterthur, Verlag des literarischen Comptoirs, 1843.

Die Judenfrage [*Jud.*], Braunschweig, F. Otto, 1843 ; *La Question juive*, trad. fr. J.-M. Caillé, Introd. par R. Mandrou, précédé par K. Marx, *La Question juive*, Paris, U.G.E., 1968.

« Neue Schriften über die Judenfrage », *Allgemeine Literatur-Zeitung*, 1er déc. 1843, republié dans *Streit der Kritik mit den modernen Gegensätzen*, Charlottenburg, E. Bauer, 1847.

« Rezension : Hinrichs Politische Vorlesungen, Band 2 », *Allgemeine Literatur-Zeitung*, V, avril 1844 ; rééd., *Feldzüge der reinen Kritik*, Frankfurt am Main, Suhrkamp, 1968.

« Was ist jetzt der Gegenstand der Kritik ? », *Allgemeine Literatur-Zeitung*, VIII, Juillet 1844 ; rééd., *Feldzüge der reinen Kritik*, Frankfurt am Main, Suhrkamp, 1968.

Briefwechsel zwischen Bruno Bauer und Edgar Bauer während der Jahre 1839-1842, Charlottenburg, E. Bauer, 1844.

« Die Gattung und die Masse », *Allgemeine Literatur-Zeitung*, X, éd. B. Brauer, Charlottenburg, Verlag von Eckbert Bauer, n° 10, septembre 1844 ; rééd., *Feldzüge der reinen Kritik*, Frankfurt am Main, Suhrkamp, 1968 ; trad. fr. F. Fischbach, *Le genre et la masse*, Paris, Gallimard, 2022.

« Was ist jetzt Gegenstand der Kritik ? », *Allgemeine Literatur-Zeitung, Monatsschrift*, éd. B. Brauer, Charlottenburg, Verlag von Eckbert Bauer, n° 8, juin 1844 ; trad. fr. F. Fischbach, *Qu'est-ce qui est maintenant l'objet de la critique ?*, Paris, Gallimard, 2022.

Vollständige Geschichte der Partheikämpfe in Deutschland während der Jahre 1842-1846, 3 vol., Charlottenburg, E. Bauer, 1847.

Untergang des Frankfurter Parlaments, Charlottenburg, E. Bauer, 1849.

Die bürgerliche Revolution in Deutschland seit dem Anfang der deutschkatholischen Bewegung bis zur Gegenwart, Berlin, G. Hempel, 1849.

Der Fall und Untergang der neuesten Revolutionen, 2 vol., I. *Der Sturz der französischen Republik und des deutschen Reiches durch Napoleon Bonaparte*. II. *Der Aufstand und Fall des deutschen Radicalismus vom Jahre 1842*, Berlin, G. Hempel, 1850.

Russland und das Germanenthum, Charlottenburg, E. Bauer, 1853.

De la dictature occidentale [*DO*], Charlottenbourg, E. Bauer, 1954.

La Russie et l'Angleterre, Charlottenbourg, E. Bauer, 1954.

Das Judentum in der Fremde [*JiF*], Separat-Abdruck aus dem Wagener'schen *Staats- und Geselleschafts-Lexicon*, Berlin, F. Heinicke, 1863.

Freimaurer, Jesuiten und Illuminaten in ihrem geschichtlichen Zusammenhange, Berlin, F. Heinicke, 1863.
Christus und die Cäsaren. Der Ursprung des Christenthums aus dem römischen Griechenthum, Berlin, E. Grosser, 1879.
Zur Orientierung über die Bismarck'sche Ära, Chemnitz, E. Schmeitzner, 1880.
Disraeli's romantischer und Bismarck's socialistischer Imperialismus, Chemnitz, E. Schmeitzner, 1882.
Schmeitzner's Internationale Monatsschrift. Zeitschrift für allgemeine nationale Kultur und deren Literatur, Chemnitz, 1882.
Feldzüge der reinen Kritik, Frankfurt am Main, Suhrkamp, 1968.

AUTRES TEXTES CITÉS OU MENTIONNÉS

ALBRECHT H., *Antiliberalismus und Antisemitismus : Hermann Wagener und die preussischen Sozialkonservativen 1855-1873*, Paderborn, Schönigh, 2010.
ARNDT A., *Karl Marx. Versuch über den Zusammenhang seiner Theorie*, 2e ed., Berlin, Akademie Verlag, 2012.
BACOT G., « Montesquieu et la question de la nature monarchique de la constitution anglaise », *Revue française d'histoire des idées politiques* 25, 2007/1.
BARBOUR C., *The Marx Machine : Politics, Polemics, Ideology*, Lanham, Lexington Books, 2012.
BARNIKOL E., *Bruno Bauer : Studien und Materialen*, aus dem Nachlass ausgewählt und zusammengestellt von P. Riemer und H.-M. Sass, Assen, Van Grocum & Comp., 1972.
BAUER E., « Das *Juste-Milieu* », *Rheinische Zeitung*, 156, 228, 230, 233, 255, juin et août 1842.
– *Bruno Bauer und seine Gegner*, Berlin, Jonas Verlagsbuchhandlung, 1842.
– *Der Streit der Kritik*, Charlottenburg, E. Bauer, 1843 ; rééd. Bern, Jeni, 1844.
BAUR F.C., « Abgenöthigte Erklärung gegen einen Artikel der evangelischen Kirchenzeitung, herausgegeben von Dr. E.W. Hengstenberg, Prof. der Theol. an der Universität zu Berlin », dans *Tübinger Zeitschrift für Theologie* 3, 1836.
– *Kritische Untersuchungen über die kanonischen Evangelien*, Tübingen, Fues, 1847.
BENZ W. (ed.), *Handbuch des Antisemitismus*, Band 2 : Personen, Berlin, W. de Gruyter, 2009.
BEYER W.R., *Hegel-Bilder, Kritik der Hegel-Deutung*, Berlin, Ak. Verlag, 2. Auflage, 1967.
Bibliothèque de la révolution de 1848. Réaction et suffrage universel en France et en Allemagne (1848-1850), tome 22, 1963.
BOLTANSKI L., CHIAPELLO E., *Le Nouvel esprit du capitalisme*, Paris, Gallimard, « Tel », 2011.

BOURGEOIS B., *Le Droit naturel de Hegel*, Paris, Vrin, 2003.

BRAZILL W.J., *The Young Hegelians*, New Haven, Conn and London, Yale University Press, 1970.

BRECKMAN W., « Les hégéliens de gauche et l'État chrétien germanique ; politique, religion et personnalité », *Revue française d'histoire des idées politiques* 31, 2010/1.

BUNZEL W., HUNDT M., LAMBRECHT L. (ed.), *Zentrum und Peripherie*, *Arnold Ruges Korrespondenz mit Junghegelianiern*, Frankfurt am Main, P. Lang, 2006.

BUTLER J., *Trouble dans le genre*, trad. fr. E. Kraus, Paris, La Découverte, 2006.

CASTEL R., *Les Métamorphoses de la question sociale*, Paris, Fayard, 1995 ; rééd., Folio-Gallimard, 1999.

CARVER T., *Friedrich Engels : His Life and Thought*, London, Palgrave Macmillan, 1991.

CHAPUT E., « Hegel, la propriété et le libéralisme », *Revue Phares*, vol. 16, hiver 2016.

CIESZKOWSKI A., *Prolegoma zur Historiosophie*, Berlin, Veit und Comp., 1838, trad. fr. M. Jacob, Paris, Champ libre, 1973.

CLOCHEC P., « Le libéralisme de Marx », *Actuel Marx* 56, 2014/2.

– « Le *Manuscrit de Kreuznach* et l'ambiguïté de la démocratie sociale », *Les Cahiers philosophiques de Strasbourg* 21, 2017.

– *Marx jeune hégélien, 1841-1844*. Thèse de doctorat de l'Université de Lyon soutenue le 7 mai 2018.

COHEN H., *Le Principe de la méthode infinitésimale*, trad. fr. M. de Launay, Paris, Vrin, 1999.

– *Commentaire de la* Critique de la raison pure, trad. fr. É. Dufour, Paris, Le Cerf, 2000.

– *La Théorie kantienne de l'expérience*, trad. fr. É. Dufour et J. Servois, Paris, Le Cerf, 2001.

COLLECTIF, *Beiträge zur Marx-Engels-Forschung*, Berlin, Akademie Verlag, 1975.

COLLECTIF, *La Résistance anarcho-syndicaliste allemande au nazisme*, Paris, Monde Libertaire, Bruxelles, Alternative Libertaire, 2001.

Constellations. Trajectoires révolutionnaires du jeune XXIe siècle, Paris, Éditions de l'éclat, 2017.

CORVIN O. v., *Geschichte der Neuzeit 1848-1871*, Leipzig, Greßner & Schramm, 1882.

CRAIG E. (ed.), *Routledge Encyclopedia of Philosophie : Index*, London-New York, Routledge, 1998.

DANNENMANN C., *Bruno Bauer. Eine monographische Untersuchung*, Nürnberger Inaugural-Dissertation, Friedrich-Alexander-Universität, Erlangen-Nürnberg, 1969.

DANZER G. : voir RATTNER J.

DE VRIESE H., *De roes van de kritiek. Bruno Bauer en "Die Freien"*, Brussel, Academic & Scientific Publishers, 2011.

DROZ J., *Histoire de l'Allemagne*, « Que sais-je ? », Paris, Puf, 1945 ; rééd. 1997.

DUFOUR É., *Les Néokantiens*, Paris, Vrin, 2003.

– *L'Esthétique de Nietzsche*, Lille Septentrion, 2005.

– *Qu'est-ce que le cinéma ?*, Paris, Vrin, 2009.

– *Paul Natorp : de la « Psychologie générale » à la « Systématique philosophique »*, Paris, Vrin, 2010.

– *Le Mal dans le cinéma allemand*, Paris, Armand Colin, 2014.

– *Leçons sur Nietzsche. Critique de Kant*, Paris, Ellipses, 2015.

– *Qu'est-ce que la critique sociale ?*, Paris, Vrin, 2022.

– « La nation chez Bruno Bauer entre social et politique. Particulier, universel et singulier », *Les Études germaniques* 3, 2023.

DUFOUR P., « La lettre perdue. Sur les historiens allemands du christianisme dans la *Revue des deux mondes* », *Flaubert : revue critique et génétique* 4, « Flaubert et l'histoire des religions », 2010, mis en ligne le 15 décembre 2010. URL : http://journals.openedition.org/flaubert/1217.

DUGGAN L., *The Twilight and The Attack on Democracy*, Boston, Beacon Press, 2003.

EBERLEIN H.-P., *Bruno Bauer. Vom Marx-Freund zum Antisemiten*, Berlin, Karl Dietz, 2009.

EICHHORN J.G., *Einleitung in das Neue Testament*, Leipzig, Weidmann, 1804, 2 vol.

ENGELS F., « Ernst Moritz Arndt », *Telegraph für Deutschland* 2, janvier 1841.

– « Nord- und süddeutscher Liberalismus », *Rheinische Zeitung* 102, 12 avril 1842.

– voir MARX K.

ESSBACH W., *Die Junghegelianer. Soziologie einer Intellektuellengruppe*, München, W. Fink, 1988.

FEUERBACH L., *Das Wesen des Christentums*, Leipzig, O. Wigand, 1841 ; *L'Essence du christianisme*, trad. fr. J. Roy, Bruxelles-Leipzig-Livourne, A. Lacroix/Verboeckhoven & Cie, 1864.

FISCHBACH F., *La Critique sociale au cinéma*, Paris, Vrin, 2012.

– « Critique et réflexion. La réflexion dans la Théorie critique de l'école de Francfort », *Philosophiques*, vol. 43, n°2, 2016.

FROMM E., « Geistiger Kopf der Junghegelianer. Bruno Bauer (1809-1882) », *Berlinische Monatsschrift*, 4/1997.

GAMBY E., *Edgar Bauer, Junghegelianer, Publizist und Polizeiagent*, mit Bibliographie der E. Bauer-Texte und Dokumentenanhang, vol. 32 des *Schriften aus dem Karl-Marx-Haus*, Trier, 1985.

GIESELER J.K.L., *Historisch-Kritischer Versuch über die Entstehung und die frühesten Schicksale der schriftlichen Evangelien*, Leipzig, W. Engelmann, 1818.

HAHN A., *Die Berliner Revue, ein Beitrag zur Geschichte der konservativen Partei zwischen 1855-1875*, Berlin, Ebering, 1934.

HEGEL G.W.F., *Vorlesungen über die Philosophie der Religion*, tome 2, Berlin, Duncker & Humblot, 1832.

– *Briefe von und an Hegel*, Leipzig, Duncker & Humblot, 1887.

– *Briefe von und an Hegel*, ed. Hoffmeister, Hamburg, F. Meiner, 1952-1960.

– *Des manières de traiter scientifiquement le droit naturel*, trad. fr. B. Bourgeois, Paris, Vrin, 1972.

– *« La relation du scepticisme avec la philosophie », suivi de « L'essence de la critique philosophique »*, trad. fr. B. Fauquet, Paris, Vrin, 1986.

– *Foi et savoir*, trad. fr. C. Lecouteux et A. Philonenko, Paris, Vrin, 1988.

– *Premiers écrits*, textes réunis, introduits, traduits et annotés par O. Depré. Précédés de « Sur l'antijudaïsme et le paganisme du jeune Hegel » par R. Legros, Paris, Vrin, 1997.

– *La Phénoménologie de l'esprit*, trad. fr. B. Bourgeois, Paris, Vrin, 2006.

– *Principes de la philosophie du droit*, édition et trad. fr. J.-F. Kervégan, Paris, Puf, 2013.

HEIDEGGER M., *Schelling*, trad. fr. J.F. Courtine, Paris, Gallimard, 1977.

HEINRICH M., *Karl Marx and the Birth of Modern Society. The Life of Marx and the Development of His Work.* Vol. 1 : 1818-1841, trad. de l'allemand par A. Locascio, New York, Monthly Review Press, 2019.

HERTZ-EICHENRODE D., *Der Junghegelianer Bruno Bauer im Vormärz.* Inauguraldissertation, Berlin, Freie Universität, 1959.

HESS M., « Über eine in England bevorstehende Katastrophe », *Rheinische Zeitung* 177, 26 juin 1842.

– « Socialismus und Communismus », *Einundzwanzig Bogen aus der Schweiz*, Zürich u. Winterthur, Verlag des Literarischen Comptoirs, 1843.

– *Philosophische und sozialistische Schriften*, hrsg. von W. Mönke, Berlin, Akademie Verlag, 1961, rééd, 1980.

– *La Triarchie européenne*, trad. fr. M. Espagne, Tusson, Éd. Du Lérot, 1988.

HILGENFELD A., *Die Evangelien nach ihrer Entstehung und geschichtlichen Bedeutung*, Leipzig, Hirzel, 1854.

HILMES O., *Cosima Wagner : La maîtresse de la colline*, trad. fr. O. Mannoni, Paris, Perrin, 2012.

HONNETH A., *Ce que social veut dire*, 2 vol., trad. fr. P. Rusch, Paris, Gallimard, 2015.

HORSTER D., *Sozial Philosophie*, Stuttgart, Reclam, 2012.

HUNDT M. (ed.), *Der Redaktionsbriefwechsel der Hallischen, Deutschen und Deutsch-Französischen Jahrbücher (1837-1844)*, Berlin, Akademie Verlag, 2010.

JAEGGI R., *Kritik von Lebensformen*, Berlin, Suhrkamp Verlag, 2014.

KERVÉGAN J.-Fr., « Sortir du "donné" ? Quelques remarques autour d'une observation de Sellars », dans Implications philosophiques, publié le 2 mars 2011. http://www.implications-philosophiques.org/semaines-thematiques/actualite-de-hegel/sortir-du-%C2%AB-donne-%C2%BB/.

KOCH L., *Humanisticher Atheismus und gesellschaftliches Engagement*, Stuttgart, Kohlhammer, 1971.

KODALLE K.-M., REITZ T., *Bruno Bauer (1809-1882). Ein « Partisan des Weltgeistes » ?*, Würzburg, Königshausen & Neumann, 2010.

KÖPF U. (ed.), *Historisch-kritische Geschichtsbetrachtung. Ferdinand Christian Baur und seine Schüler*. 8. Blauberer Symposion, Sigmaringen, Thorbecke, 1994.

KOSELLECK R., *Le Règne de la critique*, trad. fr. H. Hildenbrand, Paris, Minuit, 1979.

KREBS G. (dir.), *Aspects du Vormärz*, Paris, Presses Sorbonne Nouvelle, 1984.

L'École de Marbourg, Paris, Le Cerf, 1998.

LAMBRECHT L. (ed.), *Osteuropa in den Revolutionen von 1848*, Frankfurt am Main, P. Lang, 2006.

LAMBRECHT L. : voir BUNZEL W.

LEFEBVRE J.-P., MACHEREY P., *Hegel et la société*, « Philosophies », Paris, Puf, 1984.

LEFORT C., *L'Invention démocratique*, Paris, Fayard, 1981.

LEO H., *Die Hegelingen. Acktenstücke und Belege zu der Denunciation der ewigen Wahrheit*, Halle, E. Anton, 1839.

LEVY E., *Sparte. Histoire politique et sociale jusqu'à la conquête romaine*, Paris, Seuil, 2003

MACHEREY P., « Marx et la réalisation de la philosophie », *Actuel Marx* 37, 2005/1.

MAENCHEN-HELFEN O. : voir Nicolaevsky B.

MAH H., *The End of Philosophy and the Origin of Ideology. Karl Marx and the Crisis of the Young Hegelians*, Berkeley, University of California Press, 1988.

MARHEINEKE P., *Die Grundlehren der christlichen Dogmatik*, 1819, Berlin, Duncker & Humblot, 2e ed., 1827.

Vorlesungen über christliche Moral, Dogmatik, Symbolik und Dogmen-geschichte, Berlin, Duncker & Humblot, 1847-1849, 4 vol.

MARCUSE H., *L'Homme unidimensionnel*, trad. fr. M. Wittig, Paris, Minuit, 1968.

Marx-Engels-Jahrbuch, Band 1, Berlin, Dietz, 1978

MARX K., « Zur Judenfrage », dans *Deutsch-französiche Jahrbücher*, hrsg. von A. Ruge und K. Marx, 1ste und 2te Lieferung, Paris, 1844.

– « Kritische Randglossen auf dem Artikel : "Der König von Preussen und die Soziale Reform : Von einem Preussen" », *Vorwärts*, 7 et 10 août 1844.

— RUGE A. (ed.), *Deutsch-französische Jahrbücher*, 1ste und 2te Lieferung, Paris, Fröbel, 1844.

– « Die Krisis », *Neue Rheinische Zeitung* 101, 13 sept. 1848.
– *Critique du droit politique hégélien*, trad. fr. A. Baraquin, Paris, Éditions sociales, 1975.
– *Philosophie*, édition établie par M. Rubel, Paris, Folio-Gallimard, 1994.
– *Œuvres*. III. *Philosophie*, « Bibliothèque de la Pléiade », Paris, Gallimard, 1982.
— ENGELS F., *Karl Marx and Frederick Engels Collected Works*, New York, International Publishers, 1975-2004.
— ENGELS F., *Collected Works*, vol. 39, Lettres 1852-55, Lawrence & Wishart, Electric Book, 2010.
MAYEUR J.M., PIETRI C., PIETRI L., VAUCHEZ A., VENARD M. (dir.), *Libéralisme, industrialisation, expansion européenne (1830-1914)*, *Histoire du christianisme*, tome 11, Paris, Desclée, 1995.
MCLELLAN D., *Les Jeunes hégéliens et Karl Marx*, trad. fr. A. McLellan, Paris, Payot, 1972.
MEHLHAUSEN J., *Dialektik, Selbstbewusstsein und Offenbarung. Die Grundlagen der spekulativen Orthodoxie Bruno Bauers in ihrem Zusammenhang mit der Geschichte der theologischen Hegelschule dargestellt*, Bonn, Rheinische Friedrich-Wilhelms Universität, 1965.
MEHRING F., *Karl Marx : The Story of His Life*, 1918, trad. de l'allemand par E. Fitzgerald, London-New York, Routledge, 2010.
MERCIER-JOSA S., *Théorie allemande et pratique française de la liberté*, Paris, L'Harmattan, 1993.
MEYER-DINKGRÄFE D. (ed.), *European Culture in a Changing World : Between Nationalism and Globalism*, London, Cambridge Scholars Press, 2004.
MICHELET K.L., « Leo's Denunciation der Hegel'schen Schule », *Literarische Zeitung* 41, 10 October 1838.
MITTMANN T., *Vom "Günstling" zum "Urfeind" der Juden : die antisemitische Nietzsche-Rezeption in Deutschland bis zum Ende des Nationalsozialismus*, Würzburg, Königshausen & Neumann, 2006.
MOGGACH D., *The Philosophy and Politics of Bruno Bauer*, Cambridge, Cambridge University Press, 2003.
— (ed.), *The New Hegelians. Politics and Philosophy in the Hegelian School*, Cambridge, Cambridge University Press, 2006.
— (ed.), *Politics, Religion and Art. Hegelian Debates*, Evanston, Northwestern University Press, 2011.
– « Bruno Bauer » *Stanford Encyclopedia of Philosophy*, Stanford, 2017, en ligne : https://plato.stanford.edu/entries/bauer.
— STEDMAN JONES G., *The 1848 Revolutions and European Political Thought*, Cambridge, Cambridge University Press, 2018.
MONTESQUIEU, *L'Esprit des lois*, *Œuvres*, tome II, « Bibliothèque de la Pléiade », Paris, Gallimard, 1951.
MOOG W., *Hegel und die Hegelsche Schule*, München, Ernst Reinhardt, 1930.
MOREAU P.-Fr. (dir.), *Architectures de la raison*, Lyon, ENS Éditions, 1996.

NATORP P., *Psychologie générale*, trad. fr. É. Dufour et J. Servois, Paris, Vrin, 2008.

NICOLAEVSKY B., MAENCHEN-HELFEN O., *Karl Marx : Man and Fighter*, New York, Routledge, 2015.

NIETZSCHE F., *Sämtliche Briefe. Kritische Studienausgabe*, hrsg von G. Colli und M. Montinari, Berlin, W. de Gruyter, 1986, 8 vol.

PAGEL U., *Der Einzige und die Deutsche Ideologie : Transformationen des aufklärischen Diskurses im Vormärz*, Berlin-Boston, W. de Gruyter, 2020.

PEPPERLE H. und I. (ed.), *Die Hegelsche Linke. Dokumente zu Philosophie und Politik im deutschen Vormärz*, Leipzig, Reclam, 1985.

PERRIRAZ L., « David Strauss et la vie de Jésus », *Revue de théologie et de philosophie* 24, 1936.

PLENGE J., *Marx und Hegel*, Tübingen, Verlag der H. Laupp'schen Buchhandlung, 1911.

POLIAKOV L., *Histoire de l'antisémitisme*, 2 vol., Paris, Calmann-Levy, 1955, Points-Seuil, 1991.

Press-Process Edgar Bauers über das von ihm verfasste Werk : der Streit der Kritik mit Kirche und Staat, Aktenstücke, Bern, Jenni, 1844.

RATTNER J., DANZER G., *Die Junghegelianer : Porträt einer progressiven Intellektuellengruppe*, Würzburg, Königshausen & Neumann, 2005.

REINALTER H. (ed.), *Die Junghegelianer. Aufklärung, Literatur, Religionskritik und politisches Denken*, Frankfurt am Main, P. Lang, 2010.

REITZ T. : voir Kodalle K.-M.

Revue de bibliographie analytique, tome 4, janvier 1843

ROSE P.L., *German Question/Jewish Question : Revolutionary Antisemitism in Germany from Kant to Wagner*, Princeton Legacy Library, 2016.

ROSEN S., *The Influence of Bruno Bauer on Marx's Thought*, Nijhoff – La Hague, Martinus, 1977.

ROSENKRANZ K. (ed.), *Encyklopädie der theologischen Wissenschaft*, Halle, C.A. Schwetschke und Sohn, 1831.

RUGE A., « Zur Kritik des gegenwärtigen Staats- und Völkerrechts », *Hallische Jahrbücher für deutsche Wissenschaft und Kunst* 154, 1840.

– « Politik und Philosophie », *Hallische Jahrbücher für deutsche Wissenschaft und Kunst* 292, 5 décembre 1840.

– Vorwort, *Hallische Jahrbücher für deutsche Wissenschaft und Kunst* 1, janvier 1841.

– *Zwei Jahre in Paris*, Leipzig, W. Jurany, 1846, 2 vol.

– *Gesammelte Schriften*, Dritter Teil, Mannheim, J.P. Grohe, 1846.

– *Gesammelte Schriften*, Vierter Teil, Mannheim, J.P. Grohe, 1846.

– *Aux origines du couple franco-allemand : Critique du nationalisme et révolution démocratique avant 1848*, trad. fr. et présentation L. Calvié, Toulouse, Presses Universitaires du Mirail, 2004.

SAFRANSKI R., *Romantik*, München, Carl Hanser Verlag, 2007.

SASS H.-M., *Untersuchungen zur Religionsphilosophie in der Hegelschule 1830-1850*, Ph. D. Dissertation, Westfälischen Wilhelms-Universität zu Münster-Westfahlen, 1963.

– « Bruno Bauers Idee der *Rheinische Zeitung* », *Zeitschrift für Religions- und Geistesgeschichte* 19, 1967.

– Nachwort zu B. Bauer, *Feldzüge der reinen Kritik*, Frankfurt-am-Main, Suhrkamp, 1968.

SCHWARZ H., *Theology in a Global Context. The Last Two Hundred Years*, Cambridge, W. B. Eerdmans Publishing Company, 2005.

SELLARS W., *Empirisme et philosophie de l'esprit*, 1956, trad. fr. F. Cayla, Paris, Éditions de l'éclat, 1992.

SHAND J. (ed.), *A Companion to Nineteeth-Century Philosophy*, Oxford, Wiley Blackwell, 2019.

SOBEL R., « Travail, liberté et nécessité dans l'utopie communiste : André Gorz lecteur de Marx », *Actuel Marx* 46, 2009/2.

SØRENSEN M.K., *Young Hegelians Before and After 1848. When Theory Meets Reality*, Frankfurt am Main, P. Lang, 2011.

STAHL F.W.J., *Die Kirchenverfassung nach Lehre und Recht der Protestanten*, Erlangen, T. Bläsing, 1840.

STEDMAN Jones G., *Karl Marx. Greatness and Illusion*, Harvard University Press, 2016.

STRAUSS D., *Vie de Jésus ou Examen critique de son histoire*, trad. fr. É. Littré (3e éd.), Paris, Librairie philosophique de Ladrange, 1853.

Streitschriften zur Vertheidigung meiner Schrift über das Leben Jesu und zur Charakteristik der gegenwärtigen Theologie, Tübingen, Osiander, 1837.

STUKE H., *Philosophie der Tat*, Stuttgart, Ernst Klett Verlag, 1963.

TEXIER J. (éd.), *Révolution et démocratie chez Marx et Engels*, Paris, Puf, 1998.

TOMBA M., *Krise und Kritik bei Bruno Bauer : Kategorien des Politischen im Nachhegelschen Denken*, Frankfurt am Main, P. Lang, 2005.

VALBERT G., « L'Allemagne nouvelle jugée par un allemand », *Revue des deux mondes*, 3e période, tome 41, 1880.

VAPEREAU G., *Dictionnaire universel des contemporains contenant toutes les personnes notables de la France et des pays étrangers*, Paris, Hachette, 1870, 4e ed.

WAGENER H., *Das Judentum und der Staat : Eine politisch-historische Skizze zur Orientierung über die Judenfrage*, Berlin, F. Heinicke, 1857.

WIRTH J., *Études d'histoire religieuse*, Genève, Droz, 1981.

ZANARDO A., « Bruno Bauer hegeliano e giovane hegeliano », *Rivista di Storia Della Filosofia*, vol. 21, n° 3, 1966.

TABLE DES MATIÈRES

Achevé d'imprimer en février 2023
sur les presses de
La Manufacture - Imprimeur – 52200 Langres
Tél. : (33) 325 845 892

N° imprimeur : 230041 - Dépôt légal : février 2023
Imprimé en France